진리가 쑥쑥, 믿음이 쑥쑥,
신나는 교회학교

모든 인간은 하나님의 형상을 닮은 존엄한 존재입니다. 전 세계의 모든 사람들은 인종, 민족, 피부색, 문화, 언어에 관계없이 존귀합니다. 예영커뮤니케이션은 이러한 정신에 근거해 모든 인간이 존귀한 삶을 사는 데 필요한 지식과 문화를 예수 그리스도의 사랑으로 보급함으로써 우리가 속한 사회에 기여하고자 합니다.

진리가 쑥쑥, 믿음이 쑥쑥,
신나는 교회학교

펴낸 날 · 2009년 7월 5일 | 찍은 날 · 2009년 6월 30일 (초판 1쇄)
지은이 · 신현숙 | 펴낸이 · 김승태
등록번호 · 제2-1349호(1992. 3. 31.) | 펴낸 곳 · 예영커뮤니케이션
주소 · (136-825) 서울 성북구 성북1동 179-56 | 홈페이지 · www.jeyoung.com
출판사업부 · T. (02)766-8931 F. (02)766-8934 e-mail: edit1@jeyoung.com
출판유통사업부 · T. (02)766-7912 F. (02)766-8934 e-mail: sales@jeyoung.com

copyright ⓒ 2009
ISBN 978-89-8350-525-5

값 13,500원

진리가 쑥쑥, 믿음이 쑥쑥, 신나는 교회학교

신현숙 지음

"책을 열면서"

　20대에 주님을 만나고, 그 열정으로 헌신의 길에 접어들고, 그후 학문과 사역에 집중하면서 많은 세월이 흘렀습니다. 이제 잠시 지나온 길을 뒤돌아봅니다. 어느 길 한 모퉁이, 어느 사람과의 짧은 인연 하나라도 주님의 섭리와 손길이 미치지 않는 곳이 하나도 없다는 생각이 듭니다. 또한 많은 보람과 기쁨을 안겨 주었던 사역의 현장에서도 주님의 손길은 늘 섬세하고 다정하게 저를 지켜 주었음을 절감하게 됩니다.

　지난 가을에(2008년 11월) 출판된 저의 첫 번째 책 『하나님은 무얼 먹고 사시나요?』는 제 사역의 현장에서 있었던 소중한 추억과 보석같은 이야기를 풀어놓은 〈사람 이야기 보따리〉입니다. 이제 두 번째로 출판하는 이 책 『진리가 쏙쏙 믿음이 쑥쑥 신나는 교회학교』는 그동안 사역의 현장에서 나름대로 진지하게 추구하고 노력해 온 사역의 흔적을 공개하는 〈사역 이야기 보따리〉입니다.

　저는 기독교 교육에 대한 매력과 열정을 안고 15년 동안 7개 교회의

다양한 현장 속에서 다양한 사역을 펼쳐 왔습니다. 그동안 저도 이 땅의 수많은 교회학교 사역자들처럼 "과연 무엇을 어떻게 하는 것이 기독교 교육인가? 갈수록 교회교육의 환경은 좁아지고 열악해지는데 나는 무엇을 할 수 있을까? 이 노력들은 과연 올바른 방향으로 가고 있는 것인가?" 질문하면서 여기까지 왔습니다.

저는 이 책을 지금도 교회교육의 현장에서 수고하며 땀흘리는 많은 교회학교 교사들과 지도자들에게 바칩니다. 요즘 새로운 이슈나 트랜드를 향해서 정신없이 앞만 보고 달려가는 교육의 방향이나 점점 침체되어 가는 교회교육의 위기 상황을 곳곳에서 발견하게 됩니다. 이제는 교회교육도 변화되고 진화되어야 할 필요성은 누구나 공감할 것입니다. 사실 저보다도 더 훌륭한 교회교육 전문가들이 많이 있지만 그럼에도 불구하고 저는 이 책에 대한 미숙함을 다소 무모한 용기로 극복하고 여러분에게 다가갑니다. 이는 변화와 성숙을 위해 노력해 온 사역의 흔적들과 생각들을 여러분과 함께 나누고 싶기 때문입니다.

이 책 『진리가 쏙쏙 믿음이 쑥쑥 신나는 교회학교』는 "한국의 교회교육 현장의 새로운 변화와 희망찾기"라는 전제 아래서 중요한 핵심 키워드를 10개로 선정하였습니다. 이 10개의 키워드를 각 분야별로 다시 소단원으로 전개하면서 각 단원마다 저의 개인적인 견해와 사역 현장의

경험을 설명해 드렸습니다. 이 책은 기독교교육 이론에 입각한 전문적이고 체계적이거나 학술적인 내용이 아닙니다. 그래서 독자들이 읽기 쉽도록 아주 편안하고 평범한 문장으로 서술했습니다.

다만 한 가지 아쉬운 부분은 이 책에서 다룬 많은 문제 중에서 제 사역 경험이 아동부에 치우쳤던 부분입니다. 그래서 다른 교육 부서에서는 크게 도움이 되지 못한다는 선입관을 가질 수 있습니다. 그렇지만 교회교육의 큰 틀 안에서 주의깊게 읽으신 분들은 제가 다른 부서의 사례를 일일이 들어서 설명해 드리지 못했어도 각 부서에 알맞게 적용할 수 있는 아이디어나 단서를 충분히 얻으실 수 있을 거라고 봅니다. 아무쪼록 발전을 위해 노력하는 교회학교에 아주 작은 부분이라도 도움이 되기만을 겸손히 바랄 뿐입니다.

또한 제 7장의 교육전도사 부분에 대한 생각을 정리하면서 오랫동안의 인연을 이어온 귀한 동역자 김성민 목사님의 논문을 많이 참고할 수 있어서 대단히 유익했습니다. 귀한 자료를 제공해주신 김성민 목사님께 감사드리고, 귀한 생각을 공유할 수 있어서 기쁘게 생각합니다. 그리고, 이 책은 학문적이고 전문적인 색채를 띠지 않았기에 전문도서를 많이 인용하지 않았습니다. 그래도 꼭 필요한 몇 가지 참고도서는 본문 중에 각주로, 책 뒤의 권말 부록에 넣어드렸습니다.

이 글을 마치면서 제일 먼제 에벤에셀의 하나님께 뜨거운 감사와 사랑을 바칩니다. 나의 하나님은 나의 은사와 열정을 받으시고, 나의 길을 여기까지 인도하셨으며 조심스럽게 간직했던 가녀린 꿈 조차도 멋지게 이루어 주셨습니다. 이 책을 제일 먼저 故 황장옥 목사님께 바칩니다. 천국가는 그날까지 잊지 못할 사모하는 스승인 그분은 저의 믿음의 아버지시며 스승과 멘토이셨습니다. 또한 오랫동안 믿음의 후견인처럼 저를 아껴주신 송신호 목사님과 오세철 목사님께도 깊은 감사의 마음으로 이 책을 바칩니다. 그리고 출판의 꿈을 멋지게 이루어주신 예영의 김승태 사장님께도 감사드리며 귀한 만남도 하나님의 은혜였습니다.

"형제들아 나는 내가 아직 내가 잡은 줄로 여기지 아니하고
오직 한 일 즉 뒤에 있는 것은 잊어버리고 앞에 있는 것을 잡으려고
푯대를 향하여 그리스도 예수 안에서 하나님이
위에서 부르신 부름의 상을 위하여 달려가노라"
(빌4:13-14)

2009년 6월
신록의 푸르름 속에서
신현숙 드림

차례

제가 오래 전에 읽고 마음에 간직했던 시, 지금도 가끔 다시 읽어
보는 시 한 편을 여러분에게 소개합니다.

누군가는 해야 해…

_ 쉘 실버스타인

누군가는 올라가서 별들을 닦아 주어야 해
좀 침침해 보이니까

누군가 올라가서 별들을 닦아 주어야 해
독수리도 찌르레기도 갈매기도 모두들
녹슬고 낡아빠진 별들에게 불만이 많거든
새 걸 달아 달랬지만 형편이 되어야지…

그러니까 걸레와 광나는 약을 가지고
누군가 올라가서 별들을 닦아주어야해…

이 시를 천천히 음미해 보시겠어요? 어떤 생각이나 이미지가 떠오르시나요? 빛이 흐려지는 별들을 닦아 주는 마음을 가지고 저도 이 글을 시작합니다. 여러분들이 반짝반짝 초롱초롱 빛나는 별을 볼 수만 있다면 걸레를 들고 하늘로 올라가려는, 무모할 정도의 과감한 도전정신을 가지고 출발선에 서 있습니다. 그 무모함이 많이 부끄럽기도 합니다만 '누군가는 해야 한다면...' 떨리지만 용기를 내어 봅니다.

저는 수많은 별들 중에서 별 하나 만이라도 깨끗이 닦고 싶은 겸손함과, 한편으로는 조심스럽게 닦고 닦으면서 기도하는 마음으로 이 글을 열어 보입니다. 이 글 속에서 여러분들과 교회교육 현장을 뒤돌아보고, 길을 찾기 위한 탐색과 고민의 시간을 함께 나누고 싶습니다. 자! 그럼 생명과 기쁨이 가득찬 신나는 교회학교를 꿈꾸면서, 시간 여행을 함께 떠나볼까요?

제1장
교회학교는 섬이 아니다

지도를 보면 본토와 섬이 자세하게 그려진 지도가 있기도 하고, 축척에 따라 거리도 비례로 나타나 있구요. 그런데 어떤 나라는 본토보다도 더 큰 섬으로 되어진 나라가 있는가 하면 우리 나라처럼 본토보다 작은 섬이 무수히 많은 나라도 있지요. 우리 나라는 다도해가 일품인 남해안이 있지요? 지금은 그렇지 않지만 오래 전에는 섬나라 사람들이 뭍에 나가서, 본토에 가서 사는 것을 영광이고 명예로 알고 살았다고 합니다. 그런데 지금도 본토를 동경하는 사람들이 있다면 믿어지시나요? 본토를 동경하고 그리워하는 섬나라 백성들은 지금도 이 땅에, 교회학교에 존재하는 것 같습니다.

저는 15년 동안 7개 교회에서 교육전도사(아동부)로 사역을 해 왔습니다. 사역자로서 가끔 "교회학교는 섬나라 같다"는 생각이 듭니다. 저나 어린이들 모두 섬나라 주민이고 본토와 멀리 떨어진 섬나라 사람 같다는 느낌…. 왜 그런 생각이 들었을까요? 교회학교가 섬이 되어서는 안될 것입니다. 비록 섬이라고 해도 다리로 연결된 섬이거나 본토와 함께 붙어 있는 반도가 되기를 간절히 소망합니다.

가만히 보면, 교회의 주인은 성인들인 것 같고, 목회자들은 성인 중심의 목회를 해야만 교회가 성장한다고 생각하는 것 같습니다. 이런 대세로 가면 20-30년 후에는 지금의 유럽 교회들처럼 한국 교회들도 노인과 성인만 남는 교회가 되지 않을까요? 미래를 예측하고 준비하는 목회자로서, 시대의 예언자적 목회를 하는 입장이라면 한 세대 후(30년 후)에 이 땅에 존재할 교회의 중심 세력이 바로 지금의 어린이와 청소년이라는 것을 알 수 있을 것입니다.

　　언제까지나 교회학교 학생들은 본토에서 유리된 섬나라 백성처럼 살아야 할까요? 본당에는 에어컨이 서늘하게 돌아가도 교육부실에는 선풍기만 돌아가는 교회도 많이 있습니다. 시설보다도 더 중요한 것은 관심과 애정입니다. 학생들이 비록 나이는 어리지만 하나님의 어린 백성으로서의 정체성을 인정해 주고, 미래의 지도자와 일꾼으로 양육하겠다는 교육에 대한 의지가 분명해지는 것이 급선무입니다. 교회학교를 살리자는 구호가 중요한 것이 아니라 실천적인 의지가 중요합니다.

1. 담임목사님! 여기 좀 봐 주세요!

제가 보기엔 대다수의 많은 교회들은 성인 목회에 치중하거나 몰두하는 경향이 많은 것 같습니다. 대부분의 담임목사님들은 성인 목회, 성인 교인 증가, 성인 대상 프로그램에 더 많은 열정을 쏟지요. 그리고 성인 교인이 증가하면 자동적으로 교회학교 학생들도 늘어날 것이라고 생각하는 것 같습니다. 그러한 견해가 틀렸다고는 생각하지는 않지만, 한국 교회 현실과는 동떨어진 견해라고는 생각하지 않지만, 미래의 한국 교회를 예측하는 입장에서는 그런 견해들이 다소라도 수정되기를 기대합니다.

담임목사님이나 장로님들이나 중요 직분자들의 의식 속에는 교회학교는 부수적인 조직으로 보이거나, 교회학교 학생들과 행사에는 큰 관심이 없어 보입니다. 그렇지 않는 교회들도 많이 있겠지요. 하지만 많은 교회들의 경우, 여러 가지 면에서 교회학교는 주류가 아닌 비주류, 본토가 아닌 섬나라 백성들 같은 소외감을 느끼게 될 때가 많습니다.

예산 편성에서도 맨 마지막으로 고려되고 조정되는 교회학교 예산, 때로는 교회 우선순위에 밀려서 과감하게 삭감되기도 하고, 교육지도자들을 청빙하면서도 깊은 관심 없이 대충대충 적당히 청빙하는 문제(교육에 대한 깊은 고려나 비전 없이 신학생이면 아무나 좋다), 성인들 행사에 방해될까 봐 어린이들을 귀찮아하는 귀찮음, 교회학교를 위한 공간을 확보하는 것도 꼭 교회교육을 위한 것이었을까요? 어른들 예배에 방해되지 말라고 별관으로 멀리 유배 보낸 것은 아니었을까요?

어느 날 교회 제직회에서 나오는 발언 중에 이런 것이 있었지요. "아이들이 왔다 갔다 하고 예배 시간에 시끄럽게 할까 봐, 예배나 성경공부에 방해가 되서 옆 건물에 교육관을 임대했는데 이제는 옆 건물의 공사 소리 때문에 방해가 되지 않느냐? 공사가 오래 걸린다니 어차피 임대라면 다시 교육관을 근처로 옮기자." 우리 아이들에게 교회교육의 질적인 향상을 위해서 교육관을 마련해 준 줄 알았더니 속 깊은 내막은 '떠드는 존재를 멀리 쫓아 보내기'가 명분이었던가 봅니다.

규모가 작았던 한 교회에서 사역을 했을 때의 일입니다. 그 교회는 교회 차량이 봉고차 한 대뿐이었습니다. 가을 성경학교를 근교의 소도시로 가려고 장소 답사를 했구요. 자연 속에서 좋은 프로그램을 하겠다고 의욕적으로 많은 준비를 차근차근 하기 시작했습니다. 아이들이 학교를 가지 않는 토요일과 가장 날씨 좋다는 가을철을 택해서 정한 날짜가 10월 둘째 주 토요일. 그런데 날짜를 정하고 보니 성인 교인의 자제분이 결혼식을 하는 날이었고, 거기다가 결혼식 장소가 일반 예식 장소여서 교인들이 차를 타고 이동해야만 했습니다.

문제는 담임목사님께서 정한 원칙이 교회 차량은 '성인 먼저!', 교회 행사도 '성인 먼저!' 였습니다. 담임목사님은 아동부의 가을수련회보다도 성인 교인의 자제분의 결혼식이 더 중요했습니다. 등록한 지 얼마 안 되는 영향력 있는 그 교인(신랑의 부모)의 결혼식에 교인들이 많이 가기를 원하셨기에 교회 봉고차를 사용할 수가 없었습니다. 왜요? 결혼식 하객인 우리 교인들을 한꺼번에 수송해야 하니까요.

소규모의 아동부였기 때문에 저는 예산도 줄일 겸, 교회 봉고차 한 대와 학부모님 승용차 2대 정도를 카풀해서 1박 2일로 가을수련회를 다녀올 계획이었습니다. 그러나 목사님은 아동부에서 학부모님 승용차를 지원받는 것도 싫어하셨습니다. 저는 목사님에게 교회 봉고차를 아동부가 사용하겠으니 결혼식 차량은 몇몇 개인 차량을 가진 분들이 카풀로 교인들과 함께 가면 충분할 것 같다고 건의하고 부탁드렸습니다. 그러나 목사님은 교회 봉고차는 당연히 성인이 먼저라고 하셨습니다. 차량 가진 집사님들이 차 없는 교인들과 카풀이 되면 자유롭게 이동하는데 불편하여 부담을 느끼기 때문에 안 된다고 하셨지요.

결국 힘없는 아동부 전도사인 제가 택할 수 있는 카드는 두 가지였는데 첫째는 날짜 변경이었지요. 그러나 그 다음번 아이들이 학교에 안 가는 토요일에는 날씨도 많이 추워진 10월 하순 경이고, 아이들 학교에서 대형 행사가 있었기 때문에 수련회를 갈 수가 없었습니다. 두 번째는 예정대로 수련회를 치르기 위해서 아동부 예산으로 대형 관광버스를 전세를 낼 수밖에 없었습니다. 가뜩이나 예산도 부족한데 추수감사절과 성탄절 행사를 치를 예산을 걱정하면서 말이지요.

저는 정말 그때 의욕이 상실될 정도로 슬펐습니다. 개척 교회를 면하고 이제 막 발돋음해 가는 작은 규모의 교회 사정을 모르는 바는 아닙니다. 그러나 교인 자제분 결혼식에 치중하느라고 아동부의 사정은 전혀 고려되지 않는, 그런 몰이해와 몰배려에 깊은 슬픔을 가졌던 것입니다. 얼마든지 지혜로운 방법은 도출할 수 있었을 것입니다. 머리를 맞대고 함께 의견을 모으면 방법을 찾을 수 있을 것 같은데 말입니다. 교회학교에 힘을 실어 주고 서로가 목적을 달성할 수 있는 방법을 찾기 위한 배려 자체가 생략되어 버린 일처리가 많이 섭섭했습니다. 그때도 역시 '교회학교(아동부)는 섬나라이구나. 있어도 존재감이 약하고, 없어도 크게 불편하지 않는 그런 섬이구나…' 그런 느낌을 받았습니다.

한국 사회도 노인층 인구가 많아지고 있고, 교회에서도 교회학교 연령층이 어린 학생들보다 노인층 인구가 서서히 많아지고 있습니다. 머지않아 곧 유럽 교회들처럼 노인들이 교회를 지키게 될지도 모르는 징조들이 점점 가까이에 오고 있습니다. 혹자는 변명 같지만 출산율 감소가 교회학교 인원 감소로 이어졌다고 사회학적으로 해석합니다. 물론 그런 경향이 있다고는 하지만 그 적어져 가는 어린이들을 교회에서 붙잡고 하나님의 백성으로 키우지 않는다면 우리의 교회는 어떻게 될까요?

교회학교는 모판이고 씨앗입니다. 지금 뿌리지도 않고 심지도 않았는데 어찌 나무가 자라날 수 있겠습니까? 성인 목회가 신앙으로 꽃피우고 열매 맺는 목회라고 한다면 교회학교 목회는 복음의 씨앗을 뿌리고, 새순이 바로 돋아오는 목회일 것입니다. 우리 세대들이 다 사라지고 없는 미래의 30년 후, 40년 후 이 대한민국과 한국교회, 나아가 세계 교회를 이끌어 갈 영적 지도자는 바로 지금 우리 곁에서 소리 없이 자라나고 있습니다.

교회학교를 살리기 위해서는 교회의 선장이신 담임목사님들의 의식이 제일 중요한 요소입니다. 담임목사님의 마인드와 말 한 마디에 교인들이 금방 좌우로 휩쓸리는 현상들이 많지요. 담임목사님이 교회학교

교육에 관심과 애정이 있으면 다른 교인과 중직자들은 저절로 세뇌되고 교육이 되어서 교회학교를 중시하게 됩니다. 저는 담임목회자들의 의식이 "개교회주의"에 집중되어 있으면 교회를 자신의 기업처럼 자신의 소유물로, 자신의 정체성을 드러내는 매개체로 알기 쉽다고 생각합니다. 그런 의식을 가진 목사님들은 개교회를 어떻게든 성장시키고 안정시키겠다는 성장주의, 성인목회 중심으로 교회 성장 전략으로만 목회를 하실 것입니다. 그런 목사님들이 성과나 결과가 금방 나타나지 않고 성인목회에 별 도움이 안 되는 것 같은 교회학교에 관심과 애정을 쏟아 부을까요?

그러나 담임목사님들이 개교회주의보다는 "하나님의 교회주의"의 관점을 갖고 계신다면 이 시대에, 다음 세대를 이끌어갈 미래 세대까지도 포용하고 품고 가르치게 될 것입니다. 즉 담임 목회자와 중직자들이 죽고 사라지고 없는 미래 세대에도, 하나님이 세우신 하나님의 교회는 주님 오실 날까지 계속 존재해야 한다는 그런 역사 의식이 바로 "하나님의 교회" 의식입니다. 어린이들도 학생들도 어리지만 하나님의 백성이고, 이들을 키우겠다는 의지를 뚜렷이 가진 목회자가 "하나님의 교회주의"라는 관점을 가지고 사역할 것입니다. 그래서 교회학교의 성장과 부흥에는 담임목사님의 마인드가 첫 번째 열쇠가 될 것입니다.

성경에 보면 가나안 땅에 정착하여 가나안 일곱 민족들과 전쟁하며 이스라엘의 약속 공동체를 건설해 간 주역은 출애굽 당시의 어른들이 아니었습니다. 사막에서 부모님들과 함께 장막 속에서 자라난 어린이들이었습니다. 그들은 모세의 사후에 영도자가 된 여호수아 장군과 함께 이스라엘 나라를 가나안 땅에 세웠습니다. 그 어린이들이 광야 40년 동안 무엇을 보고 자라며 익혔을까요?

하나님은 어느 시대이든지 다음 시대를 이끌어갈 사람을 선택하시고 키우십니다. 사람의 죄악이 세상에 관영할 때(창6:5)에도 하나님은 노아를 선택하셨고, 우상의 도시 갈대아 우르에서 아브라함을 불러 믿음의 조상으로 삼으셨습니다. 애굽에서 비참한 노예 생활을 하던 이스라엘 민족을 구하기 위해 하나님은 모세를 선택하셨습니다. 극도의 도덕적 타락의 시대이던 사사시대 말기에도 하나님은 사무엘을 선택하셔서 이스라엘을 지키셨습니다. 특별히 사무엘은 어린 시절을 성전에서 자라나면서 몸소 하나님을 경외하고 그 음성에 순종하는 법을 배우고 경험했습니다.

오늘 여러분의 교회에서 자라나는 아이들을 눈여겨 보아 주십시오. 겉모습은 초라하거나 뛰어나지 못한 평범한 어린이들일 수 있습니다. 속 깊은 열등감을 가지고 있고 자존감이 낮아 조용히 숨어 있는 아이들일 수도 있습니다. 상처 많은 아이들 중에는 겉으로 들가시나무처럼, 고슴도치처럼 뿔나고 가시 많은 아이들의 모습으로 우리를 힘들게 할 때도 있습니다. 그러나 그런 어린이들 속에 하나님이 선택하실 미래의 지도자가 있을지도 모릅니다. 하나님이 부르시고 선택하시는 사람, 하나님과 사람을 위하여 멋지고 고결하게 살아가는 사람을 지금 교회에서 키워야 합니다. 미래의 지도자들, 노아, 아브라함, 요셉, 모세, 사무엘, 다윗, 솔로몬, 다니엘, 이사야와 같은 인물들을 키워야 합니다.

2. 따로따로 국밥? 신앙공동체?

한국 교회사를 보면 선교사를 통한 초기 교회 시대와 일제 강점기 교회의 정착기에는 유교 문화로 인해 '남녀의 구별'과 '신분의 구별' 현상이 보이지 않는 벽처럼 교회 안에 존재했습니다. 그런 벽과 문화는 8·15 해방과 한국 전쟁을 겪으면서 급변하는 한국 현대사의 물결에 밀려서 자연스럽게 소멸되어 갔습니다. 그런데 지금 시대의 한국 교회는 새로운 벽이 존재하고 있습니다. 그것은 바로 '연령별 구분'입니다. 이는 교회 안에서 개인주의와 세대 간의 단절 현상을 더욱 재촉하고 고정화시키는 현상을 낳게 되었습니다.

한국 교회 안에 생긴 '연령별 구별' 현상은 두 가지 이유로 인해 발생되었습니다. 첫째는 1970년 이후 미국에서 들어온 교육심리학, 발달심리학 등의 영향을 받은 한국 교회는 연령별 교육의 장점과 교육의 개인차를 존중하는 의미에서 자연스럽게 성인부와 아동부와 청소년부를 분화시켰습니다. 그 당시 신학교에서 훈련된 신학생들이 교회 현장에서 교육전도사라는 명칭으로 사역하게 되면서 연령별 분화교육을 실시하게 되었고, 많은 교회들이 이 제도를 선호하게 되었습니다. 둘째는

1970~80년대에 산업사회 발달로 인한 인구의 도시 집중화와 성령 운동의 결과로 도시 교회들은 폭발적으로 성장하게 되었습니다. 중대형 교회로 성장한 많은 교회들은 관리와 교육의 측면에서 성도들을 연령별로 구획을 나누어 조직화했습니다. 이 제도가 대단히 효율적인 것은 분명하지만 귀중한 것을 한 가지 놓치고 있습니다. 그것은 신앙공동체의 공동체성을 간과하고 있다는 것이지요.[1]

이러한 시대적인 조류의 현상으로 한 교회의 가족이라도 교회에 들어서면 연령별 교실로, 예배실로, 친교실로 서로 각각 헤어집니다. 한 몸이신 예수 그리스도를 섬기고 하나님을 믿는 하나의 신앙고백이 있으며 하나의 교회를 섬기는 것은 분명한데, '연령별 구분'이란 벽에 가로막혀 함께 공유하고 나눠야 할 공통적인 신앙의 유산과 기억이 형성되기 어렵습니다. 이와 같은 교회의 '연령별 구분' 형태와 '주일학교의 학교화'가 가져온 교수-학습의 형태 등은 신앙공동체로서의 교회의 생명력과 역동성을 고갈시키고 만다는 문제점이 있습니다.

신앙이 하나님에 대한 경험과 고백이라면, 교회가 신앙공동체로서의 고백과 공동의 기억과 유산을 담는 그릇이라고 한다면, 과연 지금의 한국 교회는 그런 것을 잘 담아내고 있는지 함께 생각해 보고 싶습니다.

한국 교회는 세대별-연령별 '교육 분화'에서 이제는 공동체적 '교육 통합'으로 나아가야 할 것입니다. 요즘 대형 교회에서 시도하는 통합 교육(연령별, 부서별)은 대단히 좋은 시도라고 보여집니다. 저 역시 통

---

1 신현숙, "신앙공동체 이론에 근거한 간세대 교육 프로그램 연구", 미간행 석사학위 논문, 장로회신학대학교, 2006년, 1-2쪽.

합교육을 시도하는 교회에서 사역을 해 봤고, 대학원 논문으로 간세대 교육에 대한 것을 썼는데 이 간세대 교육이 대단히 흥미롭고 시도해야 할 가치가 있다는 것을 확신했습니다. 이제는 세대분화에서 세대통합으로 나아가는 간세대 교육에 교회와 교회학교가 관심을 가져야 할 때입니다. 몇몇 교회에서 시도하는 아동부 통합부서, 유아유치부 통합, 장애인과 비장애인 통합 등이 시범적으로 시도되고 있지만 저는 그것이 더 확산되고 깊이 뿌리내려야 한다고 생각합니다.

부서들 간의 통합으로서 중고등부 통합, 청년부와 나이가 제일 어린 남(여)선교회 통합, 젊은 여전도회와 노인연령층 통합, 노인들과 아동기의 통합 등... 다양한 형태의 통합부서 운영을 시도하면서 간세대 교육의 유익을 직접 경험해 보시기 바랍니다. 그런 단계 이전이라도 주기적으로, 분기별로 다양한 방법으로 전교인 통합 프로그램을 운영해 보는 것이 좋다고 생각합니다.

그런데 많은 교회들이 한 가지 신중하게 다루어야 할 것이 있는데 그건 사람(성도)을 장소적으로 한 자리에 모으는 것만이 통합교육이나 전교인 프로그램이 아니라는 것입니다. 정말 신중하게 연구하고 목적을 달성하기 위하여 노력해야 할 부분은 다양한 세대의 연령층 사이에 교육적 공감대를 만들어 가는 것입니다. 그리고 그 공감대와 감동의 연속선을 형성하기 위한 간세대적 교육 이론과 교육 과정과 프로그램 연구가 내용적으로 뒷받침되어야 하는 것이 더 중요합니다. 즉 장소적인 통합이 아니라 내용적인 통합교육에 신경 써야 한다는 말이지요.

여러 교회들의 사례를 살펴보면 '전교인 예배'라고 하면서 실제 내용은 성인예배와 순서와 내용이 100% 같으면서 어린이와 청소년을 단순히 정물처럼 가만히 앉혀 놓고 예배를 드리는 경우도 많습니다. 어린이들과 청소년들이 함께 참여할 수 있는 순서와 고백도 없고, 공감되는 이야기도 추억도 남길 수 없는 무미건조한 예배가 '전교인 예배' 일까요? 단순히 어린이들과 청소년들을 참여시키고 예배의 관중(관람객)처럼 앉혀 둔다는 것으로 전교인 절기 예배가 될 수는 없습니다.

'전교인 세대통합 예배' 는 어린이들도 청소년들도 예배에 적극적으로 동참시키는 교육적인 배려와 관심을 갖고 진행하면 유익한 점이 많습니다. 오전 예배에 하기 어려우면 주일 오후 예배나 수요예배를 전교인 세대 통합예배로 드려 보면 좋겠지요. 또한 절기예배나 행사를 전교인 프로그램으로 진행해 보시기 바랍니다. 저는 그동안 사역하던 교회에서 전교인 수련회나 절기예배(부활절이나 감사절, 성탄절 예배)를 기획하고 준비하여 드렸습니다. 잘 기획되고 차질 없이 준비한 예배 순서는 모두에게 큰 은혜를 끼칠 수 있습니다. 저는 좋은 평가와 반응을 통해 앞으로의 기대감을 갖게 되는 큰 보람을 느꼈습니다.

많은 교회들이 여름에 '전교인 수련회' 라는 이름으로 야외로 나갑니다. 그렇지 않은 교회들도 있겠지만 대부분의 교회들이 이름만 '전교인 수련회' 이지 수련회 장소에 가면 각 부서별로 따로따로입니다. 유치부, 어린이, 청소년, 청년들은 따로따로 모임과 프로그램을 합니다. 오고가는 이동 시간과 밥 먹는 식사 시간과 잠자는 시간에만 가족끼리 다 함께 모일 뿐, 전교인이 함께하는 프로그램도 없고, 공동의 추억을 만들어 낼 프로그램도 없습니다. 이것은 엄밀한 의미에서 전교인 수련회가 아닙니다. 함께 한 장소에 머물렀다는 의미일 뿐 신앙공동체성을 살릴 아무런 프로그램과 시스템이 없는데 어떻게 '전교인 수련회' 라는 이름이 될 수 있겠습니까?

경기도 포천에 있는 사랑방교회(정태일 목사 시무)에 탐방을 갔을 때입니다. 목사님과 이야기를 나누는데 그 교회에서는 각종 회의에도 어린이들에게도 참여를 권장한다고 합니다. 의무적이지는 않지만 교인들에게 교육을 시킨 결과, 부모님들이 회의시간에도 아이들을 데리고 제직회나 위원회를 연다고 합니다. 그 교회 아이들은 당당하게 발언권을 얻어 자기 의견을 발표하도록 훈련되어 있고 그렇게 의사 표시를 한다고 합니다. 어린이들(청소년들)이 내놓은 의견들의 실효성과 구체성과 목적성에 대해서는 성인 교인들이 찬성하거나 결의할 수 없는 내용도 많이 있겠지요. 그렇지만 교회의 방침은 아무리 실효성이 없는 허무맹랑한 의견이라 할지라도 다 의견으로 받아들여지고 진지한 경청을 해주고 있다고 합니다. 그래서 어린이들도 자기들의 의견이 실현되지 않더라도 교회 일(행사, 안건)에 대해서는 '나도 교회의 일원으로 의견을 발표할 수 있다' 는 '구성원으로서의 책임과 의무' 를 어려서부터 체험해 간다고 했습니다.

또 사랑방교회의 중요한 문제에 대해서 어린이들이 어떤 의견을 발표했는지, 그때 어른들이 어떻게 반응했는지 자세한 사례들을 많이 들었습니다. 저를 안내해 준 권사님과 부목사님으로부터 실제 사례를 많이 들었고, 직접 어린이들과 청소년들을 면담해 보았습니다. 놀라운 사실은 그 학생들이 성인 교인들처럼 자신들도 교회 구성원으로의 정체감을 갖고 있다는 것입니다. 그날 어른들이 예배 후 교회당 주변을 청소하는데 자기들도 하던 농구를 그치고 바로 청소 대열에 합류하는 것이었습니다. 제가 왜냐고 물었더니 "내 교회, 우리 교회이니까. 함께 예배드리고 함께 밥 먹고 함께 청소하는 것이 당연하죠."라는 대답이었습니다.

어려서부터 어린이들을 교회 구성원으로, 하나님의 어린 백성으로 인격적인 대우를 해 준 결과들이 그렇게 나타나는 것을 보고 놀랐습니다. 어느 교회 어린이들이 교회 구성원으로서의 책임과 정체성을 이렇게 확실하게 느낄 수 있을까요? 사랑방교회는 대예배, 수요예배, 구역 사랑방 모임, 전교인 여름 수련회 등 모든 목회 프로그램에서 신앙공동체를 추구하는 담임목사님의 목회철학이 스며들어 있었습니다. 중고등부 학생들을 만났을 때, 교회가 돕고 있는 선교사들 이름과 교회의 중요한 행사들을 다 알고 있는 것을 보고 놀랐습니다. 대부분의 교회 중고등부 학생들은 교회의 전체적인 방향과 선교사(선교지)를 모르는 경우가 더 많은데 사랑방교회의 예는 보기 드문 경우라고 생각합니다.

제가 어느 교회에서 사역할 때입니다. 세례식을 어린이들에게 보여 주려고 어린이들을 참관시키고 싶었는데 거절당했습니다. 대예배 분위기를 깬다는 것이 이유였습니다. 어느 교회에서 사역할 때는 창립기념일에 임직식이 함께 베풀어졌습니다. 오후 시간에 열리는 대대적인 임직식과 창립기념일 행사를 앞두고 당회에서 내려온 특명은 이것이었습니다. 모든 교육전도사들은 참석하지 말고 자기 부서 학생들이 교회 내에서 우왕좌왕하지 않도록 통행을 금지시키도록 하라는….

그런 행사를 어린이들이 지켜보는 것은 교회 생활에 대한 여러 가지 의미를 실제적으로 가르쳐 줄 수 있습니다. 문제는 어린이들이 엄숙한 장내 분위기를 잘 맞추지 못한다는 것인데 이 점을 효율적으로 잘 관리할 수 있도록 하면서 참여할 수 있는 기회를 주는 것이 좋지 않을까요? 교회 내의 중요한 절기 행사에서, 임직식, 창립기념일 행사에서 어린이들과 청소년이 잔치에서 '쫓겨난 존재'가 되어 버리는 것이 참 아쉬웠습니다.

더 깊은 심원(深遠)의 문제는 이런 행사에 대해서 '교육적으로 대단히 유익한 행사이니 어린이들도 청소년들도 참석할 수 있게 해달라는' 건의를 할 수도 없던 분위기에 있습니다. 당연히 상명하달(上命下達)이었기 때문이지요. 서로 머리를 맞대고 당회가 원하는 것과 교육부서 전도사님들이 원하는 것을 서로 조율하고 협의하기 위한 교육적인 탐색이 있었더라면 좋았을 것입니다.

교육이 단순히 성경 구절을 암송하고 성경공부를 하고 설교를 통해 하나님 말씀을 대언하는 것이 전부가 아닐 것입니다. 문화를 통해, 행사를 통해, 교회의 예전을 통해 배우고 경험하는 영역이 분명히 있는 법입니다. 한국 교회는 이러한 세대 통합과 전교인 프로그램의 확대를 통해서 교육 경험의 폭을 확대시켜 주는 것이 정말 필요합니다. 각 부서의 교실에서 배워지는 좁은 경험만이 전부가 아니라 전교인과의 관계의 장에서 배워지는 폭넓은 경험이 많아져야 할 것입니다.

저는 사역하던 한 교회에서 특별새벽기도회를 열 때에 담임목사님에게 건의를 했습니다. 어른들만 총동원하는 특별새벽기도회 기간에 1주일만이라도 가족과 함께하는 기간을 갖자는 건의였지요. 교육부서별 특송 시간도 넣고, 날짜별로 부모와 아이들이 함께 축복기도도 받도록 순서를 기획하게 해 줄 것과 대대적인 캠페인을 벌이도록 해달라고 건의한 것이었습니다. 담임목사님은 아주 좋은 생각이라고 건의를 받아들여 주었습니다.

저는 우리 아이들에게 새벽에 기도하는 어른들과 새벽기도회의 경건함을 보여 주고 싶었습니다. 대대적인 캠페인을 벌이면서 노력을 많이 했지요. 열심히 아이들을 격려한 덕분에 많은 부모님들이 새벽에 아이들을 데리고 오셨습니다. 기대했던 것 이상으로 부모님들도, 아이들도 반응이 아주 좋았습니다. 그 교회는 그 후부터 특별새벽기도회 중에서 며칠은 온 가족이 다함께 기도하는 날로 정해서 교회학교 어린이들도 다 나오도록 권장하고 있습니다.

대형 교회는 전교인 프로그램을 하기가 쉽지 않을 것입니다. 대형 교회에서 꼭 전교인이 일시에 함께 해야 한다는 고정관념을 떨쳐버린다면 가능할 수도 있다고 생각합니다. 부서별 연합, 교구별 연합으로 200-300명이 함께 움직이며 동참할 수 있는 행사를 1년에 여러 차례 기획한다면, 충분히 그 기회에 교회학교 학생들이 동참하여 몸으로 삶으로 배우고 익히며 젖어들게 되지 않을까요?

한국 교회의 85% 이상이 교인 규모 500명 이하의 중소형 교회이고, 한국 교회 전체적으로 교인 100명 미만의 소형 교회는 48% 정도로 추산되고 있습니다.[2] 이러한 교세의 형편을 보면 중소형 교회의 어려움이 짐작이 갑니다. 중소형 교회의 목회에서 당면하는 문제는 교회의 예산과 자립이 불충분하고, 인적 자원이 많이 부족하다는 점과 목회적 측면에서 부서별 교육전도사를 청빙하기가 어렵다는 것입니다. 특히 농어촌 지역, 섬과 산촌 지방의 경우는 '교육의 불평등' 문제가 심각하게 발생할 수도 있습니다. 이런 현상은 대도시와 위성도시에 형성되는 개척 교회나 미자립 교회에서도 충분히 볼 수 있습니다.

적은 교회에서는 이런 어려움을 오히려 새로운 기회로 삼아 간세대

---

2 신현숙, 동일 논문, 9 쪽. (2001년 말 총회 전도부 "교세변화 추이 분석결과 보고서" 인용)

적 세대통합 프로그램을 도입할 수 있는 적기라고 볼 수 있습니다. 소규모의 인원이라 신앙 공동체성을 살리기 쉽고, 공간이나 장소 이동에 효율적인 면, 밀도 깊은 공동체성과 일체감이 형성되기 쉽다는 점 등의 장점을 살리는 것이 좋을 것입니다. 존 웨스터호프 3세는 '상호작용과 교류를 통한 관계 증진이 가장 잘 될 수 있는 신앙공동체의 인원'으로 300명을 제시하고 있지요. 이는 전세대가 함께 예배드리기에 적당한 인원이며 간세대적 교육 프로그램을 시행하기에 적절한 인원이라고 보여집니다.[3]

진정한 교육은 공동체 안에서 보고 배우며 느끼고 경험하고 동참하는 삶의 경험이 되어야 할 것입니다. 이러한 의미에서 어린이들이, 어린 학생들이 어른들의 삶과 신앙을 배울 수 있는 기회를 부지런히 제공해 주는 교회들이 더 많이 생기기를 바랍니다. 앞으로 미래의 교육은 따로따로 국밥 같은 부서별 교육에서 전교인 신앙공동체의 교육과 병행되거나 함께 가는 교육이 자리를 차지할 거라 생각합니다.

---

3 J. H. Westerhoff Ⅲ, 정웅섭 역, 『교회의 신앙교육』, 대한기독교교육협회, 1983, 103쪽.

3. 좋아요 좋아! 교육공동체!

대부분의 교회학교들이 아마 이렇게 운영이 될 것 같습니다. 교회 전체 예산에서 교회학교 비용 예산이 몇 %나 되는지는 교회마다 다르겠지만 많은 교회들이 교회학교 예산을 할당해 주고 교사 임명이나 해 주고는 끝입니다. 또 성도들은 지나친 간섭과 개입 안 하고 가만히 있어 주기만 하고, 학생들을 잘 보내 주기만 하면 된다고 생각하는 경향도 있습니다.

저는 교회 전체가 교회학교 교육을 지원하고 협력해 주는 교육 공동체로 가기를 소망합니다. 교회학교에 교사와 학생만 존재하는 소공화국이 아니기를 바랍니다. 전교인들이 전 교회적으로 필요한 예산 지원, 자재 지원, 도우미 교사 지원 등 많은 분야에서 협력할 수 있습니다. 그렇게 되면 교회학교가 섬나라 같은 외떨어진 부서와 같은 소외감을 느끼지 않고도 전교인의 따뜻한 관심과 협력 속에서 함께 호흡할 수 있습니다.

저는 이런 문제에 관심을 갖고 여러 면에서 노력을 해 보았습니다. 성과를 눈으로 확인한 것도 있었지만 직접 확인하기 어려운 것도 있습니다. 그러나 분명한 것은 교회 내부적으로 그 여파가 스며들어가고 있었으며 그 열매들이 나타나는 것을 보고 제 시도와 노력은 좋은 것이라는 확신을 가지고 있습니다. 그러면 많은 설명보다도 쉽게 수긍이 갈 수 있는 실제적인 예를 들어보겠습니다.

저는 10여 년 전에 사역하던 교회에서 두 가지의 좋은 사례를 발견했습니다. 첫 번째는 교회학교 소식지였습니다. 제가 부임하기 전에도 소식지가 발행되고 있었지요. 교회학교 각 부서의 행사 계획 내용을 간단하게 만들어서 교회학교 전체 교사들에게 나누어 주던 소규모 팜플릿 소식지였습니다. 처음의 목적은 교회학교 부서들이 서로 다른 부서 소식과 행사를 너무 모르고 따로따로 움직이니까 교회학교만이라도 다른 부서의 소식과 근황이라도 알자는 것이었답니다.

제가 부임하고 편집장이 되어 이 일을 담당하면서 이 팜플릿을 20페이지가 넘는 소책자 형식으로 확대 발간을 했습니다. 그리고 여기에 더 읽을거리를 많이 넣었지요. 재미있는 기사, 교회학교 각 부서의 행사 소식이나 교사 근황, 교회 인물 인터뷰, 우리 교회 옛날 옛적에는, 십자 퍼즐 퀴즈, 숨은 그림 찾기 등 다양한 콘텐츠를 넣고 글도 잘 쓰는 사람들이 기사를 작성하도록 하였지요. 그리고 이 소식지 인쇄 매수를 대폭 늘리기로 했습니다. 교육부 회의에서는 인쇄비용 부담 때문에 찬성과 반대의 여론이 비등했습니다. 설득 끝에 많은 부수를 찍어서 전교인들에게 분기별로 이 소식지를 돌렸습니다.

아담한 소책자 형식의 이 소식지에 대하여 교인들이 아주 좋아했습니다. 각 부서가 어떻게 움직이고 노력한다는 것을 알고 교인들(중직들, 학부모들)이 관심을 표현하기 시작했습니다. 수고했다는 인사와 격려성 방문, 기도 제목과 응답에 대한 관심 등으로. 교회학교에 대한 이해와 관심을 증진시키자는 목적에 대한 설득이 주효했던 것입니다.

그동안은 교인들도 교회학교 부서가 어떻게 돌아가고 있는지를 자세히 몰랐겠지요. 교사들도 자기 담당 부서가 아니면 다른 부서 사정은 잘 몰랐는데 이 소식지를 통해서 서로 알고 관심을 표현해 주었습니다. 이러한 소식지를 발간하는 몇 명의 수고와 인쇄비 지원만 따르면 전교인이 교회학교에 관심 갖고 그 사정을 알고 도와주는 것을 쉽게 유도할 수 있다고 생각합니다.

두 번째는 그 교회의 조직 가운데 특이한 조직이 하나 있었는데 그것은 부서 간 자매결연 조직이었습니다. 저는 이러한 조직이 바로 교육공동체의 모습과 관련이 있다고 생각합니다. 모든 여전도회와 남선교회 부서들이 교육부서 한 부서와 자매결연하는 조직이었지요. 예를 들어 1남선교회와 1여전도회가 유아부를 지원하고, 2남선교회와 2여전도회가 유치부를, 3남선교회와 3여전도회가 유년부를…. 이런 식으로 교회학교 지원부서를 자매결연하였습니다. 남선교회가 여전도회보다 조직과 회원 숫자가 적기 때문에 교육부서 조직과 잘 배분해야겠지요.

해당 교육부서와 결연된 남선교회와 여전도회의 회장단과 교육부서 전도사, 부장이 긴밀한 연락을 갖고 서로 지원을 요청하고 지원을 해 줍니다. 예를 들어 야외행사를 하게 되면 차량 카풀 문제, 시설물 설치(천막, 야외 스피커, 물통 운반 등), 임시 도우미 교사 등으로 지원을 해 줍니다. 여름성경학교 행사 때면 임시 교사로 나서서 교사 지원을 해 줍니다. 여름성경학교나 수련회, 소풍 같은 경우에는 그 담당 부서 여전도회 회원들이 간식과 식사를 책임지고 만들어 줍니다. 한 달에 한 번씩 열리는 여전도회나 남선교회 월례회 모임에 부서의 기도제목을 요청하기도

합니다. 그 외에도 부서의 교사들만으로 준비가 어려운 것을 부탁하면 그 여전도회나 남선교회는 책임지고 민원(?)을 해결해 줍니다.

그 교회에서는 전통적으로 교육부서 지원이 남녀전도회 사역으로 인식되어왔기 때문에 아주 많은 도움을 받으면서 편안하게 사역할 수 있었습니다. 예를 들면 야외 소풍을 가게 되면 지원하는 남선교회에서는 1부 예배를 드린 후 1진이 선발대 물건을 먼저 차에 싣고 가서 좋은 장소에 천막을 치고 현수막을 걸어놓고 저희들이 도착하기를 기다려 줍니다. 그 덕분에 교사들은 편안하게 어린이들과 예배를 드리고 출발하였습니다. 이때에도 남선교회 2진이 교회 버스 운전 외에 카풀 차량 몇 대를 운전하며 아이들을 이동시켜 주었구요. 여전도회에서는 간식과 아이스크림, 과일, 화채, 그릇, 식사 등을 준비해 주었구요. 야외에서의 아이들 관리, 프로그램 보조 교사 등을 지원부서 집사님들이 도와주고 끝까지 함께 남아 청소와 뒷정리까지 해 주었답니다.

전 교육부서에서 이와 같은 지원이 이루어지는 것이 아름다운 교육 공동체 아닐까요? 그 교회에서는 남선교회, 여전도회에서 서로서로 자기네가 지원하는 부서들을 어떻게 잘 지원하고 열심히 해 주었는지를 자랑하는 모습들이 보기 좋았습니다. 서로 더 잘하려고 하는 분위기나 힘껏 도와주려는 그런 모습들이 참 보기 좋았고, 어린이들에게도 본을 보이는 모습일 거라고 생각했지요.

저는 몇 교회에서 사역하면서 이런 이벤트를 벌이기도 했습니다. 이벤트라는 말이 조금 이상한 어감이 있는데요. 비단 부서의 예산이 부족하기 때문에 돈을 아끼려고 그런 것은 아닙니다. 제가 원했던 것은 교회 교인들의 많은 관심과 협조를 이끌어 내어 교육 부서를 지원하는 전교인 교육공동체의 모습을 실현하고 싶었습니다. 그 이벤트라는 것은 특별한 행사 때마다 광고를 내어 십시일반으로 교인들의 지원(현금, 물품)을 받는 것입니다.

이런 일을 싫어하는 담임목사님을 만나면 순종해야 하기 때문에 시도할 수가 없었지만 수긍해 주는 담임목사님을 만나면 과감하게 1년에 두세 차례는 시도했답니다. 담임목사님의 입장에서는 다양한 종류의 헌금과 자치회비 등으로 빠져나가는 교인들의 호주머니 생각을 안 할 수가 없겠지요. 교인들이 이러한 작은 시도에 어떤 반응을 보일지 담임목사님의 입장에서는 염려가 되기도 할 것이고, 또 한 부서가 하고 마는 것이 아니라 다른 부서들도 경쟁적으로 이런 일을 벌이게 될 때 교회의 전체적인 분위기와 흐름을 생각하지 않을 수 없을 것입니다. 그래서 저는 담임목사님의 반대하는 입장도 충분히 이해가 되었습니다.

예를 들면, 여름성경학교 간식비를 예산에서 쓰지 않겠다고 정하면 일단 메뉴를 정합니다. 그리고 간식 타임과 간식 메뉴, 소요경비, 필요한 재료 수량 등을 꼼꼼하게 적어서 교회 로비나 현관이나 벽에 교인들이 잘 보이는 공간에 게시물로 게시합니다. 제목은 거창하게 "엄마, 아빠, 교회에서도 우리를 도와주세요. 이런 것이 필요하다는 것 모르셨죠?" 등으로 달구요. 그 옆에는 지원할 사람 이름이나 연락처를 적어 놓은 빈 칸을 만들어 둡니다. 또한 총무나 담당교사 핸드폰 번호도 남겨서 문의사항을 물어보게 하구요.

그렇게 한 주일 지나면 바로 빈 칸이 채워집니다. 아니면 한 주일 정도 더 시간을 드리면 우리가 원하는 것들은 거의 100% 채워지지요. 예를 들어 저는 최대한의 현금지원을 5천원으로 한정했기 때문에 한 사람이 다 지원할 수가 없습니다. 한 사람이 여러 항목을 선점할 수도 없습니다. 이것은 한 사람이 독점하지 않고, 지원에 대한 경제적 부담을 줄이고, 다음에도 또 부담 없이 돕고 싶은 마음과 여운을 남기려는 고도의 심리전술(?)이랍니다. 물론 더 많은 현금을 물질로 찬조하시고 싶은 분은 간식 찬조 명목이 아니라 여름성경학교 비용 찬조를 별도로 하시면 되구요.

제 목적은 누구에게서라도 돈만 넉넉히 지원받아서 간식비를 아끼자는 것이 아니었습니다. 여러 사람들이 십시일반으로 교회학교 여름 행사에 지원하고 협력하는 교육공동체를 만들어 보자는 것이었지요. 매번 목적을 혼동하여 과도하게 독점해 버리는 열심 많은 성도들 때문에 오히려 설득하기가 더 어려웠답니다.

제가 교회에서 교육공동체를 만들어 보고 싶다는 비전에 따라 어떤 교회에서 추진했던 한 프로젝트가 가장 기억에 남습니다. 그 교회에서는 담임목사님의 허락을 받고 5월의 행사로 전교인의 신앙부모 맺기 프로젝트를 추진했습니다. 이는 교회학교 학생들과 전교인이 한 명씩 자매결연 형식으로 신앙 안에서 부모와 자녀를 맺는 것입니다.

방법을 알려드릴까요? 먼저 교회학교 전체 학생들(유아부부터 고등부나 청년부까지) 명단을 놓고 한 명씩 이름을 넣은 수십 장(수백 장)의 기도 카드를 만드는 것입니다. 성구와 함께 "교회학교 OO부 OOO를 위해 1년간 기도해 주십시오. 여러분이 이 학생의 신앙의 부모입니다."라는 문장이 적힌 아주 작고 예쁜 모양의 색지 카드를 만들어 놓으세요. 이 카드를 코팅하여 주보 속에 넣어 두면 됩니다. 성인 성도들은 주보에 끼워진 기도카드에 적힌 아이가 바로 자기들의 신앙의 자녀가 되는 것이고, 아이들에게는 그분이 바로 신앙의 부모가 되는 것이지요.

교인들에게 자기가 기도를 담당하게 된 아이들에 대해 해당부서 교역자나 교사를 통해서 연락처나 인적 사항과 환경, 교회 생활 등을 듣게 해 주었습니다. 그때부터 교인들은 그 기도카드를 놓고 그 학생을 위해 기도하는 것입니다. 가을에 체육대회와 창립기념일 행사를 앞두고, 10월에는 '신앙부모와 자녀 만나는 달'로 캠페인을 벌였습니다. 기도로 맺어진 부모와 자녀들이 함께 만나서 식사를 하고 선물도 하고 대화하는 시간을 갖도록 했지요. 기도하는 아이들에 대해서 더 깊은 기도제목과 가정 상황, 비전이나 진로에 대한 이야기를 나누고 정도 나누도록 광고했습니다.

열심히 잘 따라준 가정들은 서로 만나서 아주 유익한 시간을 가졌는데 광고를 무심하게 듣거나 잘 챙겨 주지 못한 교인들 때문에 상처받는 어린이들(특히 중고생들)이 많았습니다. 좋은 대접과 관심과 선물과 대화가 풍성했던 다른 아이들과 비교하게 되었고 불평이 생겼던 것입니다. 그래서 그 다음해 5월에는 한 명의 카드를 두 장씩 만들어서 교인들에게 돌아가도록 했습니다. 한 명이 무관심하면 다른 한 명이라도 그 학생을 챙겨달라는 의도였지요.

연말이나 다음해 3월 신학기에 또 한 차례 만남이나 전화 데이트를 하도록 했지요. 5월까지 그 기도카드의 효력이 유지되어야 하니까요. 이 기도카드에 관심과 애정을 갖고 학생을 대해 준 순수한 교인들에게 얼마나 감사했는지 모릅니다. 이들을 통하여 교회가 교육공동체로 아주 조금씩이라도 변모되어가는 모습에 흐뭇했지요. 교회에서 어린이들과 청소년들이 교회 전체적인 사랑과 관심 속에서 자라나기를 바라는 소원이 이루어지는 모습이 가슴 뿌듯한 보람으로 다가왔습니다. 이런 행사는 1회성으로 끝내지 말고 매년마다 기도카드를 바꾸어가면서 꾸준히 계속되기를 바라는 마음이 간절합니다.

어느 가정에 심방을 갔더니 거실 벽에 새해 신년예배에 받은 그 가족들의 성구 카드가 붙어 있고, 그 옆에 부부 집사님이 뽑은 신앙부모 기도카드도 붙어 있었어요. 어느 집사님 댁은 화장대 유리에 기도카드가 붙어 있었는데 그 여집사님은 "하루에 최소한 한 번은 화장하니까 화장하면서 이 아이를 위해 기도하려고 붙여 놓았어요. 다른 데에 붙여 놓는 것보다 이게 더 훨씬 막강한 방법이었어요." 하였습니다.

여러분은 이런 장면을 어떻게 생각하세요? 여러분도 교회 안에서 신앙의 자녀 한 명만이라도, 1년만이라도 입양하여(?) 이렇게 기도해 주고 만나고 대화하고 관심 표명해 주면서 키워 보고 싶지 않으세요? 몇 년간 꾸준히 신앙의 부모가 되어 주고, 나중엔 삶의 멘토가 되어 주면, 그렇게 못하더라도 1년에 한 명씩 만이라도 기도의 부모가 되어 준다면, 나중에 그 아이들이 멋진 청년으로 자라고 결혼하고 성숙해져 가는 모습을 지켜보는 보람이 얼마나 크겠어요? 바로 이러한 모습이 교육공동체 안에서 누릴 수 있는 즐거움이 될 것입니다.

4. 부모님과 함께 2인 3각을

사역하면서 느낀 또 하나의 소외감은 교회와 가정이 따로따로라는 느낌이었습니다. 교회와 교회학교가 본토와 섬나라 같은 소외감이라면 어린이들의 가정과 교회학교도 역시 서로 멀리 떨어져 있는 섬들, 그저 바라보기만 하는 그런 어색한 소외감이 들었습니다.

가정이나 교회는 신앙을 교육하는 기관이라는 점에서 동질성을 갖고 유대 관계가 깊습니다. 본질적으로 가정과 교회는 아주 가까운 친척 같은, 사촌 같은 유기적이고 밀접한 친분 관계로 이루어집니다. 그래서 교회와 가정은 신앙교육의 내용과 방법을 서로 교류하면서 순환하면서 한 방향으로 나아간다면 서로 상승기류를 탈 수 있을 것입니다. 서로 함께 고민하고 협조하면서 공감대를 형성해 간다면 누구보다도 가장 큰 수혜자는 부모가 아니라 바로 우리 아이들입니다.

그런데 요즘 교회학교 현장을 보면 교회와 가정 사이는 너무 멀리 떨어진 각각의 섬나라, 엇박자 화음, 불균형한 절름발이 행보 같은, 함께 어울리지 못하는, 섞이지 못하고 겉도는 모습들을 보입니다. 이런 현실을 여러분들은 감지하셨는지요? 동반자가 되어야 하는데 그렇지 못한 현실 앞에서 교회학교 교사나 교역자나 다 쓸쓸하게 힘을 잃기가 쉽지요.

그 원인으로는 요즘은 가정이 교육기관으로서의 기능을 사회에 다 내어 주고 있다는 생각이 듭니다. 불과 30, 20년 전만 해도 그때는 물론 사교육 기관이 지금처럼 많지 않는 사회적 환경 때문이기도 했지만 부모님들은 저녁이면 숙제검사와 공부 가르치는 일이 부모의 부담이라고 당연시했습니다.

그런데 지금은 어떤가요? 요즘의 부모님들은 다들 '교육 위탁'을 하고 있습니다. 정규 교육은 공교육 초등학교로 보내고, 숙제와 복습과 선행 학습은 학원으로 보내고, 신체 발달과 건강성은 태권도나 운동 학원으로 보내고, 특기와 재능 교육은 예능 학원으로 보내고, 부모님들은 가정에서 아이들을 돌보고 함께 공부하지 않습니다. 사회적으로 맞벌이 현상이 당연하게 여겨지는 현실적인 상황도 그렇지만 가정에 있는 부모님들도 아이들을 가르치는 교육적인 보살핌에 대해 부담을 많이 가집니다. 부모님 자신의 전문성 결여로 인한 자신감 부족 때문이기도 하고, 어린이들의 신뢰성이나 학습 여건도 문제의 요인일 것입니다.

이것이 사교육 현장에서만 벌어지는 '교육 위탁'일까요? 저는 부모님들이 아이들의 신앙교육까지도 교회에 위탁해 버렸다는 생각이 많이 듭니다. 열심히 학원에 보내듯이, 열심히 교회에 보내기만 하면 된다는, 너무나도 순수한 의뢰심과 믿음 앞에서 마냥 기쁜 것만은 아닙니다. 교회를 믿고 신앙교육을 맡기는 것은 감사하고 좋지만 혹시 많은 부모님들이 학원에 수강료를 내고 아이들의 지식교육이나 예능교육을 맡겨 버리듯 우리에게도 신앙에 대해서 그냥 덮어놓고 맡겨 버린 그런 형태가 아닐까 하는 생각이 듭니다.

부모의 관심, 지원, 협조의 책임을 공유하기보다는 신앙교육의 한 역할을 포기하고 방치하고 맡겨 버리는 듯한 인상은 저 만의 느낌일까요? 부모들이 자녀의 공부나 입시 때문에 교회학교 예배나 참여를 말리고 대예배에만 참석시킨다든지, 부모와 아이들이 다니는 교회가 각각이든지, 중요한 시험 때만 되면 "한 번쯤은 예배 안 드려도 괜찮지, 학교도 아닌데. 교회를 유별나게 개근할 필요가 뭐 있어?" 하면서 오히려 자녀를 안심(?)시키는 부모님도 계시거든요.

어느 고3학생은 고등부 예배만 마치면 분반 성경공부도 안 하고 쏜살같이 예배실을 빠져 나가서 교회 주차장에 대놓은 아버지 차를 타고 학원으로 이동합니다. 학생을 학원 앞에 내려 주고 그 아버지는 다시 교회로 바쁘게 돌아와서 대예배를 드리러 본당으로 들어가지요. 그리곤 자기도, 그 아이도 예배는 드렸으니 하나님 앞에 떳떳하다고 어깨를 펴고 자신 있어 하더군요. 우리의 이러한 입시 지옥 현실 앞에서 교사나 교역자는 당연히 가르치고 말해야 할 소리를 내지 못하고 그저 함구할 뿐입니다.

저는 교회교육이 불신자 가정이든지 신앙 가정이든지 함께 교류하고 부모님들과 함께 만들어가는 신앙교육의 장이었으면 좋겠다는 생각을 많이 하고 있습니다. "학원에 맡기듯, 교회에 맡겼으니 신앙교육은 부모 책임이 아니다. 교사들이 교회에서 알아서 할 일이다."라고 생각하는 부모님들이 교회 안에도 무척 많은 것 같습니다. 교회에 다니시는 부모님들도 그런 생각을 하는데 하물며 교회에 다니시지 않고 아이들을 교회학교에 보내시는 분들은 얼마나 더 그런 생각을 하겠어요?

대부분의 부모들이 자녀를 교회학교에 맡겨 놓고 아무런 협력이나 관심도 없이 그냥 보내시기만 한다면 어떻게 교회교육의 내용이 가정으로 흘러들어갈 수가 있겠습니까? 자녀들이 교회학교에서 뭘 배우는지, 어떤 것을 느끼고 경험하는지에 대한 관심도 없는 부모님들에게 마냥 섭섭해 하실 일도 아닙니다. 교회학교에서 먼저 어떤 노력을 했는지 우리 자신을 반성해 보아야 합니다. 교회교육의 내용이나 방법에 대해서 얼마나 자주 소통하고 알려 주는지, 부모님들과 친밀한 관계를 맺기 위해 얼마나 노력을 하면서 지혜롭게 접근하는지 교사들이나 교역자들이 자신을 돌아보아야 할 것입니다.

저도 부족한 사역자이지만 해결책을 찾기 위한 작은 노력을 시도해 보았습니다. 혹시라도 여러분들에게 도움을 될까 해서 제가 시도했던 세 가지 방법을 말씀드리겠습니다.

첫째는 부모님과의 소통을 위해 편지나 소식지를 활용하는 것입니다. 저는 가능한 대로 자주 교회의 행사를 알리고, 어떻게 도와주실 수 있는지를 요청하는 편지를 쓰곤 했습니다. '가정통신문' 이라는 제목보다는 『부모님께 쓰는 편지 ①②③』형식으로 말입니다. 교육전도사님들이 대부분 딱딱한 공문 같은 알림문 형식으로 알려야 할 것들만 요목조목 알려 주기가 쉽습니다. 저는 되도록 따뜻하고 정감 있고 상세한 편지로 교육 내용과 행사, 중점적인 교육지도, 이것이 가정 안에서 어떻게 연속되고 지속될 수 있는지에 대한 가정교육의 방법까지도 설명해 드렸지요.

가정통신문 말고도 활용할 수 있는 것은 뉴스레터 형식으로, 한 장 정도의 소식지를 발행하셔도 좋습니다. 그 부서에서 진행되는 프로그램과 생활 교육, 친구들 이야기, 선생님들 이야기를 간단하게 한 장에 컴퓨터로 편집해서 보내 주는 것이지요. 이러면 부모님들은 아이들이 다니는 교회학교에 어떤 일들이 생기는지 잘 알게 됩니다. 그러다 보니 부모님들이 교사들 수련회 갈 때 찬조금을 보내겠다고 연락을 하시기도 하고, 다음 달 행사에 간식 찬조를 하시겠다고, 또는 일일교사로 돕겠다고 연락이 오기도 하지요.

교회에 다니지 않는 불신자 부모님들도 이런 소식지를 받고 감동을 받고 칭찬을 하신 적도 많습니다. 자신은 교회에 다니지 않지만 다른 아이들에게는 ○○교회 아동부에 나가 보라고 소개하겠다거나, 우리 아이를 이렇게 정성껏 사랑과 관심 갖고 대우해 주니 너무나 고맙다고 빵이랑 치킨이랑 보내 주시기도 했습니다. 아이를 교회에 보내는 이유가 아이가 주일날 심심할 때 시간 때우며 놀다 오라고 부담 없이 보냈는데 다양한 프로그램을 위해 노력하고 준비한다는 것을 알게 되었다고 고맙다고 교사 위로금도 보내오셨습니다.

둘째는 아이들의 성장 앨범을 만들어 주는 것이었습니다. 모든 부모님들은 자기 아이들의 성장기를 아주 소중하게 생각하고 있습니다. 몇 년 전에 유년부에서 사역할 때입니다. 그해 저는 교사들에게 어린이들의 모든 흔적을 버리지 않고 캐비닛에 다 모아달라고 부탁드렸습니다. 종이나 쪽지에 간단한 글짓기든 그림이든 평면 자료인 것은 다 모으도록 했습니다(입체 자료는 보관이 조금 어려워서). 연말이 되자 저는 아이들 이름을 붙인 두 개의 비닐 봉투를 가정에 보내 주었습니다. 한 가지는 아이들이 프로그램에서 했던 각종 글짓기, 메모장, 종이에 쓰거나 그린 것, 가벼운 입체 자료들이었구요. 또 한 가지는 그해 찍었던 모든 행사사진을 아이들 숫자대로 다 인화해서 큰 엽서 봉투 안에 다 넣어 드렸습니다.

다음 해에는 더 진화해서 작은 포켓 앨범을 단체로 구입하여 아이들 성장 앨범을 직접 교사들이 정리하여 만들어 주기도 했구요. 그 후 다른 교회에서는 모든 행사 사진을 한 장의 CD에 담아서 앨범으로 주었습니다. 교사들은 엄청 많은 고생을 하고 수고도 참 많았지요. 저 때문에 고생이 심해서 늘 미안하고도 고마운 선생님들. 이 사진모음 봉투나, 앨범이나, CD는 부모님들에게 굉장한 호응을 얻었고 과도한 찬사와 감사의 인사를 받았습니다.

세 번째는 부모교육의 기회를 만들어 유기적인 관계를 가지려고 노력했습니다. 교회를 안 다니는 불신자 부모님은 그런 관심이 미약하고 희박하지만 믿음 안에서 아이를 잘 키워 보려는 소원을 가진 부모님들은 "어떻게 하면 아이의 믿음을 성장시킬 수 있지?"라는 물음과 기도를 가지고 있습니다. 이런 분들에게 구체적인 도움을 드릴 수 있는 기회가 바로 부모교육의 시간들입니다.

이 부모교육 시간의 운영에 앞서서 이 이야기를 들려 드릴까 합니다. 교회학교를 어려서부터 착실하게 잘 다닌 아이들, 집에서 신앙교육이라고 열심히 성경동화책을 읽게 한 어린이들, 기억력이 좋은 아이들은 성경에 대한 지식과 상식이 많습니다. 또 그런 아이들을 믿음이 좋다고 칭찬하기도 하지요. 제가 몇 년 전에 방문한 어느 교회에서 만난 여집사님. 그분은 그 교회의 기둥 같은 존재로 믿음과 헌신과 열정이 대단하신 분이었습니다.

그분은 자기 아이는 아주 믿음이 좋은 아이라고, 아이들 대상으로 성경퀴즈 대회를 하면 가장 높은 점수를 받을 수 있다고 자랑하시더군요. 자기 딸은 유치부 시절 동안 성경동화를 시리즈로 읽었는데, 그 시리즈도 한 가지가 아니라 두 종류의 전집물로, 시리즈 전체를 세 번도 넘게 다 읽었다고 합니다. 그래서 성경에 대하여는 모르는 것이 없는 박사라는 것입니다. 또한 자기가 말하는 대로 순전하게 믿고 무슨 말이든 "아멘" 한다고 합니다. 결론은 자기의 신앙교육은 성공한 것이라는 자랑이었습니다.

저는 아무 말도 안 했지만 '과연 그 아이가 정말 믿음이 좋은 걸까?' 하는 생각을 해 보았습니다. 믿음에는 인지적 요소가 따라오는 것은 사실입니다. 덮어놓고 믿는다는 것은 말이 안 되지요. 신앙의 대상이 누구이며 무슨 일을 하는지 알고 믿는 것은 중요하지요. 그러나 아동기의 신앙은 성경에 대해 많이 안다는 것이 척도가 되는 것은 아닙니다. 또한 무슨 말이든 "아멘"을 외친다는 것도 한 번 더 생각해 보아야 할 것입니다. 정말 신앙이 있어서 그런 것인지, 그렇게 "아멘" 하고 외쳐야만 믿음이 생긴다고 일방적 주입식 교육을 받았을지도 모르지 않습니까? 그 엄마를 보았을 때는 그런 의심이 충분히 갈 수 있었거든요.

저는 아동기 부모교실을 자주 열어서 부모님들에게 신앙교육에 대한 지침을 알려 주는 것이 좋다고 생각합니다. 아이들의 영성과 신앙지도, 아이들의 심리 이해, 사회성 발달, 언어와 습관 형성, 감수성 높이는 훈련 등을 차근차근 가르쳐 줄 필요가 있다고 생각합니다. 더 나아가서는 학습 방법 지도, 특기와 재능 교육, 의학적인 상식 외에도 부모 훈련을 위한 가정교육과 결혼생활까지의 영역도 다루어 주는 것이 좋을 것이라고 생각합니다.

강사로는 그 분야의 전문가들을 초청하거나 교회 내의 풍부한 전문적인 인적 자원을 활용하며 강사로 세울 수도 있습니다. 이런 부모교실 모임에 부모님들만 오시라고 권유할 것이 아니라 부모교실과 아이들 미팅을 함께 진행합니다. 부모님들은 강의실에서 강의를 듣고, 아이들은 아이들에게 합당한 시간을 보냅니다. 영화를 보고 토론하기나 부모님에게 가르쳐 줄 재미있는 놀이찬양 배우기, 부모님에게 쓰는 편지 등등의 시간을 갖지요. 부모 교실과 아이들 모임을 별도로 진행한 후에 다시 함께 모여서 '공동체 훈련'을 진행합니다.

출산의 가슴 벅찬 감격을 되살리는 타임캡슐 타고 시간여행 떠나기, 그때의 심정을 다시 적어보기, 침묵 속에서 아이를 안거나 업고 무언의 대화를 나누기, 세족식 등 아이와 함께 하는 공동체 훈련을 통해서 모성애 부성애를 깊이 느끼게 해 줄 수 있구요. 공동체 훈련 후에는 교회 식당에서 아주 정성들인 만찬을 준비하여 잔치처럼 흥겹게 식사를 해 보세요. 식사 후에는 그 장소에서 부모님과 함께 노래 부르기, 장기 자랑(음악이나 문학 발표회)을 열어 주어도 좋습니다. 이렇게 하면 불신자 부모님들도 아이들의 체면과 기를 살려 주시기 위해서라도 열심히 참석을 하시기도 합니다.

교회교육은 가정과 함께 걸어야 합니다. 가정의 도움과 지원 없이는 교육의 목적달성이 어렵습니다. 가정을 교회교육의 파트너로 삼기를 바랍니다.

제2장
선생님은 행복하세요? 파이팅!

　　몇 년 전, 목회에서 가정사역이 대대적으로 유행하던 시절이 있었지요. 기억나실지 모르겠는데 가정사역, 가정상담(부부 상담), 행복한 가정생활(결혼생활) 등이 이슈가 되던 시절에 많은 교회들의 표어가 이렇게 바뀐 것을 보았습니다. "교회는 가정처럼, 가정은 교회처럼" 이런 표어들이 교회 주보에, 교회 현판에 많이 새겨져 있었답니다. 많은 교회들이 가정상담자, 부부 문제 전문가를 초빙하여 1일 세미나, 또는 3일이나 1주일 세미나를 여는 것이 대중적인 목회 프로그램이었던 시기였습니다.

　　"교회는 가정처럼"이라는 표어대로라면 "교회학교는 가정처럼"으로 바뀌어도 되겠지요? 그런데 정말 교회학교가 가정 같을까요? 여러분은 어떻게 생각하세요? 아이들이 "정말 우리 집처럼 편안하다. 한 번 오면 계속 머물고 싶다. 교사들이 모두 가족 같다. 친구들이 모두 형제 같다." 이렇게 반응할까요? 그렇다면 우리 교사들은 무척이나 행복하겠지요?

　　교회학교 어린이들과 학생들이 교회가 가정 같은 편안하고 행복한 곳이라는 것을 느끼고 경험하려면 먼저 교사들이 행복해져야만 합니다.

그래야만 그 행복과 자유함과 편안함이 물길처럼 어린이들에게로 흘러가거든요. 저는 여러분이 교사로 봉사하면 할수록 힘겹고 부담스러운 고역과 노동이 아니라 하면 할수록 즐겁고 행복한 길이 되기를 바랍니다.

저는 교사의 행복이란 그저 아무 노력도 안 하고 몸의 안일함을 추구하고 영적인 수고를 기피하는 데에서는 찾아지지 않는다고 봅니다. 웃으면서 거둘 날을 소망한다면 눈물로 씨를 뿌리고 키우는 과정의 수고와 희생의 시기기 있어야 하겠지요. 이것은 농부 법칙과 자연 법칙뿐만이 아니라 영적인 생활에도 봉사의 생활에도 똑같이 적용되는 것 같습니다. 저도 오랜 교사생활 속에서 수고의 과정을 거치면서 오히려 기쁨과 보람을 만족하게 누리면서 살았습니다. 저의 그런 기쁨과 행복이 교사 여러분들에게 흘러가기를 진심으로 바랍니다.

1. '학교'가 아니라 '가정'이라고?

몇 년 전 사역하던 교회에서 저는 특별난 사건(?)을 하나 만들었습니다. 그 당시 저는 매주 토요일마다 어린이 제자훈련을 하고 있었지요. 어느 날 강훈련을 받던 믿음 좋은 소년부 아이들 몇 명에게 아주 이색적인 과제를 한 가지 내 주었습니다. 매 주마다 내 주는 여러 가지 생활과제와는 전혀 다른 것이었습니다. 제목은 〈주일학교 아동부와 초등학교는 무엇이 같고 무엇이 다른지를 적어오기〉 한 번쯤 아이들에게 물어 보고 싶은 질문이었지요. 그 다음 토요일에 아이들은 숙제장에 여러 가지 내용을 써 가지고 왔습니다.

같은 점을 적어 온 아이들의 답은 이랬습니다. "교실이 있다. 공부 시간이 있다. 선생님이 1명씩 있다. 지각 결석 체크를 한다. 출석부가 있다. 가끔 숙제도 내준다. 교장 교감처럼 교회도 여러 가지 교사가 있다. 1년마다 한 번씩 반이 바뀐다. 이때마다 선생님도 친구들도 함께 바뀐다. 다 책을 가지고 와야 한다. 올 때마다 가방 들고 다닌다. 생일잔치를 해 준다. 1년에 두 번 소풍도 간다. 가끔 시상도 해 준다. 점수제(달란트)도 있다. 학교도 교회도 연말이면 상장과 상을 준다. 결석 안 하고 잘 나오면 좋아한다…"

　다른 점을 적어온 아이들의 답은 같은 점보다 훨씬 더 많은 분량이었습니다. "교회는 1주일에 한 번만 오면 되고 학교는 날마다 계속 간다. 교회는 매주 간식이 나온다. 학교에는 예배 시간과 헌금이 없다. 학교 선생님은 집으로 전화를 안 하는데 교회 선생님은 집으로 전화를 한다. 학교 반 인원보다 교회 반은 사람이 적다. 교회는 결석해도 상관없다. 학교에서는 교장과 교감이라고 하는데 교회는 부장과 부감으로 부른다. 학교에는 전도사가 없다. 학교 책상과 교회 책상이 다르다. 교회에서는 1월에 반이 바뀌는데 학교는 3월에 학년이 올라간다. 교회에서는 좀 떠들어도 괜찮고 학교에서는 혼난다 …"

　저는 아이들이 적어온 것을 읽으면서 무척 흥미로웠습니다. 대부분의 아이들은 교육 외적인 제도나 시스템 면에서는 초등학교나 교회학교나 크게 다른 점을 거의 발견하지 못했습니다. 많은 점에서 둘 다 비슷하거나 동일한 체제로 알고 있었습니다. 몇 가지 특징적인 분야(명칭, 규모, 시간 등)에서 초등학교와 교회학교가 조금씩 다르다는 것을 인식하고 있었습니다.

　왜 이렇게 초등학교와 교회학교의 시스템과 제도가 거의 동일하게 되어 있을까요? 왜 우리 어린이들은 두 기관의 차이를 명확하게 짚어내지 못하고, 교회학교가 학교처럼 공부하는 곳으로 인식되어 있을까요? 교회도 학교도 선생님, 분반공부, 책(물론 교회에서는 성경책)이 있고, 학교 가방이 아닌 교회 가방이 있고…. 그러면 어린이들은 명확하게 다른 두 기관의 본질을 어렴풋이나마 느끼고 경험하고 있을까요? 제가 보기엔 어린이들은 본질의 다른 점을 알기보다는 외형상의 동일한 점을 더 많이 파악하고 있었습니다.

우리 어린이들이 초등학교와 교회학교의 다른 점을, 교회학교에 대해 더 좋은 장점을 더 많이 자랑하게 되었으면 좋겠습니다. "학교는 세상 지식이 자라나는 곳이고 교회는 믿음이 자라나는 곳이다. 나는 학교 가기는 싫어도 교회 가는 것이 세상에서 제일 즐겁다. 교회 선생님은 학교 선생님보다 나를 더 사랑해 주신다. 세상에서 제일 사랑받고 귀여움 받는 곳이 교회이다. 세상에서 제일 편하고 행복한 곳이 교회이다. 학교는 이사 가거나 다른 사정에 의해 전학할 수 있지만 교회학교는 절대로 옮기고 싶지 않을 만큼 교회를 사랑한다 …" 이런 고백을 어린이들이 할 수 있다면 얼마나 좋을까요? 외적으로도 내적으로도 정규교육(초등학교)과는 다르다는 것, '다른 점'을 어린이들이 발견하고 누릴 수만 있다면 얼마나 좋을까요? 그 '다른 점'이, '달라져야 할 점'이 교회학교를 살리고 세워나가는 모티브가 되기를 바랍니다.

오늘날의 교회교육은 '학교식 체재'를 닮아가고 있습니다. 이것에 제일 공감하는 대상은 교사들보다 학교에 다니는 아이들일 것이고, 더 분명하게 '그렇다'고 대답할 것입니다. 맨 처음에는 학교 시스템과 운영(제도, 시스템)이 교회학교와 너무 비슷하다는 점에서, 두 번째는 지식 전달의 측면에서 아이들은 대단히 흡사하다고 말할 것입니다. 학생들은 학교는 일반 지식을 배우고, 교회는 성경 지식을 배우는 곳이라고 말합니다.

세 번째는 전통을 고수한다는 점에서 비슷합니다. 정규교육(공교육)이나 교회학교도 가르치는 방식과 내용들에서 전통적인(학생들 표현의 의미는 재미없이 고리타분한) 틀을 벗어나지 못하고 있다고 학생들은 보는 것입니다. 요즘 사회는 급변하고 있는데 비해서 교회학교는 느리고 완만한 속도로 천천히 변화를 시도하고 있습니다. 전통 고수의 문제에 대해서는 물론 기독교의 진리가 핵심이 된 교회학교의 본질상 전통을 벗어던질 수는 없다고 생각됩니다. 학생들이 말하는 부분은 가르침의 본질적인 문제가 아니라 몇 년을 다녀도 똑같은 예배, 똑같은 패턴의 성경공부, 똑같이 반복되는 절기 행사들과 수련회 때문에 이렇게 대답하는 것 같습니다.

교사의 주 업무가 무엇일까요? 가르침(teaching)이 주 업무라고 인식하는 것이 대세겠지요? 교사들에게 '교사의 일'이라는 단어를 주면 대부분의 교사들이 제일 먼저 연상하는 것이 "성경공부 준비"인 것을 보면 말입니다. 그러나 이제 다가오는 21세기형 교육이나 교사는 "무엇을?"보다 "어떤 사이?"에 중점을 두어야 할 것입니다. 헨리 나우엔은 그의 책 『영성의 씨앗』에서 "우리는 가르치고 배우는 관계가 가르치는 사역에서 가장 중요한 것이라는 것을 깨닫지 못하고 가르치는 내용에 너무 많은 관심을 둔 것 같다"고 지적하고 있습니다.[4]

교회는 성경학원이 아닙니다. 그런데도 아이들 중의 상당수는 교회학교를 영어 학원, 태권도 학원, 피아노 학원처럼 생각하는 경향이 있습니다. 교회생활에 익숙해진 아이들은 표면적으로는 "하나님께 예배드리는 곳"이라고 정답을 말하지만 더 깊은 내면속에서는 "성경을 배우는 곳"이라고 생각하고 있습니다. 그런 인식 속에서 교사는 자연스럽게 "성경을 가르쳐 주는 교사"로 자리 매김 하기 쉬운 입장에 서게 됩니다.

---

4 헨리 나우엔, 송인설 역, 『영성의 씨앗』, 그루터기 출판사, 2003년, 25-26쪽.

저는 교회학교가 가정 같은 교회로 바뀌어야 하고 교사는 부모로 바뀌기를 희망합니다. 교회가 '학교식 체재'에서 변화를 시도하지 않는다면 교회교육은 점점 쇠퇴의 길로 접어들 수밖에 없을 것입니다. 먼저 교회학교가 '성경을 가르치는 학원'에서 '삶을 공유하는 공동체, 가정'으로 변화되기를 소망합니다. 그러면 당연히 교사가 성경을 가르치는 성경교사, 성경강사가 아니라 신앙의 부모와 멘토로 변화되어 가겠지요?

교회학교 자체도 변화를 추구해야 합니다. 이런 체재의 변화는 크게는 한국 교회 전체적으로 변화의 물결이 파도치듯이 일어나야 하고, 작게는 개교회에서 담임목사님과 당회의 교육에 대한 마인드에 변화가 일어나야 합니다. 그리고 실천부서인 교회학교에서도 이런 변화의 흐름을 맞이할 준비가 잘 되어 있어야 흡수와 수용이 쉽겠지요? 무엇보다도 중요한 것은 교사들도 자체적으로 교사 직분에 대한 마인드가 변화되는 것입니다.

2. '강사'가 아니라 '부모'래!

아이들이 느끼기에 '교회학교가 학교처럼'에서 '교회학교가 가정처럼'으로 변화된다면 얼마나 좋겠습니까? '교회학교가 학교에서 가정처럼'으로 변화된다면 당연히 '교회학교 반은 학급에서 작은 핵가족으로' 바뀌어야 되겠지요? 그리고 수업을 목적으로 모인 집단(class)이 아니라 공동체성을 목적으로 모인 집단(meeting group)으로 체질이 바뀌어야 되겠지요?

지금까지 전통적으로 교사들은 자신의 주업무가 가르침(teaching)이라고 생각해 왔습니다. 그 가르침에 대한 영역이 단순히 성경 이야기를 전달하는 것에서 더 한층 깊은 영역으로, 삶의 넓은 영역으로 확대되어야 할 것입니다. 그리고 교육을 주 예수와 함께 살아가고 함께 걸어가는 인생의 전반적인 순례 과정으로 보는 관점이 필요한 시기입니다. 이제는 교사의 역할이 '성경 강사'에서 '부모와 멘토'로 변화되기를 기대합니다. 교사가 '신앙의 부모'가 되어서 말씀의 양육자가 되고, 교사가 '삶의 멘토'가 되어서 인생 지원자가 되었으면 좋겠습니다. 지금은 교사가 신앙의 부모, 삶의 멘토(mentor), 영적인 코치가 되어야 할 시기입니다.

　'멘토'에 대한 어원과 의미를 알고 계시나요? 잘 모르시는 분을 위해 말씀드릴까요? '멘토'라는 말은 고대 그리스 신화인 『오디세이』에서 나온 이야기입니다. 이타이카 왕국의 오디세우스는 그 유명한 트로이 전쟁에 나가면서 아들 텔리마쿠스를 자신의 충실한 친구 멘토에게 맡기고 떠납니다. 자신이 돌아오지 못할 때는 아들을 잘 돌보아 달라는 부탁과 함께. 결국 오디세우스 왕은 살아서 돌아오지 못했습니다. 10여 년간 멘토는 텔리마쿠스에게 때로는 아버지처럼, 때로는 스승처럼, 때로는 친구처럼, 때로는 상담자처럼 대하며 돌보아 주면서 훌륭한 왕자로 키워냈습니다. 본래는 멘토가 사람 이름이었는데 그 후로부터 현재는 '충실하고 현명한 조언자', '삶의 스승'으로 의미가 바뀌어서 사용되고 있습니다.

　'멘토'라는 말은 "지혜와 신뢰로 한 사람의 인생을 이끌어 주는 지도자, 후견인, 스승"이란 의미입니다. 더 자세하게 정의를 내린다면 "인생이나 해당 분야에서 경험이나 연륜이 많은 사람이 상대방의 가능성과 잠재력을 내다보는 안목을 가지고 상대방이 가지고 있는 꿈과 비전을 이룰 수 있도록 애정과 성실함을 가지고 상대방에게 격려, 지원, 도전과 위로를 줄 수 있는 사람"이라고 할 수 있지요.

　교사는 학생들의 영적인 스승이자 멘토의 자리에 와 있어야 합니다. 그들을 진심으로 사랑하고 그들을 위해 평생 동안 기도하며 그들이 인생에서 승리할 수 있도록, 신앙 안에서 균형 있게 성숙하도록 돌보고 후원하는 사이로 지속적인 관계를 맺는 것입니다. 교사가 신앙의 부모이면서 삶의 멘토가 되기 위해서 여러 가지가 필요하겠지요? 저는 그러한 관계 형성에서 필요한 세 가지의 핵심적인 것만 말하려고 합니다.

① 교사는 학생들과 애착 관계(attachment) 관계를 형성하면 좋습니다

이 애착관계라는 말은 볼드윈이라는 학자가 각인심리(刻印心理)를 말하면서 나온 말입니다. 그는 모든 사람에게서 첫 경험이 갖는 애착관계 설정을 오리에게서 발견했습니다. 오리가 태어나자마자 처음 본 물체에 대한 애착심, 처음으로 대해 준 자기 어미 오리에 대한 애착관계를 '각인심리'라는 용어로 표현한 것입니다. 처음 대해 본 사람에 대한 신뢰나 강렬한 기억과 모방이 마치 도장처럼 심성에 새겨진다는 의미입니다. 오리가 그렇게 각인심리가 형성되는 것처럼 사람도 처음 만난 엄마와 강렬한 애착관계를 형성하고 세상에 대한 신뢰와 희망을 쌓아가는 것입니다. 마찬가지로 어린 학생들도 가정을 떠나서 처음 만난 교사의 삶과 태도가 백지 같은 심령 위에 깊이 각인된다는 뜻이지요. 교사의 삶과 태도와 언어가 얼마나 중요한지 잘 알 수 있겠지요? 각인이란 이렇게 자기도 모르게 무의식적으로 깊이 새겨져서 저절로 모방되고 편안하게 익숙하게 적응되는 심리이지요. 각인심리의 첫 출발인 애착이란 이렇게 무섭기도, 강렬하기도 합니다.

이 애착관계와 각인심리에 대한 것은 영화 "아름다운 비행"에 보면 너무나 잘 표현되어 있습니다. 캐롤 빌라드 감독과 안나 파킨 주연의 이 영화에 대해 영화평론가들은 환경보호 문제를 다룬 영화라고 하지만 교육적인 측면에서 볼 때는 각인심리를 아주 잘 묘사한 교육영화라고 볼 수 있습니다.

이 영화는 어린 소녀 에이미와 16마리의 거위 사이에 있었던 애착관계로 스토리가 전개되지요. 에이미는 교통사고로 엄마를 잃고 10년 동안이나 헤어져 살던 아빠네 집으로 와서 살게 되었습니다. 에이미는 어느 날 개발업자가 파헤친 마을 뒷산의 늪에서 거위 알을 발견하여 집으로 가져옵니다. 그 알을 서랍 속에 넣어 놓고 형광불빛으로 인공부화를 시켰더니 거위는 태어나자마자 처음으로 자기들을 돌보아 준 에이미를 엄마처럼 졸졸 따라다니지요. 그렇게 해서 거위의 애착관계는 더욱 심해지고, 나중에는 16마리의 거위들을 따뜻한 남쪽 나라로 보내기 위해서 에이미는 경비행기 연습을 하고, 한 번도 날아보지를 못했던 거위 떼들이 에이미의 경비행기를 좇아서 하늘을 나는 장면은 각인심리와 애착관계를 너무나 분명하게 드러내 줍니다.

저는 이 "아름다운 비행"을 보면서 교사들과 토론을 해 보았습니다. 어느 장면에서 감동적이었는지, 교육적으로 좋은 교사에 대해서 생각해 볼 장면과 대화는 무엇이었는지, 에이미의 아버지와 삼촌이 행한 지도 방법과 보살핌이 어느 측면에서 우리 교사들에게 본보기가 되는지를 나누어 보았습니다. 이 영화는 교육학적(교육의 의미, 교사)으로도 많은 시사점을 얻을 수 있는 좋은 영화입니다.

교사들이나 부모님들께 저는 이 영화를 권해 드립니다. 날 수 없는 거위를 날게 만드는 이 깊은 애착관계의 위대한 힘과 애착관계의 시발점이 되는 각인 심리에 대해서 깊이 생각해 보셨으면 좋겠습니다. 거위들이 처음 만난 에이미에게 왜 첫 경험, 첫 번째 사랑으로 각인되는지를 보면서 우리 교사들도 어린이들에게 첫 번째 사랑으로 각인되었으면 좋겠습니다.

② 좋은 오버랩(over-lap) 현상을 심어 줄 수 있는 교사가 되기를 바랍니다

오버랩은 전형적인 영화 편집 기법으로 한 장면 위에 다른 장면이 다가와 슬쩍 덮어 버리는 현상을 말합니다. 우리말로 하면 '겹치기' 라고나 할까요? '덮어씌우기' 라고 할 수 있을까요? 이런 기법처럼 우리의 기억 위에 또 다른 기억이 겹쳐짐을 말하는 것입니다. 즉 어렸을 때 양육의 경험과 기억, 특히 부모의 양육 태도가 성인 시절의 종교 경험과 하나님에 대한 이미지를 결정한다는 것입니다.

지식 교육은 나선형 구조나 계단식 구조로서 한 가지 것 위에 다른 것을 자꾸만 보태 나가고 더해져서 축적되는 구조입니다. 그러나 인성 교육이나 종교 교육, 특히 기독교 교육은 지식의 축적 구조와는 다르게 이전의 경험과 현재의 경험이 겹치기 되면서 어떤 경험이 더 영향력 있느냐, 강하게 기억이 남느냐에 따라 질적으로 내용이 달라집니다.

『몸에 밴 어린 시절』이라는 책을 보면 이런 오버랩 현상에 대한 많은 사례들이 있습니다. 예를 들어 어린 시절에 부모가 너무나 엄격하게 자녀를 양육하면 아이는 완벽주의나 좌절감(기대에 부응하지 못한)에 무의식적으로 젖어 들어서 나중에 성인기에는 성취 욕구와 지나친 몰입 현상이 생기기 쉽다고 합니다. 또 지나친 징벌로 자녀를 양육하면 나중에 그 아이가 성인기에 보복심이나 강한 반항아 기질로 자라기 쉽다고 합니다. 이런 형태로 어린 시절의 부모의 양육 태도에 의하여 성인기의 삶의 양상과 대인관계에서 많은 영향을 받는다고 합니다.[5]

---

5 W. 휴 미실다인, 이종범 이석규 공역, 『몸에 밴 어린 시절』, 카톨릭출판사, 1991.

일반 교육의 관점에서 보면 부모는 양육자이고, 스승은 교사가 맡게 되어 제도적으로 완전히 분리되어 있습니다. 그러나 기독교교육에서 모든 그리스도인은 부모이면서 교사인 두 가지 소명을 다 가지고 있습니다. 부모는 곧 신앙 교사요, 교사는 곧 신앙의 부모처럼 돌보고 양육해야 하는 것이지요. 그렇기 때문에 그리스도인 교사나 부모는 어린이들에게 좋은 오버랩을 계속 만들어 주어야 하는 사명이 있습니다. 교사(부모)의 올바르고 좋은 양육 태도는 어린이들에게 평생 동안 하나님에 대해서 균형 잡힌 이미지를 갖고 올바른 관계를 맺고, 건강하고 건전한 신앙생활을 할 수 있도록 도와줄 수 있습니다.

교사가 일관성이 결여되어 변덕스럽거나 왜곡된 인성이나 태도를 보여, 좋지 못한 부정적인 언어나 편협한 가치관을 심어 주게 되면 아이는 자신도 모르게 부정적으로 하나님의 이미지를 그려갈 수 있습니다. 긍정적이고 건강하고 밝은 하나님의 이미지가 아니라 두려운 하나님, 징계의 하나님, 율법적인 하나님, 이런 하나님 상(이미지)을 심어 주어서는 안 될 것입니다. 반대로 교사가 올바른 인격과 품행과 태도로 어린이들을 양육한다면 그 어린이들은 하나님의 공의와 사랑, 하나님의 은혜와 인간의 책임, 복음과 삶 등이 조화와 균형을 이루는 아름다운 믿음으로 자라나게 될 것입니다.

③ 교사는 '추억의 박물관 큐레이터'입니다

이 '추억의 박물관'이라는 말은 제가 『가정이란 무엇인가』라는 책을 읽다가 발견하고 너무나 좋아하게 된 단어입니다.[6] 여러분, '큐레이터'

---

6 에디스 쉐이퍼, 양은순 역, 『가정이란 무엇인가』, 생명의 말씀사, 2000, 214쪽.

라는 직업은 흔하지 않는 전문직종인데요. 이 '큐레이터'라는 직업은 미술계에서 사용되는 말로 쉽게 말하면 작품 감별사라고도 할 수 있습니다. 고도의 식견과 안목을 가지고 미술 자료를 분석하여 소장 가치와 작품성에 대하여 식별하여 등급을 매기거나 순위를 매기는 직업이라고 할 수 있습니다. 이 직종은 미술관이나 박물관에서 전문직에 속합니다. 전시회를 개최할 때에 전시할 작가나 미술품을 채택하여 가치와 중요도를 선정하고 전시 위치를 결정하는 일을 하는 사람, 박물관에서 소장 자료를 분류하여 등급을 정하고 소장과 보관을 결정하며, 그 전시 위치와 중요도를 결정하는 사람을 큐레이터라고 합니다.

저는, 교사는 '추억의 박물관'에서 '큐레이터'와 같은 사람이라고 생각합니다. 사람이 일평생을 살다 보면 많은 추억이 생산됩니다. 어떤 일은 금방 쉽게 잊혀져서 기억에도 없는 것이 있는가 하면, 절대로 잊혀지지 않는 생생한 기억이 있기도 하고, 가끔 생각나거나 어떤 동기에 의하여 재생되는 기억도 있습니다. 자신의 인격이나 일생에 영향을 미칠 만한 충격적인 기억이 있기도 하고, 쓰디쓴 기억이 있는가 하면 기억할 때마다 언제든지 흐뭇하고 정겨운 기억도 있습니다. 바로 그런 기억들을 가치와 중요도에 따라 선별하고 등급을 매기거나 분류하여 전시 위치를 결정하는 사람이 교사가 되어야 합니다.

박물관에도 세계 3대 박물관이 있지요? 프랑스의 루브르 박물관, 영국의 대영 제국 박물관, 러시아의 에르미타쥬 박물관이 세계 3대 박물관이라고 합니다. 사람의 기억 창고가 '추억의 박물관'이라면 이 박물관 안에 얼마나 많은 기억들이 살아 있을까요? 이런 기억들을 명품 추억으로 복원시키고 되살려 주는 일도 중요하겠지요? 교사는 어린이들의 가슴 속에 건강하고 좋은 명품 추억을 많이 만들어 주고 소유할 수 있도록 도와주어야 합니다. 사랑하고 사랑받았던 추억, 신뢰받고 수용 받은 추억, 깊은 감동을 받았던 경험들, 친구들과 선생님들과 함께 행복했던 시간들, 자연 속에서 함께한 아름다운 추억들. 이런 추억들이 나중에는 쓸모없는 것들로 전락하지 않고 1등 명품 추억으로 남아서 삶의 자양분이 되고 신앙생활의 영양소가 될 수 있을 것입니다.

여러분, 여러분은 어떤 추억을 어린이들에게 남겨 주고 싶으세요? 어린이들 가슴속에 독초와 쓴뿌리와 같은 씁쓸한 추억을 남겨 주고 싶으세요? "선생님과 함께한 시간들이 정말 행복했었다!"라고 말하면서 그런 추억들을 소중히 되새김질하며 두고두고 흐뭇해 하는 추억을 남겨 주고 싶으세요? 저는 오랫동안 어린이 사역을 해 오면서 '예수 그리스도 안에서 신나고 행복한 추억을 만들어 주기'로 제 목회관으로 삼았습니다. 그래서 어린이들과 좋은 프로그램을 하려고 했고, 한 명 한 명에게 깊은 정성과 관심과 사랑을 부어 주었지요.

제가 사역지를 옮길 때마다 아이들과 눈물로 헤어지고 오랫동안 가슴앓이를 할 만큼 사랑을 주었습니다. 그리고 어린이들이 오랫동안 그리워할 만큼 사랑을 받았습니다. 그래서 나중에 몇 년이 지났는데도 어린이들이 "그때 정말 행복하고 좋았었다."라는 말을 들으면 저도 제법 좋은 '추억의 박물관 큐레이터'가 된 것 같아서 흐뭇한 마음으로 지난날을 돌아보지요.

건강하고 좋은 추억은 어린이들뿐만 아니라 어른들에게도 삶에 대한 긍정적인 자아상을 만들어 줍니다. 건강한 자존감, 바른 태도의 삶과 관점, 용기, 의지, 절제, 협력을 만들어 주는 기초입니다. 이러한 사람은 균형 잡힌 자신감이 있어서 실패해도 언제든지 다시 시작할 수 있는 용기는 물론, 대인관계에서도 남을 배려하고 수용할 수 있으며 하나님을 경외하는 믿음도 바르게 갖게 되더군요. 그런 사람이 교회 생활도 행복하게 잘 해 나가기도 하구요.

저는 어린이들에게 간단히 '교회는 천국의 모델 하우스'라고 가르쳐 줍니다. 교회는 천국 생활 연습장이라고 가르치기도 하구요. 교회는 주 예수님이 계신 곳이고, 예수님이 원하시는 것은 믿음 안에서 신나고 행복하게 사는 것이 아닐까요? 그러면 교회학교는 천국처럼 예수님 안에서 신나고 행복한 공동체가 되어야 합니다.

그 행복은 성경 지식뿐만 아니라 관계의 친밀성에서부터 시작한다고 생각합니다. 아무리 성경을 잘 가르쳐 주는 교사가 있어도 어린이들은 자기들을 사랑해 주고 존중해 주는 믿음직한 교사를 더 좋아할 것입니다. 그래서 교회학교 부서의 건강성은 얼마나 전도되었느냐, 부흥되었느냐의 인원수 증가로 측정되는 것이 아니라 얼마나 끈끈한 관계인가 하는 공동체성 밀도에서 측정되어야 합니다.

3. '1년'이 아니라 '3년'?

제가 앞에서도 말씀드렸지만 교회학교는 '학교식 체재'를 자연스럽게 모방하는 시스템입니다. 학교 교장 대신 부장, 학교 교감 대신 부감이라는 호칭도 그렇구요. 또 한 가지는 학교처럼 1년이면 선생님도 아이들도 다 '헤쳐 모여'를 반복하는 1년제 운영제도라는 것입니다. 반도, 선생님과 아이들도, 그룹의 밀도가 조금 단단해질 무렵이면 '헤쳐 모여'를 하게 됩니다.

수많은 교회들이 아무런 생각과 재고(再考) 없이 관습에 젖어서 강물이 흘러가듯이, 물결치는 대로 그렇게 매년 살아가고 있습니다. 매년마다 연초에 반 편성을 다시 하고 교사 배정을 하고 신임교사를 선발하고 그렇게 1년씩 흘러가곤 합니다.

저는 몇 년 전에 사역하던 교회에서 1년제 교사를 3년제 교사로 바꾸는 개혁을 시도했습니다. 그 결과는 아주 좋은 반응이 대부분이었습니다. 그전부터 1년제 교사들, 1년제 반에 대한 교육적 효과에 대하여 고민하고 회의(懷疑)하면서 대안을 찾고 있었습니다. 제가 강조하고 부르짖던 교육의 공동체성을 살리기 위해서, 교사가 강사가 아니라 부모가 되어야 한다는 제 주장을 입증하기 위해서는 어떻게 해야 할까요? 그 해답은 너무나 익숙해진 패턴, 1년제 교사의 틀을 깨어야 한다는 것이었습니다. 그래서 3년제 교사로, 3년제 반 운영으로 운영의 틀을 바꾸었습니다.

그러기 위해서는 준비 작업이 필요했습니다. 교사들과 아이들이 다 호응하고 찬성할 수 있는 분위기를 만드는 사전 정비가 필요했던 거지요. 그래서 1년차에 제가 시도했던 것이 한 달에 한 주는 '공과공부 없는 주일'로 선포하고 '자유롭게 창의적으로 우리 반만의 프로그램 만들기'라는 프로그램으로 대체하고 '대화와 친밀감 높이기'에 주력하라고 선생님들에게 과제를 주었습니다. 이 프로젝트의 이름은 "사랑방 모임"이었습니다.

매 달마다 셋째 주일은 어린이 예배 후에 공과공부 대신 모두 반별로 흩어졌습니다. 이 날만은 야외도 좋고 친구 집도 좋고 등산이나 탐방도 좋고 모든 것이 반별로 선생님과 아이들이 함께 만들고 함께 참여하는 프로그램으로 진행되었습니다. 그동안 교육전도사가 기획한 1년 교육계획서에 의하여 항상 전체적이고 일률적으로 다함께 진행하는 틀을 깨는 이런 시도가 교사들에게나 어린이들에게 아주 참신하게 보였나 봅니다.

이 프로젝트를 위해서 과감하게 교사회의도 이날만은 생략했지요. 교사에게 필요한 광고사항은 미리 교사실 게시판에 붙여 놓아서 읽고 가시도록 했습니다. 교사들도 아이들과 더 많은 시간을 보내기 위해서 1부 예배를 드리거나 점심 식사를 거르기도 하고, 회의도 불참하는 등 많은 희생을 감수했습니다.

아이들과 등산이나 자전거 하이킹, 공원에서의 자유로운 놀이, 산책, 이런 것뿐 아니라 친구 집이나 선생님 집 방문해서 요리 만들기 등. 매달마다 선생님들은 반별로 아이들과 함께 대화를 나누며 놀고 친숙해질 수 있는 프로그램과 자료를 준비하여 함께 시간을 보냈습니다. 이 '사랑방 모임'에 대한 것은 다음 항목에서 더 자세하게 말씀드리겠습니다. 그렇게 매 달마다 '사랑방 모임'이 선생님과 함께 아이들과 어우러지면서 그 날은 아이들이 기다리는 날, 새친구를 데려오는 날, 결석생을 다시 유도하는 날이 되었습니다.

점점 아동부는 활기가 넘치게 되고 반별로 뭉쳐짐의 현상이 서서히 드러나기 시작했습니다. 이렇게 공동체성이 무르익게 될 무렵, 제가 기다렸던 반응이 마침내 나타나기 시작했지요. 선생님으로부터, 몇몇 아이들로부터 "내년에도 우리 반 이대로 주~욱 가고 싶다!"는 반응이 왔습니다. 이때를 놓치지 않고 제가 연말이 되기 전에 교사회의에서 의견을 물었습니다. 예상했던 대로 선생님들이 찬성을 했습니다. 그래서 그 다음해 사임교사 몇 분 외에는 모든 교사들이 반 아이들을 데리고 그대로 진급을 했습니다. 반도 아이들도 선생님도 그대로 한 학년씩 올라간 것입니다. 6학년 선생님은 1학년으로 내려오게 되었구요.

2년차를 지나고 3년차가 되었을 때 선생님들은 이렇게 고백했습니다. "진짜 이 아이들이 내 자녀 같다는 느낌이 든다. 2년 넘게 줄기차게 기도하면서 지내다 보니 헤어져도 계속 기도할 수 있을 것 같다. 아이에 대해서도 속속들이 알게 되어서 좋다. 너무나 친해져서 교사에게 함부로 하는 것이나 버릇없이 구는 것 등은 바로잡아 져야 하겠지만 3년씩 담임하는 것은 참 좋은 것 같다. 이 아이들이 어떻게 자라고 어른이 되는지 한 교회에서 계속 지켜보고 싶고 흐뭇한 보람을 느끼고 싶다."

교사들은 비로소 교사의 '무한책임'을 느끼기 시작했습니다. '평생교사'의 개념이 무엇인지도 알게 되었습니다. 1년 가르치고 끝나면 다시 또 시작하는 그런 싸이클이 아니라 한 번 가르치게 되면 그 제자에 대해 평생 기도해 주고 돌보는 관계가 형성되기 시작된다는 것을 알았습니다.

그렇게 3년차를 보내고 다시 새로 반편성을 했습니다. 선생님들과 아이들은 너무나 섭섭해 하고 헤어지기 아쉬워했지만 저는 이 정도면 적당하다고 보았습니다. 새로운 선생님과 아이들이 새로 만나서 또 다시 3년차의 반 공동체를 이루게 되면 여기서 새로 배워지게 되는 것이 분명히 있기 때문입니다. 그렇게 다시 3년 담임제로 가기로 했는데 제가 그 교회를 사임하고 새 교역자가 오고 나서는 예전처럼 다시 1년제로 바뀌었습니다.

그래서 더 많이 시험하고 시행착오를 고칠 기회를 마련하지 못하고 말았습니다. 교역자가 바뀌면 모든 것이 원점으로 돌아가 버리는 것이 아쉽기는 했지만 교역자 세계에서는 어쩔 수 없는 일이었지요. 다만 이것이 교회의 전반적인 교육정책으로, 확고한 전통으로 자리 잡았다면 교역자들도 함부로 고칠 수는 없었을 것이지만, 다시 또 기회가 생긴다면 3년제 담임교사를 교육정책으로 삼아 계속 추진해 보고 싶습니다.

예수님도 제자들을 3년이나 데리고 다니며 함께 사역의 현장에 동참시키며 말씀으로 삶으로 부딪쳐 오는 상황으로 교육을 시켰던 것을 여러분도 알고 계시지요? 그런데 왜 우리 교회학교에서는 막연히 세상의 교육 제도를 그대로 모방하여 1년제 담임으로만 운영을 할까요? 교회학교도 변화를 꿈꾸어야 합니다. 이것이 과연 좋은 것인가? 바꿔 볼 필요는 없는 것인가? 바꿔 보면 어떤 일이 생길까? 발상의 전환이 필요할 때입니다. 성찰이 필요한 시기입니다. 창의적인 대안이 필요합니다.

4. 교사대학, 혹시나? 역시나?

어느 정도 규모가 있고 안정된 교회라면 교사교육을 시행합니다. 교사대학, 교사훈련 과정으로 말입니다. 또 열심 있는 교육전도사님들은 자기 부서 교사들에게도 자체적인 교사훈련을 시도하기도 하지요. 교사는 자원하고(요즘은 자원보다는 강권에 의해서, 자천이 아닌 타천으로 되는 경우도 많지요.) 선발되고 임명되고 어린이들 앞에서 섭니다. 그래서 교사훈련과 교사대학이 필요합니다.

저는 교사를 '중간에 있는 사람'으로 정의합니다. 앞서 말한 신앙의 부모라는 개념 외에도 교사는 중간자라는 위치를 확인할 수 있습니다. 교사는 하나님 '과' 어린이 사이에 있습니다. 교사는 배움 '과' 가르침 사이에 있습니다. 교사는 교회 '와' 사회 사이에 있습니다. 교사는 세상 '과' 하나님 나라 사이의 중간에 서 있는 존재입니다. 교사는 사랑 '과' 훈계 사이에 자리 잡고 있는 양육자입니다.

잘 이해하시는 분들도 계시겠지만 그래도 하나하나 설명해 보고 싶습니다. 제일 먼저 교사는 하나님 '과' 어린이 사이를 연결하는 중매쟁

이입니다. 중간에 있는 '과' 위치가 바로 교사의 위치입니다. 교사는 부지런히 둘 사이를 오고가며 연락병이 되어야 하고, 둘을 화목하게 만드는 조정자가 되어야 합니다. 하나님의 사랑과 어린이들을 연결하고, 서로 좋은 관계를 잘 맺고 유지할 수 있도록 돕는 자가 되어야지요.

두 번째로 교사는 하나님을 향하여서는 그리스도의 제자로서 잘 배우고 훈련되는 배움의 과정에 성실한 사람이지만, 학생들을 향하여서는 그리스도를 대신하여 잘 가르치고 인도하는 스승의 자리에 서 있습니다. 그래서 그는 배움 '과' 가르침 사이에 서 있는 사람입니다.

세 번째로 교사는 교회 '와' 세상의, 중간 '와' 자리에 있는 사람입니다. 어린이들에게 교회와 세상을 연결하면서도 분리해 주는 이중 역할을 해 주는 사람입니다. 이것은 교회생활과 문화와 시대 상황과도 밀접한 관련이 있는 것인데요. 교사는 자신도 어린이들도 이 세상에서 살지만 교회의 성도라는 사실을 알고 있어야 합니다. 교회의 법과 윤리와 의무를, 세상에서 사는 윤리와 법과 상식을 잘 가르쳐 주면서 균형 잡힌 삶을 살도록 도와주어야 합니다.

세상 문화와 교회 문화, 세상의 윤리와 교회 윤리를 알기 쉽게 잘 가르치고 어떻게 조화를 이루면서도 어떻게 구별된 삶을 사는 가를 어린이들에게 분별력 있게 가르쳐 줄 사람이 교사입니다.

네 번째로 교사는 세상 '과' 하나님 나라 사이에 중간에 서 있는 사람입니다. 즉 교사는 현실을 충실하게 살면서도 하나님 나라의 영원성을 꿈꾸며 바라보며 살아가는 것을 삶으로 신앙으로 보여 주어야 할 책임이 있습니다. 이 세상에 살면서도, 불신자들과 함께 살면서도 가치관이나 목적을 영원하신 하나님, 돌아가야 할 하나님 나라에 두고 사는 것이 어떤 것인지를 보여 주고 가르쳐 주어야 할 책임이 있다는 것이지요.

다섯 번째로 교사는 사랑 '과' 훈계 사이에서 균형 잡힌 양육을 할 수 있어야 합니다. 올바른 사랑과 올바른 훈계 사이에서 학생들을 잘 지도하고 양육하는 자세가 필요하지요. 사랑만 넘치게 주겠다고 바른 훈계를 저버리면 학생은 거짓된 자유와 방종으로 흐르게 되고, 사랑은 부족한 채 훈계만 남발하면 어떻게 되겠습니까? 적당한 훈계와 적당한 사랑 사이에서 교사는 균형이 필요하지요.

제가 교사대학과 교사훈련을 말씀드리기에 앞서서 여러분들에게 교사는 어떤 위치에 있는가를 왜 먼저 말씀드렸는지 짐작하시겠어요? 알아야 할 지식적인 부분이 너무 많음에도 불구하고 교사에게는 학생들을 위하여, 교사 자신을 위하여 영성과 전문성이 다 필요하다는 의미였습니다. 그런데 대부분의 교회들이 시행하는 교사훈련 과정을 보면 전문성과 영성을 다 취하지 못하고 어느 한 쪽으로만 치우치는 경향이 많은 것 같습니다. 교사대학은 영성과 전문성, 두 개의 수레바퀴로 굴러가야 합니다.

당장 교사들이 듣기 원하는 것들, 사역과 부흥에 필요한 부분들에 치중하다 보면 교사대학 커리큘럼이 교육 이론과 방법론에 많이 치우치게 됩니다. "어떻게 가르치고 어떻게 할 것인가?"에 대한 논의는 활발합니다. 잘 가르치고 잘 전도하기 위해서는 "어떻게" 할 것인가, "어떻게" 학생들을 이해하며 "어떻게" 다가갈 것인가? 이를 위해 이론과 방법, 테크닉을 배우기에 많은 시간을 할애하고 강의를 듣고 있습니다.

그러나 그 이론도 한 시간 이내로 짧게 강의하다 보니 수박 겉핥기식의 설익은 이론 강의에 그치고, 교사훈련의 목표인 전문성 함양에는 크게 못 미치는 것 같습니다. 이론을 배우든지 방법적인 것을 배우든지 들을 때는 뭔가 알 것 같고, 뭔가 할 수 있을 것 같지요? 한두 달 지나고 나면 희미한 자국만 남는 그런 교사대학을 경험해 보신 적 있지 않으신가요?

그래서 2-3년 지나면 교역자들은 더 이상 강의할 과목이 없다고, 다시 되풀이되는 과정을 만들고 커리큘럼을 계속 반복하구요. 교사들은 들었던 과목 또 듣는다고, 강사가 바뀌어도 그 과목은 이미 들었다고 시큰둥해 하면서 교사대학 무용론을 폅니다.

이제는 교사대학도 이론이나 방법론 위주의 편향된 내용에서 탈피할 필요가 있다고 생각됩니다. 저는 개인적인 견해로서 교사에게는 영성의 회복이 더 우선이고 더 중요한 순서라고 생각합니다. 뜨거운 가슴과 열정과 교사로서의 소명감이 회복되지 않는다면 아무리 달콤한, 아무리 명강사의 강의를 들은들 무슨 소용이 있겠습니까? 약의 효과가 8시간 지속되는 약이 있고, 12시간 지속되는 약이 있고, 하루에 한 번 먹는 24시간짜리 약이 있습니다. 효과가 1-2개월 가는 강의보다는 1년 이상 지속될 수 있는 교사대학이 있기를 저는 소망합니다. 교사의 심령에 복음에 대한 확신에 찬 뜨거운 가슴과, 깊은 곳에서 계속 샘솟는 헌신에 대한 열정과, 교사로서의 사명감과 자부심을 채워 주는 것이 더 필요하다고 생각하지 않으십니까?

그래서 저는 사역하던 교회의 교사대학 커리큘럼 가운데 전반부나 후반부에 하루는 교사 부흥회를 합니다. 복음을 다시 들려주고 교사 자신이 "나는 거듭난 존재인가?" 확인하게 해 줍니다. 강사 목사님을 통해서 하나님의 사랑 앞에 깊이깊이 잠길 수 있도록 말씀으로 복음을 풀어 주는 시간을 가집니다. 영원부터 지금까지 나를 위해 끊임없이 말씀으로 구세주를 계시하신 하나님, 수없이 기다리며 수없이 많은 예표를 통해서 "나는 죄인 된 너를 사랑하고 또 사랑한다."고 부르짖고 부르짖으며 애절한 사랑으로 구원을 약속하신 하나님, 말씀대로 약속대로 나를 구원하시기 위해서 십자가의 참혹하고 끔찍한 고통을 감당해 주신 예수님, 십자가의 피와 고통의 대가로 부활의 새 생명을 얻게 된 나, 이제는 새 생명 가운데 하나님의 나라를 위해 작은 소명 감당하는 나. 저는 교사들이 복음 앞에서 자신을 돌아보고 하나님 앞에서 회복과 충전의 시간을 갖는 것이 제일 우선순위의 문제라고 보았습니다.

교사는 하나님 나라의 일꾼이 아닙니다. 그보다 하나님의 지극하고 영원한 사랑 속에서 사는 하나님의 자녀가 더 우선입니다. 먼저 '하나님의 자녀'가 되고 나서 그 후에 '교회의 일꾼'이 되고 '복음의 일꾼'이 되어야 합니다.

교사는 교사로서의 일을 잘하려고 하기 이전에, 그리스도에게 연합되어 있으면 성령님을 통하여 저절로 사역이 열매를 맺는 것입니다. 그런데 많은 교사들이 자기가 일해야 하는 줄로 알고 연장과 방법을 얻으려고 찾아다닙니다. 그것은 아닙니다. 내 존재 자체가 하나님의 나라, 하나님의 사역에 도구이고 연장입니다. 교사대학에서 많은 지식을 습득하기 전에, 교사인 내가 어떤 존재인가, 쓸 만한 도구로 다시 회복하시기를 바랍니다.

잠언 25장 4절 "은에서 찌끼를 제하라 그리하면 장색의 쓸 만한 그릇이 나올 것이요"라는 구절에서 보듯이 교사가 먼저 영적으로 거듭나고 새 생명으로 충만하게 산다면, 다시 무뎌진 영성을 회복하고 자신의 존재와 소명을 뜨거운 감격으로 회복하게 해 준다면 그 이상 더 좋은 교사대학이 어디 있겠습니까? 그렇게 교사의 가슴이 뜨거워진 다음에, 이론이나 방법론의 실제가 더 효과 있게 스며 드는 것을 보았습니다.

교사대학 커리큘럼도 이제는 조금은 변화를 줄 필요도 있습니다. 기본적으로 교사의 자질과 방법적인 교육은 필요하지요. 그렇지만 무조건 강의 중심, 기독교 교육이론 중심에서 벗어나서 현장 중심 탐방이나 실제 사례 연구 등으로 접근해 보는 것도 좋을 것 같습니다.

저는 한 교회에서 사역하면서 교사들을 두 명씩 짝 지어서 다른 교회로 탐방을 보냈습니다. 많은 인원을 보내면 제가 주일 예배와 성서학습을 운영하기 어렵거든요. 그래서 교대로 2-3팀을 교회교육이나 아동부가 탁월하게 움직이는 교회를 소개해 주고 탐방하라고 보냈지요. 물론 사전에 그 교회나 부서 담당자와 연락을 취해서 다 사전 작업을 해 놓구요. 탐방 보낸 교사들에게는 가서 확인해야 할 사항을 다 점검하고 보냈습니다. 그 후 조별로 서류와 사진을 다 찍어오고 탐방 내용을 발표하는 보고회를 가졌습니다. 교사들은 여기에서 더 많은 도전을 받더군요. "다른 교회도 이렇게 한다면 우리도 해 보자! 우리가 너무 게을렀던 것 아닌가?" 하는 반성도 하구요. 이런 식으로 교사들이 스스로 문제점을 찾게 하고 도전의식을 갖게 하는 것도 좋았습니다.

교사대학을 진행하기에 앞서서 사전에 제목을 여러 가지 제시하고, 부서별로나 맘에 맞는 교사들끼리 주제별로 연구하고 대안을 제시하는 연구발표회 시간을 가져 보는 것도 좋습니다. "우리 교회 이렇게 되었으면", "우리 부서 어린이들의 전도 활성화 대책", "다른 교회의 주말 프로그램 연구" 등등. 이런 순서를 하고 나서 전체 교사가 워크숍을 가질 수도 있구요. 일방적인 강의보다도 강의 후에 토론회를 연다거나 교사들 스스로 방법이나 이론을 연구해 보는 식으로 다양한 형태의 교사대학을 운영해 보시기를 권합니다.

　이제는 교사들에게 작은 연장 호미나 칼을 쥐어 주는 그런 소프트웨어적인 교사대학을 지양하시고, 교사들의 영성을 흔들어 깨우고, 열정 가득한 교사를 만들어 내는 하드웨어적인 교사대학을 하시기 바랍니다. 복음 안에서 뜨거운 감사와 열정으로 어린이들을 섬기는 교사, 삶 전체로 하나님의 나라를 위해 충성하는 교사가 반 어린이들을 변화시킵니다. 교사의 영성이 어린이들의 생명을 낳게 하는 도화선이 되고, 하나님께로 가는 다리와 디딤돌이 되어 주는 것입니다. 그리하여 교사에게 하나님에 대한 열정과 감격이 가득한 영성과 어린이들에게 효과적으로 다가가고 가르칠 수 있는 전문성 두 가지를 쥐어 주는 교사대학이 되길 바랍니다.

5. 별별 교사들, 다 모였네

교회도 그렇지만 교회학교에서도 연말이면 무척 바쁘지요? 성탄절 행사와 더불어 1년의 사역을 정리하고 내년도를 설계하면서 참으로 분주한 시즌입니다. 그러한 때에 부장이나 전도사님들이 은근히 신경 많이 쓰이는 것이 무엇인지 아세요? 사임교사 잘 보내 주기와 신임교사 모으기입니다. 사임하게 되는 교사들에게 소홀하면 그들도 많이 섭섭할 테니까요. "언젠가, 내년에 다시…." 기약하면서 잘 보내 주어야 하구요. 매년마다 되풀이되는 신임교사 모으기는 각 부서별로 소리 없는 정보전이고 설득전쟁이지요.

그만큼 담임교사 없는 교회학교는 상상할 수 없을 정도로, 학생이 있는 한, 교사는 반드시 있어야 되지요. 이제는 수업의 형태도 많이 바뀌어가는 추세이고, 따라서 교사 직제나 운영 시스템도 조금은 달라져도 되지 않을까 그런 생각을 해 봅니다.

한 부서의 교사 운영의 가장 단순한 제도가 각 반별로 담임교사가 배치된 경우지요? 그 다음으로 진화한 경우가 담임교사+보조교사(서무, 잡일)로 볼 수 있구요. 그 다음으로는 조금 더 규모가 큰 경우에 담임교사+보조교사+기능교사(성가대, 찬양, 컴퓨터) 정도로 진화되겠지요? 저는 그 외에도 단기 교사(임시교사)나 특기 교사가 더 있으면 좋겠다고 생각합니다. 규모가 작은 농어촌 교회나 도시 미자립 교회에서는 이 정도로 갖추기는 꿈만 같은 이상향이라고 하실 수 있습니다. 현실에 어울리지 않는 생각이라고 하실지도 모릅니다. 저도 그런 상황을 매우 안타깝게 생각하면서 도울 방법을 생각 중입니다.

다음 장에서 다시 설명하겠지만 앞으로 수업 형태가 작은 소그룹 분반 형태로 가지 않고 다양한 형태로 진행될 수 있다는 전제 아래서 이런 제안을 해 봅니다. 관행처럼 소그룹 한 반마다 담임교사 한 명을 두는 것은 재고해 보아야 합니다. 조금은 변화를 가져 보면 어떨까 하는 생각이 듭니다. 담임교사 한 명이 수업 준비와 아이들 돌보고 관리하는 일, 프로그램에 분담하여 준비하고 진행하는 일, 이런 것을 다 맡고 있습니다.

수업형태를 꼭 매주 분반 위주로 하지 않는다고 보면, 수업만 맡아서 준비하는 교사가 몇 명 있으면 되구요. 어린이들을 사랑하고 아끼고 돌보고 친화력이 있는 교사들(연령에는 상관없이 연세 많은 분들도 자원할 수 있음)이 중그룹 정도의 담임교사를 맡으면 됩니다. 이분들은 수업 준비는 안 하고 아이들에게 전화하고 방문하고 반의 분위기를 늘 화목하게 이끌어 주면 됩니다. 프로그램 준비와 진행은 단기교사나 특기교사에게 전담을 시켜 버리면 어떨까요? 즉 담임교사는 어린이들에게만 신경 쓰고 돌보고 일종의 목장 관리자, 순장으로서의 돌보미, 섬기미 역할만 하는 것이지요.

교사들을 은사별로 세우고 담당하게 하자는 것이 제 의도입니다. 지금까지의 관행이나 습관에서 보면 조금 이상하지요? 수업은 담임교사가 해야 한다는 고정관념이 있기 때문입니다. 수업 시간에 담임교사도 참관하면서 수업을 돕고 아이들의 반응이나 상황을 면밀하게 관찰할 것입니다. 그리고 그 후에 돌봄과 섬김을 통해서 수업의 연속으로 지켜볼 수 있습니다.

전체적인 교사 숫자로 볼 때는 기존 담임교사 체제로 갈 때와 비교하면 큰 변동이 없을 수 있습니다. 예전에 10명의 담임교사로 움직이는 체제였다면 담임교사를 5~6명으로 줄이고 수업 준비교사의 임무를 3~4명에게 부여하고, 프로그램 담당 교사는 정규 교사가 아니라 그때 그때마다 교인 중에서 특기 있는 분들을 단기교사로 투입하는 제도가 되지요.

교사로 봉사하시라고 권유하고 설득하다 보면 대부분의 교인들이 주저하는 이유가 세 가지 정도입니다. 첫째는 어린이들과 잘 놀고 친화력 있게 어울릴 수 있는 자신감이 없다, 둘째는 어린이들에게 성경을 잘 가르쳐 줄 능력이 없다, 셋째는 시간이 없어서 봉사 못한다.

저는 그렇다면 이 세 가지를 서로서로 보완해 주는 교사 직제라면 어떨까 하는 생각이 들었습니다. 교회학교에 꼭 필요한 능력이 있고, 교회학교를 도울 마음만 준비되었다면 단기교사로 투입하거나 특기교사로 활용할 수 있겠다는 생각, 그들이 단기간이라도 교회학교에 투입되어도 좋을 것이라는 생각이 들었습니다. 그건 제가 줄기차게 주장하는, 전교인이 교회학교를 지원하는 교육공동체의 개념과도 맞는 생각이니까요.

실제로 그렇게 시도해 본 적이 있었습니다. 주일 오후 모임의 만들기 프로그램에서 교인들 중에서 재능 있는 분에게 자료 준비와 진행을 맡기고, 우리 교사들은 도우미처럼 편안하게 쉬거나 보조를 했지요. 체육(미니 마라톤, 5종 경기–줄넘기, 피구, 농구, 축구, 마라톤(수영))을 할 때 교인들 중에 헬스 클럽에 다니는 분들에게 전담을 시켰더니 다 준비해서 한 달 내내 진행을 해 주셨지요. 1석 3조였습니다. 기존 담임교사들은 일에 대한 부담이 줄어드니 좋고 (어린이들 관리와 돌봄만 하면 되니까요), 재능 있는 교인들은 단기 교사라도 봉사할 수 있어서 좋고, 저는 저대로 제 교육철학을 시도해 볼 수 있어서 좋고 말입니다.

규모가 작은 교회에서는 일단 교사의 직제가 처음부터 다양하게 다 갖추어져야 하는 줄 알고(담임교사, 기능교사, 보조교사, 단기교사, 특기교사 등) 미리 지레짐작으로 '이건 안 돼! 현실적으로 안 맞아!' 라고 하실지 모릅니다. 이 다양한 직제를 다 처음부터 임명하여 1년 이상 계속 봉사하게 하는 것이 아닙니다. 필요할 때마다 수시로 동원하시는 것입니다.

일단 수업을 진행해 줄 잘 가르치는 분, 컴퓨터나 기자재를 다룰 수 있는 분, 동화구연을 잘 하는 분들을 수업 교사로만 임명하거나 이것도 단기 교사를 활용하시면 됩니다. 이 수업을 도와줄 단기 교사는 그 시간에만 오셔서 많은 일들(동화 구연, 연극, 진행 인도)을 하시고 그냥 가셔도 됩니다. 담임교사는 일주일 내내 아이들과 연락하고 돌보고 수업이 끝난 후에 함께 어울리고 먹고 반별 미팅을 유도하는 일에만 전념하구요.

오후 모임이나 주일 예배 후 프로그램 또는 주말교실이나 여름성경학교 같은 경우에는 소형 프로그램이나 대단위 프로그램이 있습니다.

이럴 때는 교인들 중에서 단기로 봉사해 줄 분을 찾아서 임무를 맡기면 됩니다. 목적과 진행에 대하여 자세한 설명을 해 주시고 필요한 준비물도 직접 준비해 오시면 됩니다. 특기교사나 단기교사들은 자기를 보좌해 줄 사람을 교사 중에서 찾기도 하고, 자기와 친한 사람을 임시 보조 도우미로 세워 함께 올 수도 있습니다.

단기교사들은 제한된 시간, 제한된 봉사기간만 봉사해 주고 떠납니다. 그분들도 1년 이상 장기 봉사라는 정식 임명교사가 아니기 때문에, 1-2개월이나 길면 3개월 정도 봉사하시기 때문에 큰 부담을 갖지 않았습니다. 오히려 그런 부담을 안 가지고 즐겁게 봉사했기 때문에 다음 해에는 정규 교사로 자원하거나 권유할 수 있어서 좋았습니다. 특기 교사는 특별한 재능과 달란트가 있는 교인들을 말합니다. 연극 지도, 악기 지도, 만들기 활동, 영어 교육, 요리 강사, 체육 담당 트레이너, 특별한 강의를 해 줄 수 있는 분 등등. 담임교사들이 모든 것을 다 하려면 때론 시간에 쫓겨 부담을 가질 수도 있는데 프로그램을 이분들이 맡으시면 담임교사들은 한결 편하지요.

예를 들어 절기 행사에도 연극이나 뮤지컬, 악단을 공연할 때에 2-3개월 전에 미리 특기교사를 선발하여 임무를 주고 광고하여 팀을 만들어 주고 예산이나 간식을 지원할 지원교사 한 명만 붙여 주면 그 팀은 자체적으로 특기교사와 함께 준비에 들어갑니다. 저는 그렇게 많은 힘을 들이지 않고도 교인들의 재능을 이용하여 쉽게 아동부를 지도할 수 있었습니다. 연극이나 뮤지컬 등 특기를 가진 분들의 전문성이 저에게나 어린이들에게 아주 큰 유익이 되었습니다.

문화센터에서 어린이 요리를 담당하시던 분을 섭외해서 여름방학 중에 요리교실을 열었는데 이분의 맛깔 나는 강의와 아이들 보기에도 너무나도 예쁜 음식 데코레이션에 아이들이 무척 많이 좋아했습니다. 그래서 종종 이분을 요리 프로그램의 단기교사로 불렀지요.

　교사 부족으로 늘 힘들어하는 조그만 규모의 교회들도 발상의 전환을 해 보시기 바랍니다. 한번 임명하면 적어도 1년 이상을 꼬박 아이들과 씨름해야 하고, 매주 아침마다 어린이들 앞에서 지각 결석 없이 이른 아침에 나와야 하고, 재능도 재주도 없는데 여러 가지 프로그램을 맡아서 하려니 부담스럽고…. 이런 상황이라서 교사하기를 망설이는 교인들의 그런 고충과 부담감을 헤아려 주십시오. 교인 중에서 단기교사나 특별교사를 활용해 보시면 차라리 좋지 않겠습니까?

　그리고 아이들 관리는 담임교사 몇 분이 잘 관리하고 있으니까 단기교사, 특기교사가 자주 바뀌어도 아무 영향이 없습니다. 교인들 중에는 새신자 교인들, 연세 많으시지만 다양한 경력이 있으신 분들도 있는데 그분들에게 교회학교를 들여다 볼 기회와 동참의 기회를 주십시오. 그리고 그분들과 함께 교회학교를 신나게 만들어 보시기 바랍니다.

제3장
교육님, 어디로 가세요?

기독교교육은 본질적으로 관계의 종교입니다. 살아 계신 하나님과 인간과의 인격적이고 실재적인 만남, 직접적인 만남과 관계가 맺어지는 것이 기독교입니다. 하나님과 인간 사이에 사랑이 오고가고, 서로 간에 깊은 헌신이 이루어지고 끊을 수 없는 사랑(롬 8:31-39)의 관계가 형성되는 것입니다.

기독교 교육의 본질은 공동체적인 관계에서 드러납니다. 하나님이 삼위일체의 하나님인 것처럼 교회학교도 삼위일체의 공동체성을 추구해야 할 것입니다. 교사는 하나님과 어린이를 만나고, 어린이는 교사와 하나님을 만나고, 하나님은 교사와 어린이를 만나서 관계 맺으며 서로 헌신하고 서로에게 기여하는 구도가 형성이 되어야 합니다. 이 만남과 관계 형성의 장이 더욱 풍성하고 생명력 넘치는 장으로 변화하고 성숙해 갈 때 진정한 교회학교의 부흥이라고 볼 수 있을 것입니다.

기독교교육도 시대의 흐름처럼 어떤 흐름이 있고 방향이 있습니다. 그 시대마다 시대적으로 큰 물줄기가 있어서 성인이든 어린 학생이든 그 흐름 속에서 성장하고 훈련되어져 왔습니다.

성인 목회를 보아도 부흥회가 전국을 휩쓸고 지나가던 부흥회 강사들의 열풍이 오랫동안 머물고 있었습니다. 기도원과 신유, 치유의 역사가 온통 대한민국을 뜨겁게 달구던 시절이 있었는가 하면, 가정사역이나 상담사역, 문화사역(문화교실), 제자훈련 등의 열풍이 10년을 주기로 그 흐름이 바뀌고 있습니다. 최근에는 셀(cell)목회가 대단하게 어필되는 새로운 흐름과 물결이었습니다.

그뿐만이 아니라 어린이 교회교육에도 민감한 흐름이 있었습니다. 1990년대에는 한참 동안 어린이 찬양단 붐이 일었었고, 달란트 열풍이 20년을 지속되다가 최근 10여 년 동안은 아동부에서 메빅과 윙윙, 파워 율동까지 가세하여 예배와 놀이와 찬양을 겸한 새로운 패턴의 유행과 흐름이 지나가고 있습니다. 끊임없이 기독교교육은 어디론가의 방향을 찾아서 흘러갑니다. 높은 산에서 흘러내리는 물들이 계곡을 따라 흘러가고 하천을 따라 강으로 흘러가듯이 교육도 흐름의 맥을 따라서 흘러가지요.

1. 지식(knowledge) 혹은 경험(experience)

많은 분들이 청소년기와 청년기의 신앙과는 달리 아동기의 신앙에는 덜 채워지고 부족한 부분이 많은, 어리고 미숙한 부분이 있을 것이라고 생각합니다. 아동기의 신앙에도 지적인 요소 외에 감성적 요소도 분명히 있고 의지적 요소가 있습니다. 어리지만 나름대로 하나님의 뜻에 순종하고 싶고 기쁨을 드리고 싶은 소원도 있구요. 하나님을 위해서 자기의 욕심과 본능, 감정을 억제하려면 희생과 절제와 인내가 필요하다는 것을 깊이 알기도 하고, 그것을 실천할 의지적 능력도 있습니다. 다만 교회학교의 운영 시간이 절대적으로 부족한 이유로 많은 시간을 할애하면서 충분히 시간을 주지 못하기 때문에 그런 요소들을 끌어내지 못하는 것이 안타깝습니다.

교회학교의 예배와 공과공부 시간에 다루는 내용은 성경에서 나오는 '하나님에 대한 지식'이 대부분이라고 볼 수 있습니다. 이 지식이 차곡차곡 곳간에 쌓여 가는 것은 일면으로는 나중에 받을 큰 은혜를 예비하는 그릇이 될 수도 있기 때문에 교육의 기초와 토대가 됩니다. 지식은

"앎" 자체만으로도 소중하다고 봅니다. 그러나 한편으로는 성경 지식만 퀴즈 문제의 답이나 상식처럼 알고 있는 지식적인 그리스도인을 만들지 않을까 염려됩니다. 짧은 시간에 지식과 경험을 한 그릇에 담아내기에는 시간과 공간의 제약이 따릅니다. 이 점이 현장에서 사역하는 교역자와 교사들의 고민이고 한계가 될 것 같습니다.

여러분은 교회 교육의 본질이 무엇이라고 생각하시는지요? 저는 개인적으로 교회 교육이 '하나님에 대한 지식(knowledge of God)의 축적'이나 '성경 지식의 확장'이 아니라고 생각하고 있습니다. 신앙 교육은 '앎'에서 시작하는 것은 분명하지만 '하나님에 대한 지식'만으로 끝나서는 안 됩니다. 여러분들도 이 점에 대해서는 동의하시겠지요? 저는 '하나님을 알아가기, 알기(knowing God himself)'로 진행이 되어야 한다고 생각합니다. 즉 지식이냐 경험이냐고 물으신다면 제 답은 '지식에서 경험으로'입니다.

저도 아동부 전도사로 오랫동안 사역해 오면서 아동부 운영 시간과 장소의 형편 때문에 어쩔 수 없이 '하나님에 대한 지식'을 전하고 가르칠 수밖에 없었습니다. 그런 아쉬움 때문에 저는 '하나님, 그분을 알아가기'는 어떻게 하면 되는지 고민하였습니다. 어떻게 하면 하나님을 경험하게 해 줄 수 있을까, 어떻게 하면 예수 그리스도의 십자가와 대속을 전해서 예수님의 실체를 가슴으로 품도록 해 줄 수 있을까… 고민 끝에 나온 것을 실천해 본 것이 두 가지가 있었습니다. 하나는 '성경을 깊이 알기'와 또 하나는 '직접 경험해 보기'입니다.

'knowledge of God'라는 것도 수박 겉핥기식의 지식과 상식 정도가 아니라 깊이 있게 알게 되면 '하나님을 알기'(knowing God himself)에 이르게 되는 과정이 될 수 있을 것 같았습니다. 더 분명하게 하나님을 알고 경험하기 위해서는 대충대충 얕게 지식을 쌓는 것이 아니라 깊이 있게 성경 지식을 터득하고 기억하는 것이 필요하다고 보았습니다. 그래서 제는 성경공부를 심도 있게 하려고 했습니다. 얕은 개울물이 아니라 지하 100M의 지하수와 생수를 끌어오려면 그만큼 깊게 성경공부를 하는 것이 좋겠다고 생각했지요.

그래서 제가 시도한 '성경을 깊이 알기' 는 소수 정예의 디모데훈련이었습니다. 많은 어린이들과 다함께 하지 못하는 약점을 안고 있지만 소수의 어린이들에게 만이라도 복음을 전하고 싶고, '하나님 그분을 알기, 알아가기' 를 원했습니다. 10-15명 정도의 어린이들을 데리고 강도 높은 신앙 훈련 '디모데 제자훈련' 을 16주라는 기간, 거의 4달에 걸쳐서 진행을 했습니다.

여기서 아이들은 평상시에는 하기 어려웠던 깊은 내용의 성경공부와 교리공부를 했습니다. 아이들은 하나님과 예수님, 성경과 구원에 대한 말씀들을 아주 자세하게 공부를 합니다. 놀라운 것은 아이들이 성경공부를 통해서 은혜를 받는다는 것입니다. 성경의 약속과 무오성, 성경의 역사와 더불어 성경 자체의 권능을 먼저 배우는데 이때 아이들은 많은 질문들을 통해 의문점을 해소하지요. 그리고 성경을 하나님의 약속의 말씀, 살아 계신 하나님의 음성으로 고백하게 됩니다.

그 다음에는 죄와 십자가와 대속의 진리를 몇 주간에 걸쳐서 공부하고 자세히 설명해 줍니다. 아이들은 "아하!" 반응과 함께 말씀을 듣고 믿는 역사가 일어납니다. 말씀이 깨달아진다는 반응, 잘 알겠다는 반응, 이제 왜 내가 죄인인지, 왜 내가 거듭나야 하는지, 이제 내 안에는 새 생명이 있는 것을 알겠다는 반응과 함께 예수님을 영접하고 죄를 고백하기도 합니다. 죄에 대한 깊은 고백을 들을 때면 저도 두려움이 엄습해 올 정도로 깊은 내용이 나오기도 합니다.

어린이들은 단순히 친구, 선생님을 싫어하고 미워하는 정도가 아니라 어느 때는 엄마에 대한 극단적인 분노, 미움, 편애 당한다는 소외감, 형제에 대한 질투심 등이 여과 없이 나오기도 하니까요. 아이들은 그렇게 죄를 고백하고 죄를 버리고, 예수님이 그 죄를 동이 서에서 먼 것 같이 그 죄를 사하시며 용서해 주셨다는 것을 말씀으로 확증시킵니다. 십자가의 핏값으로 완전한 대속과 속죄가 되었음을 선포합니다. 그때 어린이들이 기뻐하고 이제는 됐다고 자유하고 즐거워하는 모습은 '지식이 아닌 리얼한 경험'입니다.

저는 '직접 경험해 보기'의 일환으로 디모데 훈련 중에 아이들에게 성경읽기를 시켰습니다. 성경 속의 많은 진리를 가르치고 전하는 것도 좋지만 성경은 직접 성경읽기를 통해서 그 힘과 소중함을 깨닫고 경험하게 하는 것이 좋다고 생각했기 때문입니다. 처음에는 아이들이 10장 읽어오는 것도 힘들어합니다. 창세기부터 읽기 시작하는데 차차 조금씩 조금씩 진도를 높여 나갑니다. 주중에 확인하고 격려하고 진도를 맞추기 위하여 칭찬과 단계별 보상 등 여러 가지 동기 부여를 하지요.

한 달이 지날 무렵이면 아이들은 서서히 성경 속으로 빠져 들어갑니다. 성경책을 색연필로 온통 칠해 오는 것으로 아이들이 진짜 읽었는지 안 읽었는지 색깔로도 확인하고, 내용 퀴즈로도 확인해 봅니다. 저는 계속 아이들이 성실하게 정직하게 읽을 수 있도록 관심을 가지고 지켜봅니다. 어느 정도 시간이 가면 아이들에게서 개인차가 드러납니다. 과제

내 준 만큼만 읽는 얌체가 있는가 하면 그 진도를 훨씬 넘어서 열정으로 읽고 있는 아이들도 있습니다.

정말 신기한 것은 갈수록 재미없고(?) 어려워지는 성경을 아이들이 시간이 갈수록 빠져들어 읽어간다는 것입니다. 나중에는 제가 칭찬과 개인 보상 등 동기 부여를 더 이상 하지 않아도 스스로 읽는 재미를 터득합니다. 학교에 가서도 성경을 읽고, 학원 다녀와서 학교 숙제를 빨리 마쳐놓고 몇 시간씩 읽는 아이들, 성경 읽으려고 아침에 일찍 깨워달라고 부탁해서 1-2시간을 읽고 학교에 가는 아이도 있었습니다.

학교 선생님들도 놀라움을 금치 못합니다. 자신은 아직 성경 일독도 못했는데 아이가 이렇게 성경일독에 도전하고 학교에서도 점심시간에도 부지런히 읽고 있는 모습에 놀랐다고 합니다. 학부모님도 가정에서 충격을 받습니다. 부모인 자신들도 집에서 성경을 안 읽고 있는데 아이가 TV도 안 보고 밤늦게 잠들기 직전까지 성경책을 붙들고 있는 모습에 놀라웠다고, 부모가 부끄러웠다고 말입니다. 저도 처음에는 아이들과 함께 성경 읽기를 시작하는데 나중에는 아이들보다 진도가 떨어졌습니다. 그래서 아이들에게 심한 면박을 받곤 했습니다.

나중에는 몇몇 아이들은 신들린 듯이(?) 미친 사람처럼 성경 읽기에 집중합니다. 그래서 디모데 훈련을 마칠 때가 되면 꼭 2-4명 정도는 요한계시록까지 통독을 마칩니다. 어떻게 이런 일이 있을 수 있느냐고 어른들이나 교사들이 묻곤 하지요. 제 대답은 "나도 그 비결은 없습니다. 다만 성령님이 아이들이 성경을 읽을 때 감동을 주신다는 것, 하나님이 직접 아이들에게 은혜를 주셔서 성경 속에 빠지게 한다는 것 밖에는 모릅니다."라고 말을 합니다.

또 성경을 통독한 아이들은 이런 반응을 보입니다. "분명히 다른 책에 비하면 재미없는 것 같은데 신기하게도 자꾸만 읽고 싶어졌어요. 읽고 읽다 보니 모르는 말도, 모르는 뜻도 많았지만 성경이 재미있어요. 왜 전도사님이나 어른들이 성경책이 꿀처럼 달다고 표현했는지 조금 이해가 돼요. 성경책을 읽고 있으면 마음이 한없이 평화롭고 아늑하고 세상에 그처럼 마음이 좋을 수가 없었어요. 지루하다는 느낌이 없이 그냥 읽어지는 것이 나도 참 신기했어요. 이 두꺼운 성경책을 다 읽었다는 것은 평생에 잊지 못할 경험이고 자랑이 될 거예요. 처음에는 도저히 절반도 못 읽을 것 같았는데 내가 이 성경책을 다 떼었다니 정말 놀랍고 신기해요. 왠지 모르게 믿음이 쑥쑥 자란 것 같은 느낌이 들어요. 앞으로도 다시 또 한 번 읽고 싶어요. 처음에는 전도사님의 전화 때문에, 특별한 시상 때문에 읽기 시작했고 도전했는데 나중에는 상품에 관계없이 그냥 읽는 것만으로도 기뻤어요."

어린이들이 이런 반응을 보인다는 것이 놀랍지 않으세요? 어린이들은 성경을 읽으면서 하늘의 평강을 맛보고 있었구요. 성경을 통하여 믿음이 자라남을 경험하고 있었습니다. 성경책이 즐겁고 기쁘게 읽어진다는 것을 경험으로 알게 되었습니다. 더 많은 숫자의 아이들에게 이런 경험을 시키지 못하는 아쉬움을 느끼기도 했습니다. 디모데 훈련을 마칠 때까지 성경을 완독하지 못하고 중간에서 끝난 아이들에게는 계속 읽어서 계시록까지 완독하면 특별상을 주겠노라고 약속을 하곤 했습니다.

저에게는 성경 진도가 완독이냐, 절반이냐, 율냐 하는 문제보다도 아이들이 경험하는 내용들이 더욱 신기했고 놀라웠습니다. 아이들의 고백 속에서 '성경은 하나님의 감동으로 쓰여졌고, 성경 말씀 자체가 지금도 살아 있고 운동력이 있다'는 사실을 다시 더 절감하게 되었구요. 어른이든지 어린이든지 읽는 사람에게 읽는 시간에 역사하시는 성령님, 성령님의 조명과 은혜가 아이들 속에 나타나고 있다는 사실을 여러 번 확인할 수 있었습니다. 또한 아이들 스스로 성경의 유익과 말씀 속에서의 자유함과 평안을 경험으로 알았다는 사실이 더 중요했습니다. 경험만큼 좋은 스승이 없다고 하지요?

그리고 디모데 훈련의 2단계에서 저는 실제적인 기도훈련과 QT모임도 가집니다. '~~에 대해 배우는 것'에서 '~~을 해 보는 것'으로 교육내용을 바꾸었지요. 요리에 대해서 배우는 것이 아니라 요리 자체를 직접 해 봄으로써 요리를 배우는 방식이었던 것이지요. 그래야 더 분명한 경험이 되는 것이 아니겠어요? 중요한 것은 '하나님에 대한 지식'이 아니라 '하나님 그분을 알아가기' 경험이라는 것은 여러분도 동감하실 것입니다.

그러한 좋은 성과가 나타남에도 불구하고 그 한계를 느낄 수밖에 없었던 것은 아무리 3-4개월 지속되는 프로그램이라 해도 그 이상 더 장기간을 가르치며 돌보기가 어려웠다는 사실입니다. 1,2차 훈련 기간에는 잘되던 아이들이 그 이후에는 습관(성경읽기, 기도하기, 말씀 묵상하기)을 통해 꾸준하게 '하나님에 대한 경험'을 증진시키지 못하는 것을 보았습니다. 이것이 답답하고 안타까웠습니다. 이 문제를 풀기 위해 어떤 대안을 갖고 해야 하는지 고민도 해 봤구요. 제 결론은 가정교육과의 연계, 부모교육의 필요성이었지요.

제가 여기서 다시 한 번 강조하는 것은 교회교육 전략이 바뀌어야 한다는 것입니다. 지식 위주보다는 경험 위주의 교육으로 삶의 변화를 꿈꾸는 교육으로 바뀌기를 소망합니다. 하나님에 대한 지식은 하나님에 대한 경험의 예비 단계일 뿐입니다. 어린이라고, 어리다고 언제까지나 경험을 제한하지 마시고 그들에게도 경험을 누릴 기회를 제공해 주십시오. 아이들에게도 '하나님은 말씀과 기도를 통해서 역사하심'을 확실히 맛보고 증거할 수 있도록 기회를 주는 것이 중요합니다. 그것이 소수이든 대중 전체이든 기회를 제공하고, 그들을 하나님께로, 하나님의 은혜로 인도하는 것이 교회교육 현장의 고민이고 노력이 되어야 합니다.

2. 배움 중심 혹은 관계 중심

헨리 나우웬은 교육의 두 가지 기본적인 유형을 '폭력적 모델'과 '구속적 모델'로 제시하고 있습니다. 그는 폭력적 모델이 가진 경쟁성, 일방성, 소외성의 병폐를 날카롭게 비판하고 지적하면서 교회교육 현장에서 '구속적 모델'이 시행되어야 함을 역설하고 있습니다. '구속적 모델'은 상대방의 잠재력을 인정하고 이끌어내 줌(evocative), 선생과 학생이 서로 배우려는 자세와 교육에 대한 동지적인 자세로 대하는 쌍방적인 관계(bilateral), 현재의 삶과 유리되고 소외된 교육이 아니라 현재의 삶 속에서 희망이 보이는 경험이며 현재 실현되는(actualizing) 형태라고 설명하고 있습니다. 헨리 나우웬이 말하는 '구속적 모델'은 지식 중심이 아닌 관계 중심, 공동체 중심, 실천 중심의 액티브한 모델을 말하고 있습니다.[7]

저는 앞으로 교회 교육이 이런 '구속적 모델'로 나아가기를 소망합니다. 이미 공교육 현장에서도 암기식 주입식 교육이 사라지고 있는데

---

7 헨리 나우엔, 『영성의 씨앗』, 34-40쪽.

교회학교는 아직도 주입식, 일방적, 암기식 교육에 익숙해져 있는 것 같습니다. 여전히 단순한 사건(what)에 초점이 있고 기억에 중점을 두는 교육이 오랫동안 시도되어 왔습니다. 저는 무조건 교회에서 암기식 주입식 교육을 하지 말자고 반대하는 것이 결코 아닙니다. 성경의 사건에 대해서 정확히 알기 위해서 주입식 교육도 필요하고 암기식도 중요한 방법입니다. 특히 자라나는 신앙 세대인 유치 영아부터 학생기까지는 성경의 사건을 잘 알아야 되지요. 기독교교육은 사건과 상징과 의미가 함께 어울려지는 특수성이 있습니다. 그래서 성경의 계시와 사건과 의미를 한 번에 파악해야 할 것도 많이 있습니다.

저는 성경공부와 암송, 내용과 의미 파악의 과정은 성경 교육의 전통면에서 시대가 달라진다고 해도 없어질 수도 없고, 없어져서도 안 되는 것이라고 생각합니다. 다만 그 방법론에서 전통적인 강의나 설명, 주입식에서 벗어나서 경험 중심적인 교육도 병행되었으면 좋겠습니다. 삶을 통해서, 관계를 통해서 기독교의 의미와 본질과 복음이 경험되었으면 좋겠습니다.

저는 그런 주입식 교육을 반대하는 것이 아니라 그 편향성에 대해서 지적하는 것입니다. 주입식 교육은 자동적으로 꼬리를 물고 들어오는 것이 있는데 그건 바로 개인의 능력 차이를 의식한다는 것입니다. 저는 그것 때문에 주입식 교육의 편향성의 위험을 지적하고 싶습니다. 저는 교회에서 개인적인 능력 평가를 하는 것을 아주 조심하고 있습니다. 성경 시험이나 퀴즈대회를 자주 하지도 않을 뿐더러, 하더라도 개인 점수제나 개인 시상보다는 그룹별 공동체로 만들어서 그룹 점수로 환산하게 하지요. 만들기 활동이나 프로그램을 할 때 보면 말 잘 듣고 잘 따라오고 능력이 좋아서 과제를 잘 완수하는 아이들이 두각을 나타내지요. 또 그런 아이들이 칭찬을 많이 받기도 하구요. 저는 교회에서는 그런 우열이나 서열이 생기는 것은 좋지 않다고 생각합니다.

한국의 교회교육은 이제는 달라져야 합니다. 기독교교육에서 신앙교육의 통로가 성경이고, 도구가 성경 자체인 것은 확실합니다. 그것을 어떻게 교육시키느냐에서 헨리 나우엔이 말한 것처럼 '폭력적 모델'이 아니라 '구속적 모델'로서 교육의 방법을 모색하자는 것입니다. 폭력적 모델은 우리가 오랫동안 해 왔던 것처럼 교실에서 교사를 통하여 일방적으로 베풀어지는 수업 형식, 배움 형식입니다. 구속적 모델은 교실 밖에서도 공동체를 이루어 서로간의 밀접한 관계성 속에서 삶을 통하여 배우는 형식입니다. 이 두 가지 모델을 놓고 어느 것 한 가지만 선택한다는 것이 아니라 두 가지를 어느 정도의 비율로 할 것인가를 생각해 보는 것이 더욱 현실적인 해결이 되겠지요?

아무래도 구속적 모델은 지식과 배움보다는 삶과 공동체성이 더 강하게 드러날 수 있는 모델이지요. 저는 부서에서나 반에서 무엇을 하든지 교사가 어린이들과 함께 하도록 권유합니다. 어린이들의 수업과 예배 외에 다른 프로그램 시간에 교사들은 어린이들과는 다른 한 쪽 편에서 교사들끼리 수다 떨고 이야기를 나누곤 했습니다. 저는 그런 형태를 아주 싫어합니다. 교사들에게 아이들과 함께 그 속으로 들어가라고, 아이와 선생님 사이의 구별을 가지지 말고 똑같이 학생처럼 행동하라고 권유합니다. 그리고 어린이들에게도 개인별 작품 활동이나 개인적으로 서열이 정해지는 활동을 하지 않으려고 합니다. 그보다는 '함께하는 활동'에 더 많은 비중을 둡니다. 함께 조립하고 함께 협력해야만 완성할 수 있는 공동 과제물을 주는 거지요.

저는 교육은 교사를 통한 일방적인 배움만이 전부가 아니라고 생각했기 때문에 관계를 통한 공동체 교육을 아무래도 선호하게 되었지요. 앞장에서 조금 설명 드렸지만 저는 관계 중심의 교육의 일환으로 꾸준히 추진했던 것이 있었습니다. 그 중에서 여기에서는 세 가지 프로그램을 공개하려고 합니다. 첫째는 '사랑방 모임'이고, 둘째는 '캠프 공동체', 셋째는 '공동체 달란트 제도' 입니다.

① 사랑방 모임

매달마다 한 주일은 예배 후에 공과공부 없이 바로 반별 모임을 갖습니다. 짧게는 한 시간 정도, 길게는 오후까지 이어지는 긴 시간을 함께 어울려서 시간을 보냅니다. 여기에는 개인의 능력이 평가되거나 우수한 아이들이 분위기를 독점하거나 그런 것이 전혀 없습니다.

반별 모임에서 행할 프로그램도 일괄적이거나 획일적이지 않습니다. 저는 아무 관여도 안 하고 매달마다 아이들과 선생님이 서로 의견을 나누어서 어디서 무엇을 할까를 결정합니다. 비즈공예가 유행하던 때 어느 반은 비즈공예로 목걸이를 만들기도 하고, 자전거 하이킹을 떠난 반도 있었습니다. 그날은 웬일인지 그 반 아이들이 다 자전거를 끌고 교회에 왔습니다. 예배가 끝난 후에 다른 반 아이들의 부러움의 시선이 화살처럼 쏟아지는 가운데 그 반 아이들은 선생님과 함께 모두들 의기양양한 얼굴로 자전거를 타고 출발했습니다. 교회에서 조금 먼 인근 유원지로 자전거 하이킹을 떠났습니다. 자전거 뒤에는 간식 봉지를 매달고 말입니다. 함께 어울린 그 모습이 무척 아름답게 보이기도 했습니다.

백화점 놀이방에 가서 유아들도 아닌 큰 아이들이 너무 신나게 놀다가 백화점 직원에게 쫓겨나온 반도 있었습니다. 도서관 견학을 가서 보고 온 e-book을 신나게 자랑하는 반도 있었고, 교회 근처 공원에서 공놀이나 줄넘기를 하는 반, 선생님 집에 가서 요리를 만들어 먹고 선생님 사진첩을 구경했던 반, 가을 등산을 다녀온 반, 조금 멀리 왕복 두 시간 짜리 시골 여행을 다녀온 반, 전시회나 조각 공원에 가서 사진 찍고 놀았던 반도 있었습니다. 매달마다 야외로 나가는 것은 아니기 때문에 정적인 활동을 하는 반도 있었지요. 반 신문 만들기, 우리 반 배지 만들기, PC방에 가서 이미지 골라서 홈피 올리기, 편지쓰기를 하는 반도 있었습니다.

매달마다 반별로 사랑방 모임의 콘텐츠가 달라지거든요. 선생님들은 서로 서로 정보를 교환하거나 어느 반의 프로그램이 인기를 끌면 아이들의 성화에 못 이겨 다른 반도 그 다음 달이면 그 프로그램을 하지 않을 수가 없었습니다. 저는 서기교사를 통해 어느 반이 어디서 무엇을 하는지 서면으로 보고서를 받았거든요. 갈 수 있는 현장을 확인하고 저도 가끔은 반 아이들과 함께 어울렸습니다. 매달마다 선생님들의 자유토론을 거쳐 이달의 베스트 프로그램으로 선정된 반에는 교사에게 작은 기념품을 주기도 했습니다.

'사랑방 모임'은 어쩔 수 없이 교사의 호주머니에서 자금이 지출될 수밖에 없는 프로그램도 있었습니다. 소액으로 매달 반목회비를 교사들에게 지불했지만 그래도 교사들의 부담은 때로는 더 클 수밖에 없었지요. 그래서 놀이동산 같은 대형자금이 들어가는 것은 금지했는데 그건 교사의 경제적 부담이라는 문제 외에도 다른 반 아이들의 비교의식 때문이었습니다. "저 선생님은 놀이동산에도 데려가 주는데 우리 선생님은 뭐야!"라는 수평비교가 무서웠지요. '사랑방 모임'에 대한 교사의 규칙은 1회당 비용이 최대한 3만원을 넘지 않는 것(지나치게 비싼 외식 메뉴를 금지), 놀이동산 같은 곳은 1년에 1회만, 이 두 가지였습니다.

'사랑방 모임'에서의 효과는 놀라웠습니다. 그해 여름성경학교에서 서로서로 아껴 주고 도와주는 모습들이 눈에 띄게 좋아졌더군요. 공동체성이 전보다 훨씬 밀도 깊게 형성되어 있는 것을 발견할 수 있었습니다.

매달 한 번씩의 사랑방 모임은 계속되었고, 전체적인 교육 행사들과 더불어 부서나 반이 점점 활기 넘치게 되었습니다. 더욱 중요한 것은 아이들이 교회학교 아동부에 대한 자랑이 넘치게 되었습니다. 어린이들의 일기장을 통해서 학교 선생님들에게도 소문이 날 정도였지요. 교회 주변의 학교에 토요일마다 전도를 나가면, 학교 선생님들이 저를 보고 이렇게 말했습니다. "아이들이 그렇게 자랑스러워하는 OO교회 전도사님이세요? 정말 보람 있겠네요. 우리 학교에서 OO교회 아동부, 유명해요. 좋은 프로그램도 많이 하시고. 아이들이 그렇게 교회를 사랑하고 좋아하는 것도 놀랍구요."

결국 그런 입소문은 학교의 학부모님에게까지 퍼져나갔고, 이사 오신 분들이 어린이들을 OO교회로 보내라는 추천의 말을 듣고 왔다고 했습니다. 물론 그 이유로는 어린이 디모데 제자훈련, 어린이 문화교실, 네 계절에 따라 열리는 성경학교와 특별한 행사들, 교회 도서관도 한몫했겠지요. 전도를 통해 아동부에 나오면 정착하기 좋은 시스템이 있었는데 그중의 첫 번째는 '사랑방 모임'이었을 거라고 생각합니다. 거기에는 배움도 지식도 필요 없이 아주 편안하게 놀고 대화하고 즐기면서 친밀감을 쌓아가는 공동체성 관계중심 프로그램이었거든요.

교회학교의 모든 프로그램이 다 경험 중심, 관계 중심으로 가야 한다는 것은 아닙니다. 때로는 성경 지식 쌓기도 중요한 프로그램이 되고 성경 교육도 되어야 합니다. 그렇지만 성경 지식이 교회교육의 전부가 아니라는 전제 아래서 공동체성은 무시할 수 없는 덕목이 됩니다. 저는 아이들에게 신앙공동체의 중요성과 그 소중함을 알려 주고 싶습니다. 세상과는 다른 사랑의 공동체, 하나님 나라의 본질을 느낄 수 있고 경험할 수 있는 공동체, 우열이나 서열의 괴리가 없는 신앙공동체를 경험하게 해 주자는 것입니다. 그래서 지식적인 성경공부와 경험적인 실증 교육을 관계성 속에서 병행하자는 것이지요.

② 캠프 공동체

여름 방학이나 가을, 아이들이 학교에 가지 않는 토요일에 어린이들과 하루 캠핑을 떠나면 아이들의 기분은 최고로 상승세를 탑니다. 일정한 목적지를 정해 놓고 순례 여행을 떠나는 것도 좋습니다. 목적지로 오는 길을 자세히 알려 주고 대중교통을 이용하여 어느 지점까지는 반별로 찾아오게 합니다. 거기에서 최종 목표 지점까지는 교회 차량으로 이동을 시키면 되지요. 아이들에게 약도와 방법을 가르쳐 주고 선생님을 의지하지 말고(이 때 선생님은 조용히 뒤따라 가다가 결정적인 때만 조언을 하는 역할만 함) 함께 이동을 하게 하면 재밌는 일도 많이 생깁니다. 서로 나이 어린 동생을 챙기고, 자연스럽게 역할 분담도 합니다. 차표를 끊는 아이, 교회에서 준 돈을 잘 보관하는 회계, 인원수를 열심히 헤아리는 아이, 목적지를 잘 찾아갈 수 있을지 두려움에 바짝 긴장하는 아이들, 불안감에 끊임없이 운전기사에게 묻고 어른들에게 물어보는 소심파 완벽주의자...

아이들이 캠핑 장소나 여행 목적지에 도착하면 아이들에게 공동 과제를 몇 가지 부여합니다. 천막 치기, 요리 재료 받아와서 함께 만들어 먹기, 서로 발 씻겨 주기, 들판에서 공작 재료 찾아서 자연물을 이용한 게시판 그림 만들기, 시간 알림이와 시간 지킴이 선정하기, 서로 분담해서 할 일 목록 작성, 공동의 일기 쓰기 등. 선생님들이 일일이 아이들을 다 챙겨 주고 아이들은 조용히 수동적으로 따라오기만 하면 되는 그런 형태를 벗어난 것입니다.

어린이들 스스로 서로 한 몸이라는 의식을 갖고 서로 협력할 수 있는 방향으로 어린이들을 인도했습니다. 저도 최대한 자율성을 주었습니다. 조별로 밥 먹는 시간도 조금씩 달랐구요. 찌개 만드는 재료를 본부에서 일정하게 똑같은 재료를 나누어 주었건만 나중에 요리 콘테스트에서 보니까 각 조별로 특색이 있더군요. 어느 조는 자연물 그림을 가자마자 만들겠다고 들판을 헤매고, 어느 조는 저녁 시간이 되어서야 뒤늦게 만들겠다고 난리법석이고...

저는 마음껏 자유를 누리도록 정해진 과제를 정해진 마감 시간까지만 하게 했지요. 어린이들은 이런 시간 속에서 팀워크와 멤버십에도 조금씩 눈을 뜨는 경험을 쌓게 됩니다. 나중에 소감을 말하게 하면 어린이들이 스스로를 돌아보고 많은 것을 배운 것을 알 수 있습니다. 공동체성은 관계 속에서 어우러지면서 몸으로 배울 때 더 깊게 배웁니다. 교실에서 선생님의 말을 통해 배우는 것보다 훨씬 더 효과가 있다는 것은 여러분도 공감하실 것입니다.

③ 공동체 달란트 제도

제 기억에는 1988년도부터 유행되기 시작한 것 같은데요. 지금까지 20년 넘게 교회학교 아동부에서 가장 사랑받는 것이 '달란트 시장'이지요. 본래의 목적과 취지는 참 좋은 것이었고 신선도가 대단하여 교회학교에서 많은 호응을 받았던 프로그램입니다.

그런데 오랫동안 시행되다 보니 여기에 대한 병폐나 운영상의 문제점이 서서히 생기는 것을 저도 발견하게 되었습니다. 잘하는 아이에게만 달란트가 몰려서 많이 보유하지 못한 어린이들은 소외감을 느끼게 되더군요. 이런 점은 교회에서도 능력과 열성의 부익부, 빈익빈의 현상을 가져오는 것 같아서 아쉬웠고 또한 아이들이 자기들의 구매 욕구만 채우는 상품 시장으로 변질되어 버린 점도 아쉬웠습니다.

그래서 저는 몇 년 전부터 달란트 시장 운영에 이렇게 변화를 주었습니다. 첫째는 개인적으로 지급하던 달란트를 반별 달란트로 바꾸었습니다. 한 어린이가 개인적으로 달란트를 받더라도 그 아이는 자기 소유로 집에 가져가지 않고, 자기 반 달란트 유리통에 넣게 합니다. 반별 점수에 의해서 반에서 받더라도 역시 반 달란트 통에 넣게 합니다. 달란트 시장이 열리는 정한 시점이 되면 아이들은 반별로 모여서 반별 달란트 통을 개봉하지요. 그동안 모은 달란트를 헤아리고 공평하게 분배를 합니다.

이때 보면 재미있는 현상이 생깁니다. 서로 열심히 토론하고 고집부리는 사안이 꼭 하나 있습니다. 그건 "오늘 참석한 아이들 숫자대로 배분할 것인가, 오늘 못 온 친구들 몫도 챙겨 주고 배분할 것인가"의 문제입니다. 저와 우리 선생님들은 여기에 깊이 개입하지 않고 자율적으로 의견을 조정하도록 그냥 둡니다. 물론 '서로 사이좋게' 쪽으로 은근히 바람을 넣기는 하지만 그냥 내버려 두면 아이들은 현명합니다. 결석한 친구들 몫을 어느 정도 비율로 떼어 놓고 배분하기도 합니다. 마음 착한 반 아이들은 결석한 친구 몫도 헤아려 주고 대신 달란트로 물건을 사 두었다가 다음 주일에 챙겨 주는 아름다운 장면도 생기지요.

둘째는 달란트 시장 운영에 몇 가지 묘미를 더합니다. 일정한 시간에 반짝 세일 시간, 경매 달란트 시간, 이웃돕기 달란트 시장(달란트를 다 소비하고 없는 아이들이 있는 친구를 안아 주고 달란트를 얻거나 즐거이 그런 친구에게 자신의 달란트를 나누어 주기) 등. 저는 달란트 시장의 재미를 끝까지 유지하려고 합니다. 달란트 시장이 시작된 후 조금 시간이 지나면 달란트를 다 소비해 버렸거나 달란트 숫자가 적었던 아이들은 의욕이 상실되거나 스스로 소외감을 느껴 슬며시 사라지는 경우를 많이 보았습니다. 달란트가 많은 아이들만 신나게 물건을 사는 현상, 소수만을 위한 상품 잔치마당으로 전락하게 됩니다. 제 부서에서는 반별로 아이들이 공평하게 달란트 배분을 했고, 끝까지 서로 달란트를 나누어 주면서 할 수 있도록 유도하기 때문에 그런 염려가 거의 없습니다.

제가 시도한 공동체성과 관계성을 살리는 생활 중심의 교육이 성경 공부와는 전혀 무관하다고 생각하실 수 있습니다. 무엇을 배웠는지 금방 확인이 안 되니까요. 같은 장소에서 그런 내용으로 성경공부를 하지 못하니까요. 교육은 시간과 공간이 정해진 가르침과 배움의 장이 있는 직접 교육이 있는가 하면, 문화 속에서 생활 속에서 가랑비에 옷이 젖듯이 스며드는 간접 교육이 있기도 합니다. 이 간접 교육이 바로 공동체 속에서 관계를 통한 경험교육, 삶의 교육이 되는 것입니다.

3. 수동적 혹은 참여적

교회학교 사역의 두 줄기는 예배와 분반 공부이고 세 줄기는 예배와 분반공부와 프로그램이라고 볼 수 있습니다. 교사 여러분들은 분반공부 (수업)가 재미있고 즐거우신가요? 아마 때로는 부담이고 짐이 되기도 합니다. 어떻게 맛있게 요리를 해서 먹게 해 줄까, 어떻게 영양가 있게 만들어 줄까 고민되지요?

해마다 여름성경학교를 진행하면 준비하는 교사들보다 어린이들이 더욱더 신나고 좋아합니다. 교사들은 그런 아이들의 모습을 보면서 수고한 보람을 느끼구요. 어린이들이 왜 그렇게 좋아할까요? '정성들여 차린 식탁, 맛있고 영양가 풍성한 요리' 같은 생각이 들기 때문입니다. 성경학교가 끝나면 아이들은 도로 원점으로 돌아오고, 수업이 재미없다는 생각을 하게 됩니다. 어떻게 하면 일 년 내내 아이들이 흥미를 갖고 관심을 갖고 수업에 참여하고 수업을 기다리게 하는 방법을 찾을 수 있을까요?

지금부터 10여 년 전, 교회교육 분야의 베스트셀러였던 『SS 혁신 보고서』에서는 소그룹을 교회학교의 핵심 조직으로 역설하고 있습니다.

그 책에서는 "반은 소그룹이다. 소그룹 안에서는 상호 작용이 있는 개인들의 모임으로 멤버십을 공유하고, 상호 의존성을 키우며, 동일 목표 지향성과 연합을 통한 필요를 성취할 수 있고, 규칙과 역할이 주어진 조직이며 상호 영향력을 극대화할 수 있다."고 합니다.[8]

반에서 수업과 관계가 동시에 일어나려면 아무래도 소그룹이 더 효과적입니다. 그러나 수업만을 생각한다면 소그룹이든지 중그룹이든지 수업할 내용과 구성에 따라서 어떻게든 시도할 수 있습니다. 중그룹이면 20명 내외, 대그룹이면 30명 정도의 인원을 말할 수 있습니다.

지금 사회는 소그룹운동을 지향하고 있습니다. 교회도 물론입니다. 기업도 회사도 단체들도 소그룹 팀 중심으로 운영하고 있습니다. 저는 발상으로 거꾸로 하여 오히려 교회학교에서는 소그룹에서 중그룹, 대그룹 식으로 공과공부의 형식과 틀을 다양하게 만들어 운영하는 것이 좋을 거라고 생각하고, 실제로 그렇게 시도했던 적도 있습니다. 규모가 작은 교회에서는 굳이 소그룹 분반 형태로 하지 않고 중그룹 식으로 통합 형태로도 시도할 수가 있습니다. 교사 수도 적으면 수업 진행은 교사들이 돌아가면서 해도 되구요. 오히려 어린이들이 더 집중하기 좋고 교사들의 부담도 줄어들 수 있을 것입니다.

이제는 꼭 담임교사하고만 성경공부 한다는 고정관념에서 벗어났으면 좋겠습니다. 앞부분 2장에서도 말씀드렸듯이 수업 전담교사들에게 맡겨서 할 수도 있구요. 가끔은 일일교사를 초빙하는 형식으로 해서 교

---

8 김만형, 『SS 혁신 보고서』, 규장문화사, 1998, 207쪽.

인들을 교회학교에 참여시키기도 하고, 다양한 형태로 수업을 진행한다면 1년 내내 수업 준비에 골몰하는 교사의 부담을 조금이라도 덜 수 있을 것 같습니다. 그러기 위해서는 수업을 계획성 있게 만들어 가는 것이 필요하지요.

또한 아이들(학생)들은 분반공부 시간에 그냥 정물처럼 앉아 있기만 하고 듣기만 하고 대답만 하는 일방통행식 수동적인 수업을 하고 있지요? 분반공부를 즐기고 협력하고 함께 만들어 가는 형태가 되었으면 좋겠습니다. 아이들이(청소년들도) 교회의 수업을 좀 더 재미있게, 내용이 더욱 밀착되게, 수업에 동참하는 깊은 호응도를 만들기 위해서 저도 역시 고민하며 방법을 찾았습니다. 제가 생각한 키워드는 "수업을 프로그래밍하라"입니다. 이 키워드 아래서 다섯 가지를 여러분들에게 나누고자 하는데 실제적으로 많은 도움이 되기를 바랍니다.

① 수업을 다변화하라

"수업을 다변화하라"의 유익한 점은 한 교사에게 집중되는 부담을 덜고, 여러 명의 교사들이나 임시교사들의 지원을 받아 협력하고 부담할 수 있다는 점입니다. 또한 아이들에게 수업에 대한 신선한 흥미와 관심을 불러 일으킬 수 있습니다.

"수업을 다변화하라"의 첫 번째 방법은 교회 안에 재능 있는 분이나 임시교사를 초빙하여 아이들을 자극해 보는 것입니다. 한 달이나 두 달에 한 번씩 이렇게 선생님을 바꿔 보는 것도 좋을 것입니다. 두 번째 방법은 가끔 주일 별로 소그룹에서 중그룹이나 대그룹 형태로 수업 형태를 변형시켜 보십시오. 세 번째 방법은 주일별로 다양한 학습 방법을 도입하는 것입니다. 학습 센터 수업, 스토리텔링, 그룹별 과제 수행, 연극

실습 등. 수업 내용에 따라 매우 흥미 있는 활동으로 구성할 수 있습니다. 네 번째 방법은 일정한 교실을 벗어난 장소를 가끔은 사용해 보십시오. 친구 집, 교회 밖, 교회 주변의 공원이나 학교 운동장 등에서 현장 중심의 교육 환경을 만들어 보십시오.

이처럼 "수업을 다변화하라"는 전통적인 수업에 대한 고정관념을 깨고 새로운 형태의 수업을 시도하는 것입니다. 일정한 장소에서 항상 같은 담임교사와 어린이들이 고정적인 패턴으로 공부하는 것에서 벗어나서 수업에 변화를 주는 것이지요. 매주 달라지는 수업 형태와 진행에 대해서 어린이들은 신선함에 관심을 갖고 흥미롭게 참여할 수 있습니다.

② 시청각 주일을 시도하라

"시청각 주일"은 한 달, 또는 두세 달에 한 번씩 주기적으로 일일 교사나 담임교사가 시청각 주일 수업을 하는 것입니다. 해당 공과 내용을 맨손으로 진행하지 않고 다양한 시청각 자료나 한 가지만이라도 재료를 가지고 진행합니다. 교사가 다 준비하고 어린이들은 수동적으로 가만히 앉아서 교사의 시청각 수업을 관전한다는 생각에서 벗어나 보십시오.

어린이들에게 교사가 만들어 준 자료를 가지고 그들이 수업을 직접 진행하도록 해 보십시오. 전체를 그렇게 진행할 수 없다면 어느 한 부분을 그들에게 직접 맡겨 보십시오. 교사들이 만들어 준 막대 인형이나 탈 인형, 그림 몇 가지를 이용하는 것은 어린이들도 할 수 있습니다. 수업 중의 일부분을 직접 카세트에 녹음해서 여러 번 들어 보기도 하고, 일종의 아바타 게임처럼 선생님이 준비한 종이 인형에 아이들이 색지로 옷을 만들어 입히기도 해 봅니다.

그리고 연구 수업이나 시범 수업식으로 수업을 대본화하여 시도해 보십시오. 수업 내용 전체를 스토리처럼 만들어서 연극 대본처럼 만들어서 연습해 보게 한 다음, 당일 날 두세 반이 지켜보는 가운데 시범수업을 하게 하면 그것도 시청각 수업의 한 가지 방법이 됩니다.

③ 특별한 이벤트 수업을 가져라

"이벤트 수업"은 대그룹, 중그룹 별 수업으로 크게 변화를 줄 수 있습니다. 또한 팀별 학습으로 진행할 수도 있는데 학습센터로 수업을 진행할 때나 학습의 단계별(도입, 전개, 결론, 적용의 4단계)로 담당 교사나 어린이들이 순서를 담당할 수도 있습니다. 고학년의 경우는 의사 교환과 추론이 가능한 협동학습을 시도해도 좋구요. 이때 교사들은 사전에 많은 준비가 필요합니다. 대화를 어떻게 이끌어 낼 것인지, 어떻게 의견이 모아지도록 할 것인지, 침묵하거나 소외당하고 있는 아이들을 어떻게 참여시킬 것인지 다양한 상황을 예측해 보는 준비가 필요하지요.

청소년 학생들에게는 일정한 주제(예: 우정)를 주고 영화나 영상물을 짧게 보고 나서 아무런 형식 없이 브레인스토밍이나 토론을 통하여 서로의 생각을 나누게 할 수도 있습니다. 많은 대화를 나누면서 한 사람이 적게 하면 시간이 갈수록 점점 대화는 주제와 깊이를 더하게 될 것입니다.

교사들이 준비한 연극이나 팬터마임 등을 공연해 주거나 여러 가지 상황을 모자이크 편집한 영상물, 성경퀴즈의 장면을 숨은 그림이나 퍼즐 형식의 영상으로 만들어 주기도 합니다. 수업 단계나 학습센터별로 각 반이 조금씩의 역할을 맡기도 하고, 함께 만들어 가는 대그룹 학습 방법으로 진행할 수 있습니다. 아이들은 몰려다니며 계속 변화가 일어나는 속도전 같은 프로그램에 참여하게 되는 셈이지만 사실상 내용은 분반공부 수업이거든요.

대본만 미리 써 주고 아이들이 미리 연습하거나 당일에 직접 연극으로 할 수도 있습니다. 역할극, 현 시대 상황으로 바꾸는 상황극, 무언극, 방송극, 그림자극, OHP극 등 다양한 형태로 진행할 수 있지요. 교사들이 미리미리 대본을 마련하여 연습을 시켜도 좋고, 어린이들이 직접 목소리 연기하는 것을 카세트에 녹음하여 계속 들으면서 수정녹음을 해도 좋아합니다.

④ 교실 밖으로 진출하라

이 내용은 간단히 말씀드리면 야외수업에 대한 것입니다. 농어촌에서는 좋은 장소를 쉽게 선정할 수 있는데 도시에서는 장소 선정의 애로사항이 있겠지요? 그럼에도 불구하고 어린이들은 야외수업을 하면 너무나 좋아합니다. 야외수업의 장점은 제가 자세하게 설명하지 않아도 많이 아시지요? 아이들이 산만하고 주의 집중이 어렵고 어수선하다고 말할 분도 계시겠지만 아이들에게 현장 감각을 살려서 생생하게 성경 이야기를 전해 줄 수 있습니다.

야외수업을 구상하실 때는 꼭 교회 바로 옆이어야 한다는 생각을 버리고 교회 주변에서 조금 멀리 떨어져도 좋습니다. 공원, 학교 운동장이나 뒤뜰, 마을 골목길, 언덕, 개울가(물가), 숲속, 야산 등. 성경 본문의 내용과 맞는 장소를 선택하기가 먼저 고려사항입니다. 만약 여리고 성 무너지는 사건을 야외수업으로 한다면 건축 현장이나 높은 언덕, 학교 운동장의 담벼락 밑 이런 장소가 좋겠지요. 예수님의 산상보훈 설교를 수업으로 하신다면 야산이나 숲속을 배경으로 택하면 좋고, 예수님의 수난절 일주일을 수업으로 한다면 야산이나 숲이 우거진 공원에서 야외 학습센터 식으로 이동하면서 수업을 진행해도 좋을 것입니다.

장소가 선정되었으면 다음에는 소품이나 소도구를 이용하여 수업의 효과를 높이는 것이 좋습니다. 수업 내용과 관련된 효과음, 등장인물들의 의상, 소품이나 소도구, 앰프나 마이크, 사회자나 진행자의 내레이션 등. 극적 효과를 살리려면 그래도 약간은 준비되어야 아이들이 수업에 흥미와 관심을 가집니다. 어린이들은 어수선하고 산만할 수도 있습니다. 그래도 보는 듯 안 보는 듯 수업에 초점을 맞추고 있음은 분명합니다.

극적 장면과 실현이 끝나면 내레이션 담당자나 진행자를 통해서 수업의 결론과 적용 부분을 잠깐 언급해 주시면 좋을 것입니다. 그 다음에는 어린이들이 소감이나 느낌을 적어 보는 순서를 가져 보십시오. 쪽지에 "한 줄 소감문"을 적어 보게 하거나 등장인물 이름으로 3행시, 5행시, 7행시 짓기를 해 보세요. 이러한 야외 수업은 가끔 주기별로 수업 내용에 따라 한 번씩 시도하고, 전체가 참여하는 대그룹 학습 형태로 가야 합니다.

⑤ 참여적 활동을 활성화하라

요즘 아이들은 가만히 앉아있는 방청객 수준으로 공부하는 것을 제일 싫어합니다. 참여하고 싶고, 주도적인 입장에 서기를 좋아합니다. 그래서 어린이들에게도 많은 동참의 기회를 주는 것이 좋습니다. 이 "참여적 활동"은 중고등학교 학생이나 아동부 어린이들 누구든지 참여할 수 있습니다.

수업 내용을 한 달 정도 전에 미리 예고하고 예화 수집, 아이디어 모집, 인터넷으로 자료 수집, e-card 만들기, 배너 만들기, 플래시 만들기 등으로 현상공모하기, 동영상이나 그림, 이미지 등을 모아서 올리기 등으로 아이들의 참여를 유도해 보십시오. 또는 아이들에게 어떤 장면을 준비할 것인지 미리 메뉴를 정해 놓고 핸드폰이나 디지털 카메라로 그런 장면을 찍어 오기 등을 준비시켜 보십시오.

예를 들어 예수님의 교훈 중에서 "평화와 화목"이 수업의 주제라면 아이들에게 '평화로운 장면'을 찍어 오기로 그룹이나 개인별로 과제를 미리미리 내어 주십시오. 아이들이 핸드폰이나 디지털 카메라로 여러 장면을 찍어서 교회 홈페이지나 카페에 올리도록 합니다. 이런 장면은 자연물 속에도 있고, 길거리에서나 사람 관계에서도 찾을 수 있습니다. 엄마와 아기의 미소, 할머니와 손자의 다정한 손잡기, 공원에서 여유롭게 앉아 있는 사람, 다정하게 노는 아이들.

이런 사진이나 영상자료는 빔 프로젝트를 이용하여 모두 함께 볼 수도 있고 다운받아서 그림으로 진열하거나 게시하는 방법도 있습니다. 이외에도 탐구 활동, 연구 조사 등의 방법이나 또는 직접 견학이나 참관 등의 현장 체험 학습으로 진행할 수도 있습니다.

성서의 내용과 의미는 분명히 시대와 시대성에 관계없이 정확하고 분명하게 전해져야 합니다. 교육의 방향이나 흐름은 시대에 따라 달라지더라도 본질은 변함없습니다. 21세기를 사는 어린이들과 학생들은 예전과 하나도 다름이 없이 일방적인 수업, 수동적으로 앉아 있는 수업을 강요당하고 있습니다. 재미없어 하고 지루해 하고 끝나기만 기다리는 수업이 아니기를... 이것은 저와 교사들의 간절한 희망사항입니다.

　제가 이렇게 "수업을 프로그래밍하라!"고 역설하는 것은 아이들이 성경 속에 재미있게 빠지고 몰입할 수 있도록 해 주기 위한 노력과 시도이기 때문입니다. 교사들이 열정을 가지고 기획하고 준비하고 노력하면 아이들에게도 그런 열정이 전해지기 마련입니다. 재미있고 유익하고 의미가 살아나는 수업, 되새김질되고 의미가 저장되는 수업을 위하여 이 시대의 교사들은 몸부림과 열정이 필요합니다.

제4장
'변함없음'과 '변함있음'

　21세기를 규정짓는 여러 단어들이 있지만 그 중의 하나는 아마도 "속도화"가 아닐까요? 느리면 살아남지 못하는 세상, 무엇이든지 빨리 빨리 되어야 만 하는 세상이 되었습니다. 또한 '속도'와 더불어 '정보'는 빠르게 변화하는 세상을 말해 주는 키워드가 됩니다. 현대인들은 정신없이 빠르게 쏟아지는 정보와 숨 가쁘게 속도 전쟁을 치루는 것이지요. 그러다 보니 뒤돌아볼 여유 없이, 현재를 반추할 여유 없이 정신없이 앞만 보고 달려 나가는 100m 달리기 신기록 작전 같습니다.

　변화하지 않으면 살아남기 어렵다는 전제가 교회 안에도 깊이깊이 파도를 일렁이며 들어오고 있습니다. 물론 교회도 시대 안에서 살아가기 때문에 변화하고 수정되고 보완되어야 할 것이 분명히 있지요. 또한 교회는 주님이 오시기 전까지는 불완전한 형태이기 때문에 끊임없이 진화하고 발전되고 성숙해지기를 소망합니다. 이러한 변화의 바람을 타고 들어오는 것은 '유행'입니다. '속도'와 '정보'는 마침내 '유행'으로 연결됩니다. 세상의 유행은 개인욕구 충족에 바탕을 두었다면 교회

(목회)의 유행은 '부흥'에 바탕을 두고 들어오지요. 하나님 나라와 교회 부흥의 관점에서 성숙과 성장의 원동력으로 변화와 유행을 추구하곤 합니다.

이런 많은 명제들(변화, 보완, 진화, 발전, 성숙 등)의 뒤편에 가려져 있는 것, 그것이 정말 소중하고 중요한 가치라면 우리는 어떻게 해야 할까요? 시대도, 사람도, 문화도 환경도 바뀌어가고 있습니다. 당연히 교회교육의 환경이나 사람도 다르게 보여집니다. 모든 변화 욕구와 유행을 도입함으로 얻어지는 기대치 욕구는 크지만 우리가 꼭 지켜야 할 것, 잃어버리지 않아야 할 것은 무엇이 있을까요? 그래서 이 장(場)에서는 변함없는 가치와 변화하는 가치에 대해서 함께 생각해 보려고 합니다.

1. 변함있음, "흔 들려욧!"

우리 나라에 기독교가 처음 전파된 시기는 우리 민족에게는 가장 고통스러웠던 일제 강점기였습니다. 나라를 잃은 자존감의 상처와 일제의 압박에 시달리면서 고통 받던 시절이었지요. 이때 들어온 많은 선교사들이 교회와 병원과 학교를 세워서 우리나라 백성들의 영혼과 육체와 정신에 많은 회복과 치유와 희망을 안겨 주었습니다. 이러한 선교전략과 하나님의 축복과 섭리에 의하여 교회는 많은 우상과 민족 종교와 샤머니즘의 강력한 벽을 뚫고 백성들의 생활과 심령 속으로 침투해 들어갔지요.

8·15 해방과 한국전쟁과 4·19 혁명과 5·16 군사정변 등 많은 정치적 격변은 국민들에게 시대적 혼란을 겪으면서 영혼에 대한 안정을 추구하는 깊은 종교성을 낳았구요. 그 결과 기독교는 점점 더 부흥하고 성장하게 되었지요. 1970년대와 1980년대의 국가의 정책적인 방향인 산업화는 인구의 도시 집중화를 가속화시켰습니다. 도시로 몰린 많은 인구들과 그 당시 성령 운동의 결과로 한국 교회는 폭발적인 성장을 가져오게 되었습니다.

지금 선교 120년을 지나는 시점에 한국교회는 고도성장이 멈춘 침체기에 들어갔다고 진단하고 있습니다. 새신자 전도가 아니라 기존 신자 수평 이동에 따른 몇몇 대형교회의 폭발적인 부흥과 소형교회들의 약화 현상이 가속도로 진행됩니다. 이런 현실에서 많은 교회들이 부흥을 갈망하고 노력하고 있습니다. 이 많은 교회들이, 교회학교들이 부흥을 위하여 몸부림치고 애태우면서 추구하는 것이 '변함없음'의 가치보다는 '변함있음'의 가치에 더 매달리는 것 같습니다.

지금 이 세상은 무서운 속도로 시대상도, 환경도, 문화도 변화하고 있습니다. 저 역시도 교회교육 현장에서 시대의 변화상, 문화의 변화상을 20년 넘게 지켜보아 왔습니다. 20-25년 전에 제가 아동부 교사를 할 무렵엔 어린이 수요예배도 있었답니다. 그 당시에 학원을 다니는 아이들은 아주 소수의 부유한 계층이었구요. 그래서 어린이 수요예배도, 주일오후 예배도 어린이들은 열심히 모였지요. 너무나도 빈약한 프로그램인데도 어린이들은 교회가 쉼터이자 놀이터였기 때문에 즐겁게 놀았습니다.

그런데 요즘은 어떤 모습인가요? 어린이 수요예배는커녕 주일 오후 모임도 하기가 어렵습니다. "친척집에 가야 해요. 밀린 과외공부나 학습지 풀어야 한다구요. 가족들과 외식하고 놀러가요." 시간 없다는 것이 주요 핑계이거든요. 어린이들뿐만 아니라 교사들의 경우도 마찬가지입니다. 교회 안에서의 각종 모임과 회의, 개인적인 볼 일로 교사들도 이제는 너무 바쁩니다. 프로그램도 역시 빠른 속도로 진화해 왔습니다. 그 옛날처럼 재주 없는 선생님이 하는 구연동화 이야기나 밑그림에 색칠하기 식의 활동과제를 주면 아동부 어린이들은 재미없고 심심하다고 아예 거들떠보지도 않습니다. 더 다양한 구성과 재미와 흥미를 유발할 프로그램이 아니면 아이들의 관심과 기호에 부응하기가 어렵게 되었습니다.

20년 전에는 어린이들이 여름성경학교를 손꼽아 기다렸습니다. 교회에서의 소풍도 아이들에게는 기대되는 행사였고 간단한 놀이 프로그램(레크레이션)과 포크 댄스 등은 너무나도 즐거워하는 시간이었지요. 그런데 지금은 그때처럼 아이들이 기다리거나 열심히 참여하지 않습니다. 전보다도 훨씬 방법이나 내용은 업그레이드 되었는데도 아이들은 마냥 열광하거나 흥미진진해 하지 않습니다. 그 시대의 사회상과 문화상에 따른 변화이고 차이입니다.

오래 전에는 아이들이 지금보다 훨씬 공부에 대한 압박이 덜했고 사교육에 대한 관심과 지원이 약했습니다. 현대의 부모님들도 과거의 부모님 세대보다 경제적 형편이 나아지기도 했지만 지금은 사교육에 훨씬 더 강렬하게 매달립니다. 지금은 훨씬 더 사회와 문화가 다양하고 흥미로운 것이 많기 때문에 아이들이 교회에서 제공되는 프로그램과 행사에 전처럼 모두 참석하거나 관심을 집중하지 않습니다.

시대만 변한 것이 아니라, 교육 환경만 변한 것이 아니라 교육의 대상인 아이들도 많이 변했습니다. 지금 교사들이 말하는 소위 '영악한 아이들', '복잡한 아이들'이 된 것입니다. 지금은 예전처럼 아이들도 교회의 프로그램과 행사에 무조건 즐거워하고 참여하고 순종하려고 하지 않습니다. 따지기 좋아하고 등급 매기기를 좋아하고 자기들이 좋아하는 것들 중에서 교회의 순위를 어디쯤에 두어야 할 것인지를 머릿속에서 부지런히 계산하기도 합니다. "집에서 TV 보고 놀까? 학원에서 하는 야영 프로그램에 갈까? 교회에서 하는 프로그램에 갈까?" 등등. 또한 예전처럼 수동적이고 순종적이고 말 잘 듣는 아이처럼 그저 따라만 오던 아이들이 아닌 것 같습니다. 자신들의 요구 사항을 정확하게 말하고 떼쓰고 화도 잘 내고 나름대로의 힘(?)를 구사하면서 압박해 오곤 합니다.

어린이들의 문화도 무척 가파른 속도로 빠르게 변화하고 있습니다. 한동안은 아바타 의상꾸미기와 싸이의 도토리 선물이 대유행일 때도 있었지요. 2000년 무렵에는 어린이들이 포켓 몬스터에 열중하더니, 곧 문방구 앞에서 신나게 스텝 밟으며 뛰던 DDR, 챔프가 선풍적인 인기를 끌었습니다. 2004년 무렵에는 머리 좋아진다는 두뇌게임용 보드게임 도구들이 열풍처럼 번지더니 그후론 왕딱지 카드들이 아이들의 손에서 떠나지 않았습니다.

아이들뿐만 아니라 부모님들도 변했습니다. 아동부 아이들의 부모님들은 두 부류입니다. 교회에 맡겼으니 신앙교육은 교회가 알아서 하라는 방치형이 있는가 하면 또 한 가지 부류는 가정에서 적극적으로 신앙을 지도하겠다는 적극형이 있지요. 어린이들이 넌더리를 내고 지겨워해도 방법과 내용에 대한 고찰 없이 무조건 좋은 거니까 해야 하는 일방적인 강요형이지요. 억지로 재미없게 성경 읽게 하고 암송하게 하고 기도하게 하는 부모님들도 계시지요.

그보다 더한 문제는 청소년 교육에서 볼 수 있습니다. 대다수의 청소년기의 부모님들이 신앙교육보다 학교교육, 입시교육을 더 중시합니다. 정체성의 혼란기이며 심리적 방황기인 청소년 10대 시절에 교회에 출석하는 것만도 아주 대단한 믿음 아니냐고, 지금은 대학입시 문제가 더 중요하므로 학교 공부에 최우선의 목적을 두고 대학교 들어간 다음 청년 시절에 열심히 신앙생활하면 된다고, 그때까지 형식적으로라도 주일날 교회 한 번 다녀오는 것만으로 더 이상 요구하지 않겠다는 생각을 합니다.

주일날 예배 참석 외에 어떤 프로그램이나 행사를 기획하면 부모님들이 불편해 하며 짜증스러워하는 것을 많이 보았습니다. 중고등부에서는 학생들의 영적 성장을 위해서 어떤 행사를 시도하기가 어렵습니다. 부모님들의 짜증과 마지못해 해 주시는 협조를 받으면서 중고등부 교사들은 얼마나 힘이 빠지고 의욕이 상실되겠어요? 참 안타까운 현실입니다.

이 세상은 날로 가파르게 변화하고 있고 속도전을 방불하게 할 만큼 무서운 속도로 질주하면서 계속 변하고 있습니다. 이 시대의 문화, 유행, 트렌드, 이슈들도 한 달이 멀게 금방금방 변화합니다. 교육의 대상인 학생들도 부모님들도 많이 변하고 있습니다. 교육 환경도 시대상도 놀라운 속도로 변합니다. 여기에서 교회학교를 살리려면 이 변화와 속도의 전쟁에서 변하는 사람들을 따라잡기 위한 전략으로서 변화하는 방법과 기술이 필요하겠습니다. 이제는 '따라잡기' 차원이 아니라 오히려 그 대상(요구, 희망, 형편)을 초월하여 '앞서가기' 차원의 교회 성장과 부흥 전략들이 무수히 발표되고 있습니다.

새로운 주제의 세미나, 신선하게 다가오는 카피 글귀의 세미나에 모든 목회자들이 솔깃해집니다. 새로운 트렌드의 목회 전략이 조금 인기를 끌면 유행처럼 그런 세미나의 장소에는 가난한 개척교회나 농어촌 목회자들로부터 중대형 목회자들이 인산인해를 이루지요. 다들 눈에 불을 켜고 새로운 변화의 목회 콘텐츠를 배워갑니다. 교회도 정신없이 변화의 물결을 타고 강물에 흘러가듯이 흔들리고 요동하면서 가고 있습니다.

"어느 교회가 무엇으로 성공했다더라. 이것이 현대 교인들에게 어필한다더라." 하면 목회자들은 열심히 배워서 도입하고, 시험 케이스처럼 열심히 하다가, 또 다른 것을 도입하여 시도하고, 또 시도하고…. 교인들은 꼭 임상실험 환자 같다는 생각이 듭니다. 변화의 강물에 흘러가는 목회자들도 교인들도 너무나 어지럽고 몸살을 앓을 정도로 혼란스럽고 적응에 힘이 듭니다. 변화에 흘러가는 뱃멀미 증상입니다. 오늘도 수많은 목회자, 교회학교 교사들도 이렇게 뱃멀미를 하면서 변화의 강물에 흘러가고 계시지 않습니까?

2. 변함없음, "흔들리지 마!"

먼저 "풀은 마르고 꽃은 시드나 우리 하나님의 말씀은 영원히 서리라 하라"는 말씀 (사 40:8)이 생각납니다. 그러면 무엇이 풀이고 꽃이고, 또 무엇이 영원한 걸까요? 영원한 가치로 삼고 지켜야 할 것을 강조하면 우리는 흔히 꽉 막힌 타협 없는 전통주의자, 완고한 보수주의자를 연상하지요. 그런데 교회 공동체에도 개인적인 신앙생활에도 어떤 세파에도 흔들림 없이 지키고 유지해야 할 가치가 분명히 있다는 생각이 듭니다. 겉으로 화려하고 잘되는 것 같아도 언젠가는 공력이나 저력을 테스트 받을 때가 꼭 오는 것 같습니다. 마치 모래 위에 지은 집과 반석 위에 지은 집처럼 말입니다.

무엇이 변함없음과 변함있음의 사이를 규정짓는 걸까요? 저는 변화의 사이를 가로지르는 것은 그 가치의 본질의 중요성이라고 생각합니다. 시대가 변하고 문화가 바뀌고 대상과 환경이 달라져도 교회 안에서 변함없이 존재하고 유지되어야 할 것들을 생각해 보겠습니다. 예배, 기도, 복음, 신앙고백, 제자도, 성경의 우위성, 교회의 본질, 교회의 사명 등. 이렇게 변함없이 유지되어야 할 것들을 텍스트(text)라고 한다면 상황은 콘텍스트(context)라고 할 수 있습니다.

그런데 요즘은 한국교회나 교회교육을 보면 본질(text) 위주보다는 상황(context) 위주로 흘러가는 것 같아서 안타깝습니다. 교회의 모습부터 한 번 볼까요? 교회의 주인이시고 머리가 되시는 예수 그리스도와 하나님의 백성들이 모인 거룩한 공동체라는 교회의 내면적 본질이 변함없이 유지되지 못하는 것 같습니다. 너무나 인간적인 사람 냄새가 진하게 풍겨져 나오고, 교인의 비위와 안색 맞추기에 너무나 연연해 보입니다. 많은 교회들과 목회자들의 관심이 "모이게 하기", "머물러 있게 하기"에 온통 열광적인 집중 현상이 보이는 것 같습니다. 교회학교 지도자들과 교사들도 마찬가지로 보입니다. '어떻게 하면 아이들을 더 많이 모이게 할 수 있을까? 어떻게 하면 그 학생들이 떠나지 않고 계속 나오게 할 수 있을까? 에 관심과 기도와 노력의 초점이 몰려있지요.

그런 고민과 노력은 일단 교회학교의 부흥과 성장을 위한 노력이고 몸부림이기 때문에 시도부터, 동기부터 나쁘다고는 생각하지 않습니다. 그러나 그것이 교회의 본질과 내면을 해칠 정도로 심각하게 변질되는 것은 대단히 위험하다고 생각합니다. 하나님과 예수 그리스도에 대한 신앙고백을 분명히 하지 않은 채로 무작정 많이 모이게 하고 즐겁게 하는 것이 교회의 본질일까요? 결국 우선순위의 문제라고 여겨집니다. 본질을 우선으로 할 것이냐, 상황을 우선으로 할 것이냐의 엄격한 자기 반성과 뒤돌아보는 여유가 필요한 것 같습니다.

1990년대 이후 많은 교회학교 아동부들이 메빅이나 윙윙 예배 시스템을 도입하였습니다. 몇 년 간 지속된 선풍적인 유행이었습니다. 변해 가는 시대적 상황과 어린이들의 변화하는 욕구에 맞는 어린이 부흥 전략에 목말라하던 시기이기도 했지요. 그래서 획기적으로 새롭고 신선한 이 시스템은 한국 교회 아동부에 많은 인기와 유행의 바람을 몰고 왔습니다. 이렇게 활동적이고 재미있는 예배 시스템을 통하여 교회학교가 부흥한 사례도 많고, 하다가 중단된 사례도 많이 있습니다.

제가 여기에서 메빅, 윙윙 시스템에 대해서 하는 말은 제 개인적인 견해에 불과하기 때문에 공감을 하실 분도, 못하실 분도 있을 것입니다. 이러한 예배 시스템은 시대의 변화에 대한 욕구와 대안으로서 많은 교회들에게 시원한 해결책이나 도움을 준 것은 사실입니다. 그러나 한편으로는 이런 생각도 들었습니다. 어린이들에게 예배의 거룩함과 하나님 경외함을 알려 주고 경험하게 하는 예배란 어떤 예배일까요? 예배의 경건성과 차분하고 조용한 분위기 속에서 하나님의 임재를 경험하고 하나님을 경외하는 거룩한 존재로서의 자신을 체험할 수 있는 분위기는 예배 안에서만 경험되는 것입니다.

이런 예배의 본질적인 요소들이 메빅 시스템과 어떻게 접목되고 함께 공유될 수 있는지에 대하여 저도 생각해 본 적이 있습니다. 많은 어린이들이 모이고 즐거워하고 재미와 흥미를 가지고 참여하는 것만이 전부라고, 말할 수 있을까요? 예배의 주체는 어린이들이지만 대상은 하나님인데 하나님을 경외하는 것에 대한 진지함과 거룩함을 어떻게 표현하고 어떻게 심어 주어야 할까요? 예배를 통해 분명히 전해 주고 가르쳐 주어야 할 것이 있는데 재미와 흥미에 치중하다 보면 그 부분이 약화되는 것은 아닌지 염려가 되었습니다.

우리가 교육의 대상인 어린이들을 고려하고 배려하다 보면 범하는 실수가 바로 이것입니다. 어린이들의 비위를 지나치게 많이 맞추려다 보면 그만큼 사실은 하나님의 비위(뜻, 요구)를 거스르게 되는 이율배반적인 요소를 교육 현장 속에서 많이 발견하게 됩니다. 예배 속에서 어린이들이 고요하고 정적인 것을 싫어하고 부담스러워 한다고 즐거움과 활동성에 치우치다 보면 놓치는 것이 있는 것처럼 말입니다.

또한 기도의 중요성도 많이 약화되고 있는 것을 느낍니다. 여전히 새벽기도회와 금요 기도회는 교회마다 열리고 있지만 그 강도와 집중도는 과연 예전만 하다고 생각하시는지요? 1980년대를 한국 교회사에서는 성령화 운동시대라고 말할 수 있는데 그 1980년대만큼 간절히 기도하고 부르짖고 하나님의 역사하심과 운행하심을 바라는 절규와 같은 기도들이 지금은 많이 약화되지 않았나요? 성인들도 물론이고 교회학교 청년들이나 청소년들, 아동에 이르기까지 살펴보면 기도를 교재나 이론으로 배우는 것 같은 느낌이 듭니다. 경험으로 배우는 부분을 소홀히 여기고 있으며 집중도가 약하다는 느낌이 듭니다. 공동체의 기도, 기도의 중요성과 가치, 기도를 기도함으로 배우고 경험하기... 이런 기도에 대한 중요성 상실이 현재 한국 교회교육에서, 교사와 지도자들에게서 문제점으로 드러나고 있습니다.

주님이 오실 그날까지 이 땅에서는 끊임없이 예수 그리스도의 십자가와 부활에 대한 복음 선포가 지속되어야 합니다. 아무리 좋은 프로그램이나 좋은 목회 전략이 있다 해도, 교인들의 구미에 당장 달고 시원한 것이 있다 해도, 영원한 복음의 비밀만큼 영혼을 시원하게 하고 갈증을 없애 주는 것은 없습니다. 사람을 본질적으로 거듭나게 하여 새생명을 얻게 하고, 하나님의 풍성한 임재와 주권 속에서 사는 비결은 거듭남, 복음뿐입니다. 복음을 믿고 받아들이는 구원의 확신에 대한 강조는 결코 흐려지거나 약화시킬 수 없습니다.

변함없이 유지해야 할 신앙의 전통인 복음 선포, 복음의 능력을 맛보고 확신 가운데 거하는 구원의 확신, 제자도는 지금 선명하게 교회 안에서 살아 있습니까? 성도들의 비위를 맞추느라고 복음이 실종되거나 그림자처럼 희미해져 가고 있다는 생각이 들지 않으신가요? 하나님이 주인된 교회이고 하나님이 다스려가는 교회가 되기를 원한다고 목회자들과 교인들이 기도하고 있습니다. 그러면서도 교회에서, 교회교육 현장에서는 변함없는 가치인 복음 선포나 제자훈련, 제자도에 대한 교육보다는 어린이들과 학생들이 좋아하는 프로그램을 더 선호합니다. 이유는 단 한 가지 "아이들이 좋아하니까. 그래야 아이들이 교회 안에 머물러 있으니까."입니다. 복음 선포와 구원의 문제는 이론적으로 대충대충, 나중에 언젠가는 하겠다는 이유로 미뤄 두고 있지 않으세요?

구원은 성인기에만 받을 수 있는 것이 아닙니다. 어린이들도, 아주 어린 유치부 아이들도 태생적으로 주어진 종교성에 의하여 어느 정도는 구원의 문제를 깨닫고 받아들일 수 있습니다. 인지발달이론은 때때로 종교가 인간에게 무엇을 의미하느냐에 대한 전체적인 이해를 하지 않고 종교를 논리로 이해하려는 한계점을 가지고 있습니다. 대표적인 학자 로널드 골드만(Ronald Goldman)은 종교교육의 오랜 주제인 인지적 발달론을 제시하면서 아주 소수의 사람들만이 개인적으로 영적 종교적 경험을 갖는다고 잘못된 주장을 하며 종교교육에 대해 직접적인 교육, 사고력 증진과 종교교육과의 관계를 강조하였습니다.

그러나 그와 동시대의 교육학자들 중에 프랜시스(Francis), 하이드(Hyde), 머피(Murphy), 롱던(Longdon), 나이(Nye), 헤이(Hay) 등은 어린이들에게도 풍부한 영성이 존재한다고 주장합니다. 그들은 많은 어린이들이 영적인 차원의 실제적이고 직접적인 경험을 해 보았다는 주장을 통계와 자료 조사를 통하여 입증하고 있습니다. 많은 학자들이 종교적 주제의 인지적인 이해에만 집중해 왔지만 이들은 어린이들에게도 본래적으로 주어진 독자적인 영성이 존재하고, 어린이들의 영성 경험을 담아낼 사고 체계(그들만의 느낌과 생각을 담아낼 언어 체계, 논리 체계)가 없을 뿐이라고 주장하고 있습니다. 즉 영적 경험과 영성은 있으나 그 나이 또래의 인지 발달과 표현능력의 한계 때문에 어른들이 감지하지 못한다는 것이지요.[9]

아무리 시대적 상황이 부흥을 위해서 몸부림을 쳐야 할 위기의 시대라고 해도, 구원의 복음을 전하는 일이 뒤로 밀리거나 중요성을 놓치는 일은 결코 있어서는 안 될 것입니다. 또한 복음을 선포하고 가르치고 훈련한다고 하더라도 대충 형식적인 것이 되거나, 하나의 액세서리처럼 대충 구색 맞춰서 전하고 진행해서도 안 될 것입니다. 그것은 십자가의 예수님을 다시 한 번 못 박는 처절한 반역이 될 수 있습니다.

복음은 절대 구색 맞추기 액세서리 정도가 아니라 다른 모든 것을 포기해도, 듣지 않으려 해도 눈물을 흘리며 강권하며 전해야 하는 것입니다. 아무리 감동에 무딘 이 세대의 학생이라고 해도 전하는 자가 자신의 전 인격과 삶을 걸고 복음을 열정적으로 전한다면 왜 성령의 감동이 없겠습니까? 복음을 인격적으로 모든 것을 다해 전부를 걸고 전하지 않고, 진지하게 전하지 않고 대충 전하는 이야기처럼 전하니까 복음의 생명력이 성큼성큼 학생들에게 다가오지 못하는 것이 아닐까요?

지도자와 교회가 갖고 있는 복음에 대한 마인드는 커리큘럼과 프로그램과 행사 구석구석에 스며들게 되지요. 그래서 오랜 시간을 지켜보

---

9 "Thinking about childhood spirituality : review of research and current directions" (어린이 영성에 대한 생각 : 연구와 현재 방향에 대한 검토 / David Hay, Rebecca Nye and Roger Murphy) / Batson, C. Daniel and W. Larr Ventis, 『The Religious Experience』: A Social-psychological Perspective. New York and Oxford : Oxford Univ. Press, 1982.

고 어떤 열매, 어떤 교인들이 만들어지는지 보면 목회자의 복음에 대한 마인드를 알 수 있습니다.

복음을 알고 경험했다는 것은 신앙의 실재성(實在性)으로 증명됩니다. 신앙의 실재성(實在性)은 가장 현실성 있고 가장 뚜렷한 삶의 흔적으로, 자신이나 남들에게 보여지고 경험되어지는 명백한 실재(reality)입니다. 신앙의 실재성은 첫째로 구원의 확신으로 증명됩니다. 진정으로 자신의 죄인 됨과 죄를 용서해 주시기 위한 하나님의 사랑을 믿고 고백했느냐, 구세주이신 그리스도를 진정으로 영접하고 만났는지에 대한 고백이 분명합니다. 거듭남의 실재, 그리스도와의 개인적 만남의 실재, 예수님께서 내 안에 계시다는 내주하심에 대한 실재에 대한 확신은 일생을 두고 점검하고 확인해야 할 것들입니다.

두 번째로 신앙의 실재성은, 구원의 확신 그 이후의 삶에서 매일매일 순간마다 자신이 십자가 안에서 죽고 십자가를 통하여 부활의 경험 안에 있는가(갈2:20) 하는 문제입니다. 자신이 십자가 안에서 죽었으며 십자가의 도를 통하여 부활의 경험이 삶속에서 재현되는가 하는 질문과 대답이 될 것입니다. 세 번째는 날마다 성령 안에서 사는가, 날마다 성령의 인도하심과 다스림에 순종하면서 그의 뜻을 이루어가는가 하는 질문입니다. 아무리 많은 것을 가르치고 아무리 많은 행사를 해도, 많은 교인들이 구름떼처럼 몰려온다 해도 개인에게나 교회 공동체 안에서 영적 실재, 신앙의 실재성이 없으면 아침 안개와 같이, 구름과 같이 사라지는 헛된 그림자에 불과합니다.

성경의 우위성과 중요성이 많이 사라지고 있는 것 같아서 안타깝습니다. 많은 프로그램과 이벤트는 성행하지만 성경 속으로 깊이 파고 들어가는 것이 너무나 약화된 것 같습니다. 재미라는 양념, 흥미도라는 양념, 시대성이라는 양념, 문화라는 양념이 너무나 강렬해서 가미되지 않는 원재료를 순수한 그 자체만으로 먹지 못하고 있습니다. 성경공부도 퓨전요리처럼 국적 불명의 요리처럼 혼합되어서 복잡한 맛이 나오는 그런 시대 같습니다.

이것을 대표적으로 잘 보여 주는 사례가 바로 교회학교의 "여름성경학교"지요. 교단 총회측에서는 다양한 성경학교 프로그램을 기획하고 교육시키지만 아직도 많은 교회들은 프로그램을 선별해서 입맛대로 진행하지요. 교사나 예산 부족인 작은 교회들은 고밀도의 많은 준비를 감당할 길이 없어서 대충하는 경우도 많구요. 그러다 보니 '붕어빵에 붕어가 없다'는 말처럼 '성경학교에 성경이 없다'는 성경학교가 아직도 많이 있습니다. 가르쳐야 할 성경 대신 수영장에 가고, 놀이 프로그램으로 채우고, 영화 관람이나 견학으로 채우고, 1-2일 만에 대충 끝내고는 성경학교를 했다고 합니다. 시대가 아무리 변하고 아무리 목회의 마인드와 패러다임이 변화를 따라간다고 해도 성경은 그 모든 것의 가장 높은 곳에, 가장 중요한 자리에, 가장 깊은 곳에서 중심을 잡아 주어야 합니다. 성경을 대충 끼워 넣거나 성경을 등한시하는 프로그램, 세미나, 특별 집회나 이벤트 행사 등은 아무런 의미가 없습니다.

저는 상황보다는 본질이 더 중요하다고 생각합니다. 그래서 여기에서 몇 가지 변함없는 가치 중에서 6가지, '예배, 기도, 복음, 신앙고백, 제자도, 성경의 우위성'을 간단하게 언급해 보았습니다. 교회는 시대 속에서 살고 있기 때문에 시대성을 무시할 수 없습니다. 완고한 전통에만 사로잡힐 수는 없겠지요. 그러나 변화를 추구하면서도 본질을 잃지 않는 것, 중심을 잡아 주는 푯대는 언제나 영원히 변함없이 그 존재감을 갖고 있어야 한다고 생각합니다.

3. 영원한 푯대를 바라보고

변함없음과 변함있음, 두 가지 길은 영원히 평행선일까요? 또 우선
순위에 따라 무엇이 먼저이고 나중일까요? 무엇이 덜 중요하고 더 중요
한 것일까요? 저는 그렇게 봅니다. 변함없음의 가치를 내용물로 보고, 변
함있음의 가치를 그릇으로 봅니다. 내용물은 담겨져야 먹을 수도 있고
볼 수도 있고 재생산의 가치로 모든 사람에게 소비됩니다. 그러면 그릇
의 유행은 변하나 담겨지는 것은 변함없다는 말이 성립될 수 있겠지요?

그릇은 시대에 따라 유행에 따라 바뀝니다. 저희 집에도 아주 오래
된 스텐 밥그릇과 국그릇이 지금도 보관되어 있습니다. 40년이 넘는 옛
날 이야기인데요. 그 당시 놋그릇과 사기 그릇, 양은 그릇 시대였다가
처음으로 스텐 그릇이 나왔을 때 저희 엄마는 계를 들어 스텐 그릇 세트
를 장만했습니다. 그때의 어렵게 부었던 곗돈에 대한 추억과 처음 장만
하여 보고 또 보던 그 시절을 잊을 수 없어서 엄마는 그 스텐 그릇 세트
를 단 한 벌만 기념으로 보관하였는데 지금은 찾아 보기도 어려운 두꺼
운 스텐 밥그릇 세트입니다. 이처럼 그릇도 의상도 문화도 시대별로 유
행을 타고 몰려왔다 사라지곤 합니다.

바로 여기서 본질(text)과 상황(context)에 대한 접촉점을 찾을 수 있 겠지요. 어떤 그릇에 담느냐에 대한 고찰도 중요하지만 변함없는 본질 과 중요성을 변질 없이 잘 유지하느냐에 대한 더 깊은 고찰도 더욱 중요 합니다. 본질까지도 시대성을 반영한다고 바꾸거나 희석시키거나 혼합 물을 만들어서는 안 될 것입니다.

그러면 제가 교회교육 현장에서 나름대로 변함없는 가치를 유지하 기 위해 어떤 노력을 기울였는지를 말씀드리겠습니다. 먼저 예배에 대 한 부분입니다. 저는 예배 시간의 바른 태도와 바른 마음가짐 교육을 많 이 했던 편입니다. 즉 예배 자체에 대한 교육을 중시했는데 이는 교육과 예배, 예배와 교육은 동시에 일어난다고 보았기 때문입니다. 예배는 교 육을 통해서 예배의 의미와 경험이 살아난다고 보았습니다.

어린이들을 이해하고 용납한다고 해서 좋지 못한 태도와 마음가짐 을 다 용납하는 것이 아니라, 수용하지 않고 바르게 가르쳐야 할 것들이 있다는 생각을 가졌습니다. 어린이들을 사랑하는 차원에서, 상처 주지 않으려고 섬기고 참고 기다린다는 차원에서 어쩌면 교회학교에서는 어 린이들을 무방비 상태로 방치하고 있지는 않을까요? 어린이들에게 사 랑과 용납은 풍성하게 부어 주면서 한쪽 편의 훈계와 가르침 면은 소홀 하거나 경시하는 것은 아닌지요? 어린이들이 예배 시간에 과도하게 떠 들거나 집중하지 못해도 교사들은 그대로 둡니다. 야단맞고 상처 입는 것보다는 그대로 두는 것이 더 낫다는 판단이겠지요. 참고 기다리면 나 중에는 잘 할 것이고, 야단맞고 교회에 안 나오면 교사인 내가 무안하니 까, 학생 수가 줄어들 수가 있으니까 그런 생각을 가진 교사분도 계시겠 지요.

과연 무엇이 중요합니까? 저는 예배의 경건성은 아이 때부터 분위기로 느끼고 체험하게 해 주어야 한다고 생각합니다. 하나님을 사랑하고 즐거워하는 체험도 어린 시절의 중요한 체험이지만 하나님을 경외하는 법도 교회의 예배 분위기를 통해서 느끼고 경험해야 한다고 생각합니다. 그래서 저는 예배의 경건성과 거룩성을 유지하기 위해서 다음의 몇 가지를 제 철학처럼 간직하고 있습니다.

첫 번째로 매주일 예배는 전통적인 예배 형태를 따라서 차분하고 고요한 예배를 드리고 있습니다. 흥겨운 찬양과 몸을 많이 움직이는 율동, 일종의 메빅이나 윙윙, 파워 율동 같은 것을 예배 시간의 찬양 순서에는 넣지 않습니다. 즉 예배와 흥겨운 찬양 시간을 분리하는 것이지요. 예배 시간의 찬양 순서는 깊이 음미하고 반추하면서 생각할 수 있는 가사와 잔잔한 곡조를 살린 예배 찬양을 넣습니다.

두 번째는 절기 예배 때 절기의 의미를 생각할 수 있는 다양한 순서, 연극이나 드라마, 스킷 등을 동원하여 많은 어린이들이 예배에 참여할 수 있는 기회를 주기도 합니다. 그러나 저는 절기 예배와 절기 행사는 분리하고 있습니다. 절기 예배는 여러 어린이들이 참여하고 함께 만드는 예배로 거룩함과 경건함이 유지되는 예배이고, 절기 행사는 절기 그대로 축제처럼 하나님이 주신 명절을 즐깁니다. 이스라엘의 절기는 언제나 내부적으로는 이스라엘 백성들이 감사와 화평을 누리는 축제이고 잔치였지만 외부적으로 예루살렘 성 밖에 있는 과부와 외국인들에게 나눔과 섬김을 실천하였습니다. 그래서 저도 절기예배 후에는 언제나 후속활동으로 전도와 나눔과 섬김의 행사를 연결해 왔습니다.

세 번째는 예배를 통한 교육, 교육을 통한 예배를 진행했습니다. 예배의 모든 순서에서 바른 태도와 바른 마음을 갖도록 반복해서 교육했습니다. 이를 위한 방법은 예배 인도자(교사)의 순서 고정 멘트였습니다. 많은 교회학교에서 교사를 믿고 예배 인도를 그냥 맡겨 버립니다. 교사들은 성인 예배처럼 순서를 진행하는 데만 급급하지요. 저는 강대상에 매 순서마다 교사가 해야 할 안내 멘트를 프린트하고 코팅을 하여 부착시켜 놓았습니다. 매 주일 인도자(교사)가 바뀌더라도 예배 순서 멘트는 매 주마다 변함없이 그대로 설명되도록 했습니다. 이 멘트는 순서에 대한 의미 설명과 어린이들이 이 순서에서 어떻게 행동해야 하는지를 말해 주고 있습니다.

예를 들면 "이제 사도신경을 외우는 시간입니다. 이 사도신경은 우리가 우리의 믿음을 하나님께 고백하고 자랑하는 기도입니다. 그래서 사도신경을 외울 때는 자랑스럽고 씩씩하게, 뜻을 생각하면서 천천히 또박또박 외우는 것입니다. 사도신경을 외울 준비가 되었나요? 그럼 시작합니다."

네 번째는 예배에 임하는 태도 교육입니다. 많은 교회학교 교사들이 요즘에 한탄하는 것이 핸드폰 문화입니다. 학생들, 특히 중고등부나 청년들은 예배 시간에도 찬양시간에도 핸드폰을 손에 들고 쳐다보기 바쁘다구요. 문자 주고받는 아이들도 많구요. 심심해서인지 핸드폰으로 예배 실황을 찍고 있지를 않나 게임이나 올려져 있는 동영상을 보지를 않나 정말 통제하기 어렵다고 한숨입니다. 중고등부 학생보다는 덜하지만 아동부 어린이들도 닌텐도를 가져오기도 하고 핸드폰도 가져와서 문자, 영상, 게임 장난을 합니다.

그래서 저는 가방이나 핸드폰이나 겨울의 두꺼운 겉옷이나 가져온 물건들은 자기 반 테이블이나 일정 장소에 놓게 했습니다. 어린이들은 손 가까이에 무언가 있으면 만지작거리고 움직여보고 싶은 욕구가 당연히 들지요. 저는 더 적극적으로 아예 욕구가 일어나지 않는 환경을 만들어 주었습니다. 예배실에는 어린이들이 자기 자리에 성경과 헌금봉투와 주보만 놓도록 했습니다. 또 한 가지는 자리에 단정하게 앉기를 훈련합니다. 예배실이 의자식이든 마루식이든 상관없이 허리를 곧게 펴고 예배에 임하도록 계속적으로 지도합니다.

저는 얼마 전 사역하던 교회에서 예배 시간마다 감동이었습니다. 예배실이 온돌마루였는데 어린이들이 제가 가르친 대로 기도하는 모습은 천사들에게 자랑하고 싶은 모습이었습니다. 설교 말씀 들을 때 모든 어린이들이 양반다리를 하고 단정하게 앉아서 두 손을 모으고 말씀에 집중하는 모습은 정말 보기 좋았습니다. 교회 어른들도 보시고는 "우와! 아동부, 대단하다, 대단해! 정말 보기 좋은 모습으로 예배를 드리네." 할 정도였으니까요.

다섯 번째는 예배 환경을 중시했습니다. 예배 전에 강대상과 주변이 지저분하고 어수선하지 않도록 깨끗하게 물건을 정리하는 것은 물론 예배 전에 필요한 것들(영상기기, 제 설교 준비물—시청각 자료 등)이 미리다 구비되어 있도록 했습니다. 사전 준비가 철저하게 되어 있지 못하면 예배 시간에 순서가 매끄럽게 진행되지 못하고 준비물 때문에 지체되곤 하지요. 어린이들은 환경에 민감하기 때문에 그 틈새를 타서 떠들고 자세가 흐트러지고 어수선해집니다. 저는 그래서 어린이들이 예배에 단정하게 임하고 예배에 몰입하려면 그만큼 교사들의 준비와 기도와 환경적인 준비가 잘 되어 있어야 한다고 생각합니다.

다음으로는 기도에 대한 교육입니다. 아동부나 청소년들에게는 기도는 기도함으로써 배우는 것이 제일 좋다고 생각합니다. 영상 시스템을 가진 교회학교에서는 그 장비를 활용하기 위해서 아이들이 좋아할 거라며 별 필요 없는 부분까지도 영상을 잘 활용합니다. 그런데 저는 예배 시간의 기도(사도신경, 주기도문)는 영상으로 띄워 주지 않습니다. 많은 아이들이 화면을 쳐다보며 대충 읽어가는 모습도, 기도하는 자세를 하지 않고 눈 뜬 채로 장난치며 입으로 건성인 그런 모습도 바람직하지 못하다고 생각했기 때문입니다. 그래서 저는 화면을 띄우지 않고 어린이들이 직접 외워서 천천히 암송하도록, 반드시 눈을 감고 고개 숙여서 정중한 기도자의 모습으로 기도할 수 있도록 가르쳐 왔습니다.

저는 어린이들이 '주일날 교회 오면 제일 먼저 기도부터 하기'를 가르쳐 왔습니다. 하나님의 집에 도착하면 하나님께 먼저 기도부터 하는 것은 좋은 신앙적 전통이 아닐까요? 어려서부터 하나님의 집(교회), 하나님을 경외하는 내면적 고백이 자연스럽게 잔잔히 스며들기를 원했습니다. 교회는 다른 곳과 다르다는 의식과 하나님을 존경하고 경외함의 외적 표시를 가르쳐 주는 것, 그 중의 하나가 교회에 오면 제일 먼저 기도하기였습니다. 많은 교회들이 이것을 가르치지 않는 것은 아닙니다. 문제는 어떻게 자연스럽게 하느냐, 몸에 배도록 가르치느냐의 방법과 의지에 달려 있다고 봅니다.

저는 아동부실 문을 열자마자 '기도할 수 있는 자리'를 고정적으로 만들어 놓았습니다. 아동부실이 입식(의자식)일 때는 주일 아침이면 언제나 아이들이 도착하기 전에 문 옆의 고정 위치에 작은 의자를 한 개 가져다 놓습니다. 그 의자 등 뒤에는 기도의자라고 크게 붙여 놓았고, 의자에 있는 흰색이나 보라색 공단 방석은 순결과 경건을 상징하는 색입니다. 아동부실이 온돌마루식일 때는 출입문 바로 옆에 기도 방석을 가져다 놓습니다.

그 의자나 방석 바로 앞에는 큰 종이에 '교회 오면 제일 먼저 기도하기'의 기도문이 벽에 걸려 있습니다. 어린이들은 아동부실 출입문을 열고 와서는 제일 먼저 그 자리(의자든지 방석이든지)에서 앉아서 무릎을 꿇고 그 기도문을 천천히 읽습니다. 오는 순서대로 한 명씩 그런 순서가 끝나야 선생님들과 포옹이나 인사를 하도록 합니다. 그렇게 몇 달이 지나면, 아이들은 그동안 기도문을 다 외워서 눈을 감고 기도를 하곤 하지요.

우리 교사들이, 전도사님들이 어린이들에게 기도를 하라고 시키고 강조하면서, 정작 어떤 내용으로 기도해야 하는지는 자세히 가르쳐 주지 않습니다. 어떻게 자주 익숙하고 편안하게 기도할 수 있는지 기도할 수 있는 환경을 조성해 주지도 않구요. "기도하라, 성경 읽어라."라고 강요하면서도 정작 그 방법을 가르쳐 주지 않으면서 명령과 의무만 남발하는 것 아닐까요?

기도 교육의 또 한 가지는 어린이들에게 생활 기도문을 나누어 주는 것이었습니다. 저는 어린이들이 생활 속에서 하나님의 뜻을 헤아리는 기도훈련도 중요하다고 보았습니다. 그래서 저는 어린이들을 통해 생활 기도문을 가정에 배부합니다. 하루 3번의 식사기도, 아침에 일어나서 하는 기도, 저녁에 잠들기 전에 하는 기도, 학교에 가서 하는 기도 등등. 이러한 기도문을 예쁜 색지 A4 용지 한 장에 담아서 코팅을 해 줍니다.

가정에서 아이들이 자기 방이나 침대 곁 벽에 붙여 놓고 매일매일 기도하는 습관을 갖도록 유도하는 것이지요. 이 기도문은 어린이들의 언어로 쉽게 표현되어 있어서 외우기 쉽고 따라하기 쉽게 만들었습니다.

제가 복음을 집중적으로 선포하는 기간은 절기입니다. 절기 때는 연속 4-5주간 하나님의 사랑이 어떻게 우리에게 다가왔는지, 예수 그리스도의 십자가에 담긴 대속과 죄사함과 구원과 천국의 약속을 진지하게 전해 주곤 합니다. 절기마다의 성경 스토리, 성경 인물 이야기는 이미 성서학습 교재에 다 나와 있기 때문에 저는 오히려 사순절, 가을 성경학교, 감사절, 대림절을 복음을 전하는 기간으로 삼습니다. 모든 것이 변해도 영원토록 지속되어야 할 가치는 바로 십자가의 복음이기 때문입니다.

반복해서 들으면 오히려 식상할 거라고 생각하실 수도 있습니다. 저는 어떻게 전하느냐의 방법과 전하는 사람의 영성과 복음에 대한 확신이 더 중요하다고 봅니다. 한 번은 제가 십자가 이야기를 하면서 저도 모르게 목이 메어서 한동안 설교를 이어가지 못했습니다. 잠시 후에 간신히 마음을 추슬러서 설교를 마무리한 적이 있습니다. 나중에 한 어린이가 이렇게 말했습니다. "전도사님, 전도사님은 진짜 예수님을 만난 것 같아요. 나도 전도사님처럼 확신이 있었으면 좋겠어요. 우리 엄마 아빠는요, 예수님 이야기 들어도 눈물이 안 난대요. 전도사님처럼 예수님 이야기 하다가 울 수 있다는 것이 신기해요."

어린이들에게 학생들에게 복음을 어떻게 전하느냐, 어떻게 쉽고 재미있게 들려지게 하느냐의 문제나 해결 방법도 교육적인 측면에서는 충분히 고려되어야 할 사항입니다. 그러나 이것은 시대 따라 유행 따라 변화하는 방법론이구요. 절대적으로 변함없는 가치는 복음을 전하는 사람이 어떤 사람이냐의 영성과 확신의 문제라고 보여집니다.

요즈음 각 교회마다 농촌이나 도시 교회나 개척교회나 기존 교회나 프로그램을 보면 '제자훈련'이란 말이 없는 경우를 발견하기가 어렵습니다. 아마 거의 대부분의 교회들이 '제자훈련'이란 주제 아래 교인 신앙훈련을 실시하는 것 같지요? 그런데 이와 같은 현상은 교회학교에도 무척 많습니다. 그런데 교회학교의 '제자훈련'은 이름만 '제자훈련'이고 내용은 제자훈련과 관련 없는 다른 이벤트들이 많더군요. 문화센터의 특기 교육, 환경 답사, 영어교실, 운동, 여행, 관광 등 전혀 제자훈련 본래의 의미와 목적이 상실되어 버렸습니다. 이런 것을 보면서 '붕어빵에 붕어가 없다'는 말에서 비롯된 교회 현실을 떠올립니다. '성경학교에 성경이 없다', '제자훈련에 제자가 없다' 이름을 바꾸든지 내용을 그에 맞게 수정하든지 해야 하지 않을까요? 무늬만 이름만 근사하게 걸어놓고 내용적으로는 전혀 다른 교회학교의 '제자훈련'은 상품을 팔기 위해 근사한 이미지와 카피로 소비자를 유혹하는 광고 같습니다.

요즘은 성경 자체를 교육시키는 것이 많이 약화된 것 같습니다. 많은 프로그램 속에, 많은 성경공부 속에 성경 찾기, 읽기가 들어가지만 부분적으로 조각조각 퍼즐처럼 들어가는 경우가 많지요? 교회학교도 물론 성서학습이나 설교나 프로그램 속에 성경이 다 들어가지만 성경 전체를, 성경 자체를 교육으로 경험하게 해 주기보다는 퍼즐이나 구슬처럼 각각 따로 따로 이야기입니다. 성경 속에서 말씀이신 하나님과 하나님의 언약의 말씀 자체를 경험하고 느끼게 해 줄 프로그램이 교회에서, 교회학교에서 더 많이 이루어지기를 소망합니다.

저는 성경 자체를 경험하게 해 주는 교육으로 성경 암송을 중요시합니다. 요즘 아이들은 너무나도 암송을 싫어합니다. 그래서 저는 아이들이 암송할 수 있도록 요절 카드도 사용하고 글씨와 그림이 들어간 카드도 이용합니다. 성경 암송을 시키면 암기력이 뛰어난 아이들은 금방 쉽게 잘 외웁니다. 암기력이 좀 부족한 아이들도 토막토막 단어 암송에서 연결 단어로 계속 늘려 가면 암송을 하게 됩니다. 그런데 대부분의 아이들이 '뭔지도 모르고 단어만 열심히 외운 꼴'로 글자만 외우는 경우가 많았습니다. 그래서 저는 아이들이 성경의 뜻과 의미를 충분히 이해하고 외울 수 있도록 충분히 뜻풀이와 의미 설명을 해 줍니다. 아이들은 뜻을 알게 되니 더 잘 외우게 되었습니다.

어린이들의 방학 때는 성경 읽기나 쓰기 프로그램을 시도해 보았지요. 성경 전체를 다 통독하거나 쓰기는 방학이란 짧은 기간 안에 무리가 되지요. 그래서 범위를 정해 주고 어디서 어디까지만 읽는다는 범위 안에서 매일 진도표를 주었구요. 아이들은 "성경을 읽고 쓰는 것은 하겠는데 쓰는 것을 꼭 공책에 연필로 써야 하나요? 공책에 연필로 쓰라고 하면 저는 안 할 거예요." 그러면서 키보드로 치는 것은 하겠다고 하는 아이들이 요즘 아이들입니다. 제가 연필 세대라면 이 아이들은 키보드 세대라는 세대 차이가 확실하게 느끼지요. 컴퓨터에 키보드로 치겠다는 것만도 너무나도 기특한데 한 가지 살짝 염려가 되는 것은 "이 검색 능력에 뛰어난 아이들이 성경 검색 프로그램에서 그대로 복사해서 올리는 것은 아닐까" 그런 생각이 들기도 합니다.

성경을 퍼즐처럼 조각조각 아는 위험이 있다고 그랬지요? 교회학교 교재도, 설교도 대부분 주제별이 많은 것 같습니다. 그러다 보니 어린이들(청소년들)이 성경 말씀을 많이 배우고 들었는데 사건의 앞뒤 순서를 제대로 모르는 경우, 이 사람과 저 사람의 연관 관계를 정확히 모르는 경우도 많았답니다. 여러분도 한 번 확인해 보시겠어요? 그래서 저는 정기적으로 주일 오후 모임이나 또는 특별한 행사 기간에 성경을 각 권별로 이야기로 들려준답니다. 즉 아브라함 이야기, 사무엘상하, 열왕기상하 등의 성경 이야기를 통해서 성경 각 권의 내용을 일관성 있게 파악하도록 해 줍니다.

결론적으로 변함없는 가치를 추구하기 위해서 신앙의 실재성을 강화하는 것이 필요합니다. 정말 중요하고 꼭 필요하고 긴급한 문제입니다. 온갖 시대의 유행을 따라 교회들마다 무섭게 파급되는 목회의 새로운 이슈나 교회 부흥 전략, 그러나 분명한 것은 끝없이 유행을 따라 부흥을 따라 요동치다 보면 개인적 신앙이나 교회는 힘이 약화될 수도 있다는 사실입니다. 신앙의 실재적 경험, 그 실재성은 '변함없음'의 오랜 가치를 존중합니다. 뿌리 깊은 나무처럼 변함없는 가치에 착심하고 온전히 깊게 뿌리박을 때 하나님이 보여 주시고 맛보게 하시는 오묘한 신비와 사랑을 경험할 수 있습니다. 이것이 교회학교의 힘입니다. '변함없음'의 가치는 '변함있음'의 가치와 흐름을 잘 지탱해 줄 수 있는 저력(底力)이고 어지러운 세상에서 중심 잡고 잘 뜰 수 있는 부력(浮力)으로 존재할 것입니다.

제5장
프로그램의 특명! 변화, 진화, 특화

　　프로그램은 교육을 담아내는 그릇입니다. 보이지 않는 교육 정신과 철학을 보이는 것으로 표현하는 프로그램은 교회교육에서 아주 중요합니다.

　　제가 오랫동안 교회학교 사역을 하다 보니 모든 행사들이나 프로그램들이 자칫하면 일회성으로 반복될 수 있다는 느낌이 많이 들었습니다. 교사들과 함께 그때그때마다 해치우기 바쁜 프로그램들과 행사들이 얼마나 많은지 모릅니다. '꾸준히 연결되는 지속성 있는 프로그램을 하기란 그렇게도 어려운가?' 하는 자문자답도 해 보곤 했는데 결국 이 문제는 교육전도사의 뚜렷한 소신과 교회의 교육정책 두 가지에서 해답을 찾아야 할 것 같습니다.

　　교육전도사가 자기 부서의 교육방향에 대하여 뚜렷한 철학과 소신을 갖고 일관성 있게 일을 추진한다면 거기에서 가능한 해답을 찾을 수 있습니다. 여기저기서 얻고 모은, 백화점 진열대 형식으로 행사를 진행하지 않기를 바랍니다. 정체모를 비빔밥 잡탕밥의 프로그램은 이제는 지양해야 합니다. 뚜렷한 교육 목적을 세우고 교회교육의 맥을 이어주는 계획성이 필요합니다. 1년 계획, 2년 계획 등 장기적인 비전과 목회 계획을 세우면 충분히 가능하지요. 그렇지 않으면 교육전도사들이 매년마다, 매월마다 "이번엔 뭘 하지? 뭐 할 것 없나?" 하는 두리번거림과 기웃거림 현상을 반복하지요.

교회의 교육정책이 분명하게 부서 운영을 뒷받침한다면 이 문제는 풀 수 있습니다. 교육전도사의 임기를 몇 년 동안 확실하게 보장한다거나, 교육전도사가 이동하고 새로 바뀌더라도 교육 정책이 분명히 정립되어 있어서 누가 오더라도 그 방침을 이어가게 하는 일관성이 있다면 꾸준한 장기 프로그램을 진행할 수 있습니다. 이제는 일회성 프로그램에서 장기 프로젝트, 교육 시스템으로, 일관성과 지속성을 살려 나가야 할 때입니다.

1. 왜 성경학교는 여름에만 있나요?

해마다 여름이 되면 교회학교 교사들은 몸살을 앓습니다. 여름성경학교 준비 때문이지요. 강습회 참가, 여느 때보다 많은 교사 회의와 교육 시간, 준비한다고 뛰어다니며 땀 흘리는 시간, 기도회 등. 그렇게 해서 한여름의 축제는 성황리에 시작하여 성황리에 끝납니다. 그리고 교사는 허탈감에 젖곤 하지요. 왜냐구요? 밀물처럼 몰려들던 아이들이 성경학교만 끝나면 썰물처럼 빠져나가거든요. 휴가 여행으로, 시골 친척집으로, 게으름으로 안 나타나고 교회학교는 여름의 무더위마냥 축 늘어져 버리게 되지요. 그나마 기대했던 2학기의 9월이 시작되어도 그때의 흥청거리는 축제 분위기를 회복할 수 없으면 더욱 쓸쓸함이 듭니다.

우리 한 번 진지하게 생각해 볼까요? 1년 예산에서 한꺼번에 집중적으로 사용되는 큰 액수의 예산 소비에, 교사들의 수고와 헌신, 준비 기간 동안 바친 시간들과 정신적 에너지와 몸의 에너지를 다 일일이 계산하면 참으로 막대한 비용이 소모되었습니다. 교회에서는 들어간 현금에 대한 소비 비용만 계산하지만 현대적 경영 마인드로 교사들이 바친 모든 시간이나 열정까지 다 계산해 본다면 엄청난 비용이 들어간 셈이지요. 이렇게 엄청난 비용이 소비되었는데 결과적으로 아이들에게서 나타난 반응과 교육적 효과는 어떻게 계산될 수 있을까요? 당장 나타난 현실적인 효과와 1-2개월 후에 나타나는 잠재적 효과와 반응까지를 계산하면서 곰곰이 헤아려 보면 과연 이익이 남는 그런 행사였을까요?

한국 교회는 해방 후부터 시작하여 지금까지 몇 십 년간 여름성경학교를 교회학교의 주 행사로 치러 왔습니다. 노회에 소속된 교회학교 연합회는 모든 역량을 여름성경학교 수련회 강습회에 쏟아 붓습니다. 각 교회 교육부도 마찬가지입니다. 예산을 마음껏 쓰도록 허락하고, 기도와 헌금 지원, 몸으로 지원해 주고, 교인들이나 중직자들이 인심을 마음껏 쓰고 도와주지요. 어찌 보면 한철 메뚜기처럼 왕창 몰아서 지원해 주는 셈입니다. 교사들도 마찬가지로 그 어느 때보다도 기도를 많이 하면서 한 달여 짧은 시간 동안 많은 수고와 고밀도의 헌신을 하고 있습니다. 과연 그러한 것들이 어린이들에게서 어떤 교육적 성과로 나타나지는지 점검할 때가 돌아왔습니다.

제가 만난 교회들이나 다른 교회 전도사님들에게 물어봤더니 아동부 1년 예산의 1/2이나 1/3 정도를 여름성경학교에 쏟아 붓는다고 말했습니다. 한 달여 동안 몇 백만 원의 돈을 순식간에 사용하는 기적이 일어나고 있는 현실. 물 붓듯이 쏟아 붓고 물 빠지듯이 새나가는 여름성경학교. 과연 이대로 좋은가요? 밀물처럼 몰려왔다가 썰물처럼 빠져 나가는 여름성경학교의 어린이들, 교사들의 희생과 수고들은 이대로 계속되어야 할까요?

저는 이 문제를 오래 전부터 고민하고 직시하면서 해결방안을 찾으려고 노력했습니다. 그 해결방안은 1년에 1회만 열리는 여름성경학교에서 4계절 성경학교로 전환하는 것이었습니다. 그래서 처음 사역을 시작하던 해부터 겨울성경학교를 시작하였고, 차츰 가을성경학교, 새봄성경학교로 기회를 확대해 나갔습니다.

그건 단순히 횟수를 4회로 늘리는 것만이 아니었습니다. 비용, 헌신도, 준비, 모든 것을 4계절로 분산하는 것입니다. 주제도, 교재도, 프로그램도 다 제가 기획했습니다. 기간은 1박 2일이나 주일을 포함하여 2일이나 3일(또는 2박 3일) 정도로 기간을 정했습니다. 화려한 장식 비용은 과감하게 없애고 현수막이나 홍보비를 최소한으로 줄이고 T셔츠 등은 생략했습니다. 소요되는 경비는 프로그램 비용과 전도비, 간식이나 식사비, 간단한 시상품 비용이면 되었습니다. 분반공부는 참석이 여의치 않는 교사들이 계시기 때문에 중그룹이나 대그룹에서 진행할 수 있도록 전체 학습으로 기획했습니다.

교사들의 수고와 헌신도 4계절 성경학교로 분산시켰습니다. 4계절 성경학교는 교육의 내용과는 관련 없는 화려한 장식이나 대대적인 전도, 홍보를 과감하게 생략했기 때문에 교사들의 일이 한결 줄어들었습니다. 계절 성경학교 때면 교사들은 프로그램을 한두 가지만 맡아서 준비하고 반 아이들의 심방과 연락에만 주력하도록 했습니다.

주제는 아주 폭넓은 주제를 내세우기보다는 소폭의 주제를 선정하였습니다. 성경을 권별로 공부하거나 성경인물을 집중 탐구하는 식으로 주제를 선정했습니다. 출애굽기 탐험, 아브라함의 일생, 다니엘 캠프, 사울 왕 이야기(사무엘상), 위대한 다윗, 또는 교리 중에서 선택한 주제도 있었습니다. "함께 가요 천국", "다시 오실 예수님", "참 아름다운 세상", "예수님의 일생", "신 사도행전" 등입니다. 구원론을 위한 "나는 어린이 제자랍니다", "구원을 받았나요?" 등등.

4계절 성경학교는 교단별로 정해진 교재가 없습니다. 제가 몸담고 있는 예장(통합)교단에서는 겨울성경학교 교재와 프로그램이 매년마다 나오기는 합니다. 그러나 저는 제가 직접 주제와 프로그램을 만들었습니다. 전체 프로그램은 설교(또는 프로그램 학습)를 통한 이야기 마당이 몇 번, 주제에 맞는 찬양 배우기, 주제에 맞는 특별 프로그램, 공동체 훈련 프로그램 1-2가지, 야외 활동(주로 학습 센타나 추적놀이를 통한 주제를 심화시킬 수 있는 내용으로) 등으로 진행하곤 했습니다.

이러한 4계절 성경학교는 교사와 어린이들에게 호응이 높았습니다. 교회 안팎에서 모두 호평을 해 주었습니다. 어린이들에게는 새 친구를 전도할 좋은 기회이면서 근래 잘 안 나오고 있는 옛 친구를 다시 부를 수 있는 좋은 기회가 되었구요. 교사들도 여름성경학교만큼 집중하지 않고 부담 없이 조금씩 일을 분담하면서 시간이 나는 대로 참여할 수 있어서 좋아했지요. 제 부서에서도 이런 기회에 학교 근방과 놀이터에서 뉴스레터를 전도지로 삼아 홍보할 수 있었습니다. 그 결과 교회 주변의 평가나 학부모님들도 좋은 반응을 보여 주셨습니다. 우선 4계절 성경학교라는, 고정관념을 깨버린 시도가 신선하게 보였던 것입니다. '교육적으로 노력하는 교회', '신선한 프로그램을 진행하는 교회'라고 좋은 칭찬을 들었지요.

저는 4계절 성경학교를 하면서 주제를 연속성 있게 선정하여 균형 잡힌 교육을 시도할 수 있었습니다. 또한 여름성경학교에만 집중되던 교육적인 대홍수 사태를 4계절로 분산하는 효과를 충분히 볼 수 있었지요. 여름성경학교만큼 화려한 장식이나 넘치는 간식과 음식이나 상품이나 전교회적인 지원도 없었습니다. 그래도 아이들에게는 계절별로 축제와 같았고 기다려지는 시간들이었습니다. 이제 교회교육 프로그램도 구태의연한, 전통에만 매달려 아무 생각 없이 끌려가는 형태를 곰곰이 생각해 보아야 할 때입니다.

4계절 성경학교는 주말이나 공휴일을 이용하여 시간을 정했고, 장소도 다양하게 교회나 외부의 장소로 수련회를 떠나기도 했습니다. 교회에서 1박 프로그램이나 야외 1일 캠핑(교회 뒷산, 야외 공원에서)을 하기도 했습니다. 아이들은 이러한 간이 캠핑에 많은 호기심을 가졌답니다. 천막은 아이들이 준비하거나 대여품으로 준비하기도 했는데 도시의 아이들은 천막이라는 장치에 얼마나 들뜨고 흥분하는지 모릅니다. 조별로 식사를 해 먹고 간식도 만들어 먹고 설거지도 하고, 자연 속에서 떠들고 환성을 지르는 장면은 지금도 저에게 잊지 못할 추억을 남겨 줍니다. 아이들은 늘 편안하고 익숙했던 집을 떠나 공원이나 숲속에서 잠을 자는 것이 무척 신선하고 새로운 재미였는지 두고두고 회상하며 자랑하더군요.

계절 성경학교는 아이들에게 주기적으로 교회학교에 대한 관심과 자랑거리를 만들어 주었습니다. 학교 앞 전도나 아파트 놀이터 전도를 하러 가면 우리 교회 아이들이 이렇게 자랑하지요. "얘! 너 우리 교회에 와봐! 너희들은 여름성경학교만 알지? 우리 교회는 계절마다 1년에 4번 성경학교를 하거든. 우리 교회 같은 그런 교회 봤어? 우리는 캠핑도 가고 멀리 수련회로 떠나기도 하고 견학이나 탐방도 하고 그래! 대한민국에 가을성경학교 하는 교회는 우리 교회밖에 없거든!" 하고 자랑을 합니다.

교회학교(부서나 교사)가 아동교육을 위해 정말 노력하고 있다는 것을 학부모님이나 지역사회 주님들에게 신뢰받고 있으면 반드시 그 교회학교 아동부는 부흥합니다. 제가 그동안 사역했던 교회마다 어린이 부흥이 두 배에서 세 배까지 이루어지는 부흥이 일어났습니다. 그 배경은 엄청난 물량 공세의 전도비용과 경품 비용도, 과도한 간식 공세도 아니었습니다. 저는 이런 4계절 성경학교나 특별하고 신선한 프로그램에 더 주력을 했던 것입니다. 우리 어린이들이 마음껏 전도할 수 있는 자랑거리와 자부심을 가질 수 있는 신선한 프로그램, 새 친구들이 호감을 갖고 적응할 수 있으며 다른 교회와 차별성 있는 프로그램 개발이 부흥의 방법이었던 것이지요.

그리고 지역사회에서 인정받는 교회학교가 되려고 노력했습니다. 어머니들은 서로서로 학교에서 만나고 이웃에서 만나고 많은 정보를 나누고 평가를 하곤 하지요. 그분들이 "우리 교회가 교육적으로 알찬 교회, 어린이들을 사랑하는 교회이다. 가정에서 잘 챙기지 못하고 놓치는 것들을 잘 챙겨서 보내 준다(특별한 캠핑, 견학, 박물관이나 특이한 전시회, 특별한 문화 체험 등)."고 호감가지고 호평을 해 주었습니다.

아동부 부서는 자체적으로 노력하고, 외부에서 신뢰하고 인정해 주는 것들이 어울려서 부흥할 수 있었다고 생각합니다.

2. 왜 주일학교만 있어요?

학생들에게 물어보면 교회학교는 주일에만 열리는 학교라고 대답합니다. 즉 주일학교(Sunday School)라는 것입니다. 그래서 우리 아이들에게는 일주일에 5-6일을 나가야 하는 학교나 학원에 비해서 교회는 하루만, 한 번만 나가는 곳이라고 인식되겠지요. 혹시 상대적으로 '조금 소홀해도 되는 곳', '배울 것이 없이 그냥 나가기만 하는 곳', '빠져도 되고 늦게 나가도 되는 곳'으로 알고 있을 것 같습니다.

한 번은 어떤 아이가 이런 말을 했습니다. 주일날 아침 늦게 일어났는데 급하게 세수만 하고 나오면서 보니 가방이 여러 개 있더라는 것입니다. 학원 가방도 몇 개인데 교회 가방을 찾으려고 보니 귀찮기도 하고, 맨손으로 오긴 그렇고, 그래서 아무거나 손에 걸리는 대로 학원 가방을 들고 왔다고 합니다. 이런 아이가 실제적으로는 많지 않을지 모르지만 아이들 마음속에 교회학교가 차지하는 비중이 어느 정도인지 어렴풋이 짐작할 수 있는 이야기였습니다.

지금 교회학교 교사들은 하소연합니다. "아이들 잘 가르치고 함께 시간을 보내면서 사랑을 보여 주고 싶어도 아이들이 시간 없다고 집에 돌아가기 바쁘다." 정말 그런 현상이 많습니다. 학원의 보강, 방문과외 교사들의 보강, 심화교육들이 왜 그렇게 토요일 주말에 많이 있는지 아이들은 교회학교 예배가 끝나기 무섭게 집으로 돌아가기 바쁩니다.

아동부보다도 중고등부는 더욱 어렵습니다. 심지어는 아이들과 30분 정도만이라도 편안하게 대화를 나누고 싶어도 그럴 기회를 마련하기가 너무나 힘들다고 하소연하는 중고등부 교사를 만나기도 했습니다. 어찌 그 교사 한 분뿐이겠습니까? 교회학교의 문제점이나 개선점을 말하면 제일 먼저 교사들이 볼멘소리를 합니다. 우리라고 왜 노력하지 않느냐고, 개선하고 싶어도 아이들과의 시간이 없다고…. 현장에서 봉사하는 교사들의 애로사항을 너무나 잘 알지요. 힘들게 고군분투하는 교사들에게 우리는 진심어린 위로와 격려를 보내야 합니다.

저는 주일날 하루, 채 두 시간도 안 되는 교육 시간으로는 기독교 교육의 목적을 달성하기에는 너무나도 부족하고 불가능하다는 것을 알고 고민 끝에 개선책으로 고정관념을 깨기로 했습니다. 교육 시간과 교육 공간에 대한 고정관념의 탈피가 그 노력의 한 가지였습니다. 흡족한 분량은 전혀 아니었지만 아쉬움을 달래면서 노력해 본 것이 있습니다. 첫 번째는 가족과 함께 하는 프로그램, 둘째는 학교로 찾아가는 방문교육, 셋째는 간세대적 모임 기회의 확대 등이었습니다. 그 내용을 간단하게 말씀드리겠습니다.

① 가족(가정)과 함께 하는 프로그램을 활성화하는 것이었습니다

저는 교회학교의 교육이 주일날 오전의 예배와 분반공부에만 국한되는 것이 아님을 실천하고 싶었습니다. 그래서 온가족 새벽기도회, 절

기 때마다 가정학습지, 새벽기도회와 산책, 저녁 모임(찬양, 성경읽기, 영화 감상) 등으로 1년 동안 여러 차례에 걸쳐 주중 모임을 만들었습니다. 물론 주말마다 모이는 문화센터나 주말교실도 좋은 예이기도 하구요. 절기별이나 매월 초하루에 온가족 새벽기도회로 가족이 함께 새벽기도회에 나오게 했는데 이때는 학교 갈 준비를 하고 나오도록 해서 아침식사를 교회에서 제공했습니다.

새벽기도회가 끝나면 저학년 아이들에게는 시편말씀 교독을 하거나 찬양집회를 잠깐 하였습니다. 고학년 소년부 아이들에게는 프린트 물을 나눠 주고 성경묵상과 어린이 QT, 말씀일기를 쓰도록 하였구요. 때로는 교회 바로 옆의 공원을 걸으면서 고요한 아침의 정취를 느껴보도록 하기도 하였지요. 그런 다음에 교회에서 준비한 간단한 아침 식사를 먹고 목사님과 선생님들, 부모님들의 배웅을 받으면서 아이들은 학교로 달려 갔습니다.

절기 때(사순절, 감사절, 대림절)가 되면 저는 가정 학습지를 만들어서 가정에 보내 드렸습니다. 가정에서 가족과 함께 예배드리며 말씀 읽고 가족끼리 함께 만들기와 꾸미기 활동을 할 수 있는 가정학습지는 제가 직접 만들어 복사하거나 프린트한 소책자였습니다. 가끔은 다른 기관에서 만들어진 자료를 사용하기도 했습니다. 그 가정학습지는 절기가 끝나면 바로 제출하도록 하였고, 교회 로비나 현관에 전시회를 열어 주고 성도들의 관심어린 칭찬을 받도록 해 주었구요. 대예배 시간에는 가족 전체에게 시상품을 주며 격려하도록 했습니다.

사순절 마지막 고난주간이면 교회에서는 성인들 대상으로 특별 새벽기도회나 저녁기도회를 열어서 기도하고 말씀 묵상하는 시간을 가집니다. 저도 이때를 놓칠세라 아이들을 저녁(또는 새벽)에 모이도록 했지요. 주제별로 요일별로 찬양모임, 성경읽기(마가복음이나 4복음서 통독), 기도회, 영화 감상 등의 순서를 마련했습니다. 이때는 교사들이 기도회에 참여해야 하기 때문에 적은 소수의 인원으로 1-2명의 교사가 인도할 수 있도록 프로그램을 준비했습니다. 아이들은 부모님을 따라와서 1시간에서 1시간 30분 정도 아동부 만의 시간이나 전교인과 함께 하는 순서를 보냈습니다. 아이들은 순서의 특별함보다는 '주일 오전'의 시간대를 파괴한 '평일 야밤' 혹은 '이른 새벽'이라는 시간의 독특성에서 더 매력을 느끼는 것 같았습니다.

이제는 '교회학교 시간대의 고정관념에서의 탈피'를 놓고 진지한 고민을 해야 할 때가 아닐까요? 주일 오전 시간이 부족하다면 평일 시간을 활용할 기회를 호시탐탐 엿보며 틈새를 파고 들어갈 전략이 필요합니다. 생각의 지평을 넓히면 문제 해결의 기회는 어디에선가 매듭이 풀리기 마련입니다.

② 학교로 찾아가는 방문 교육입니다

주일날 아이들과의 시간을 갖기가 어렵다고 하셨지요? 특히 중고등부 교사들에게는 시간을 달라고 애원해도 아이들이나 부모님들이 허락을 하시지 않지요? 교사 여러분들은 더 이상 주일날에 매이지 마시고 다른 날, 평일을 기약해야 할 것입니다. 그러자면 교사들이 얼마나 더 많이 수고하고 분주해져야 할지 짐작이 됩니다. 아무런 대가도 없고, 수고했다는 칭찬도 못 받으면서, 이름 없이 드러나지 않고 이렇게 헌신해야하는 교사 여러분들에게 이런 제안을 하는 것이 미안하기도 합니다.

교사들을 생각하면 미안하고 안쓰럽고 그렇지만 어린 학생들을 위해서 이런 제안을 하게 되었습니다. 여러분, 평일에 학교로 찾아가 보십시오. 아이들과 긴 시간을 함께 하기는 어렵지만 짧은 시간, 1시간 이내의 시간으로도 정겨운 대화와 만남을 가질 수 있습니다. 이 교육은 교재와 성경을 놓고 하는 정식적인 교육이 아닙니다. 이 시간은 대화와 삶을 나누면서 인격과 인격으로 만나고 스폰지에 물이 스며들 듯이 조용히 흘러가는 교육, 잠재적인 교육이 되는 것입니다.

아동부 어린이들은 방과 후에 바로 학원 스케줄이 이어지는 경우가 많습니다. 학교에서 만남을 갖는 것이 아이들 입장에서는 방해가 될 수 있습니다. 아동부 어린이들은 학원 시간이 비슷하기 때문에 학원 시간이 끝난 후에 만나보세요. 저녁 식사 전에 학교에서나 집 근처에서 단체로 만날 수 있습니다. 시간과 장소를 사전에 약속해 놓고 정기적으로(한 달에 한 번), 비정기적으로(생일, 축하할 일, 한 턱) 기회를 만들 수 있습니다. 또는 저녁 식사 후에 이른 저녁 시간에 집근처 공원이나 어느 집 한 곳에 모여서 짧은 시간 내에 대화와 친교를 나누시기 바랍니다. 성인들의 구역 예배의 개념처럼 한두 명만 만나도 좋고, 여러 명을 함께 만나도 좋습니다. 주일날 다 못한 이야기들을 나누면서 더 깊이 알아가고 기도로 섬겨 주고 상담이나 조언을 하실 수 있습니다.

중고등부 학생들도 방과 후 학원 스케줄이 있지만 야자타임을 이용해 보시는 것도 좋을 것입니다. 교사들도 직업과 자기 일이 있기 때문에 낮 시간에 학생들을 만나기는 서로 어렵지요. 그래서 밤에 학교로 찾아가서 아이들을 만나는 것도 편할 수 있습니다. 학교 교정에서 아이들과 만나서 1시간 내외로 대화하고 빵도 먹고 그러면 좋겠지요? 때로는 말씀 나눔이나 QT 확인이나 짧은 이야기를 통해서 하나님과의 관계를 점검하거나 미니기도 모임을 해도 좋습니다. 이것도 비정기적인 만남보다는 정기적인 모임 시간을 정하고 만나면 더 좋을 것입니다.

한 선생님이 자기 반 아이들을 만나러 여러 학교를 순례하기는 참 어렵습니다. 그래서 구역장처럼 선생님들의 집과 회사의 행동반경을 고려하여 학교별 교사를 지정하는 것도 좋을 것입니다. 혹시 교회에서 먼 지역의 학교에는 학생 수가 적더라도, 한 명 정도의 교사가 장거리 출장을 갑니다. 교회 인근의 학교로서 우리 교회 학생들이 많은 경우는 여러 명의 교사들이 학년별, 남녀별 모임을 만들어서 단거리 출장을 나가는 것이지요. 교사가 이제는 출장 수업을 하러 가는 시대가 되었지요? 쓸쓸하신지요? 흥미롭다고 생각하시는지요? 그 수업은 정식적인 가르침 같지는 않지요? 관계와 만남을 통한 유대관계도 잠재적인 비형식적인 교육입니다. 이러한 방문교육은 교회 인근의 학교에서는 전도도 가능하고 학생들과 계속 유대관계를 이어갈 수 있는 장점이 있습니다.

방문 교육, 출장 수업!! 아이디어는 좋은데 우리 교사들 입장에서는 엄청난 희생이 따르는 것이지요? 저도 문제는 교사들의 열정과 헌신도에 달려 있다고 생각합니다. 그런데 제가 보기에는, 제 경험상으로는 열정은 두 종류의 샘에서 솟아 나오는 것 같더군요. 한 가지는 하나님과의 관계가 좋고 친밀할 때 하나님의 일에 대한 열정이 뜨겁게 솟아 나오구요. 또 한 가지는 하나님의 일(학생들을 섬기고 돌봄)을 열심히 함으로써 큰 보람과 감동을 받았을 때 더욱더 충성하고 싶은 열정이 솟아 나오더군요. 저는 교사 여러분들이 이 두 개의 샘에서 뜨거운 열정과 헌신을 길어 올리시는 선생님들이 되기 바랍니다.

③ 간세대적 모임을 활성화하는 것입니다

2000년부터 시작된 주5일 근무제는 한국 교회에게는 새로운 도전이면서 동시에 새로운 기회의 발판이 될 수도 있습니다. 주5일 근무제가 한국 교회에, 목회자들에게는 처음에 위기감을 가져 왔던 것은 사실입니다. 여가 문화의 확산으로 인하여 전통적인 주일 성수에 대한 정체성의 혼미 현상, 문화적 경제적 과소비 욕구로 인하여 건전한 소비 경제생활의 침체 현상, 전도의 어려움 등을 생각해 볼 수 있겠습니다. 많은 부정적인 염려에도 불구하고 이제는 주5일 근무제가 정착되는 시대에 와 있습니다.

양질의 여가 선용과 자신들에게 걸맞은 소비문화 패턴을 원하는 수많은 기독교인들에게 교회는 시대의 변화에 걸맞은 새로운 패러다임의 목회 프로그램을 제공할 의무가 있습니다. 주5일 근무제는 가족중심 생활문화의 패턴을 점점 더 강화하고 있는 추세입니다. 교회는 목회의 고정관념을 벗고 변화하는 새 시대와 사회상에 적응해야 하고 오히려 새로운 비전을 선포할 수 있어야 합니다. 이 시대를 시간적인 제약을 뛰어넘어 다변화한 목회를 이끌어 낼 수 있는 기회로 삼아야 할 것입니다.

교회는 '주일 목회'에서 '주말 목회', '평일 목회'로 시간적인 접근을 과감하게 시도할 수 있습니다. 토요일부터 주일까지 다양한 프로그램으로 신앙공동체 안에서 간세대 교육을 수행할 수 있을 것입니다. 특별한 목적의 가족연합 수련회(가족치유, 가족화합), 목적과 주제가 분명한 간세대적 집회, 2-3세대들 간의 다양한 모임, 간세대적 봉사활동이나 성경공부 모임, 취미 활동을 개발할 수 있습니다.[10]

우리는 교회교육의 시간적 제한을 뛰어넘기 위해서 생각의 지경을 넓힐 수밖에 없습니다. 교회학교도 이젠 주일학교에서 주중학교로, 주말학교로 지평이 넓어져야만 됩니다. 가정으로, 학교로, 교회적으로 다양한 시간과 기회를 제공하려는 노력 외에는 어찌해 볼 도리가 없습니다. 하나님의 지혜에 힘입어서 틈새 전략으로 파고들어서 짧은 시간에라도 끊임없이 교육을 (형식적이든, 비형식적이든) 베풀기를 바랍니다. 가랑비에 옷이 젖는다는 말이 있지 않습니까?

---

10 신현숙, 동일 논문, 11쪽.

3. 성경 말고 다른 것은 없어요?

'하나님의 말씀', '성경'에 대한 고백은 시간이 아무리 흘러도 시대가 아무리 변화한다 해도 영원토록 변함없는 기독교인의 본질이고 신앙의 근거가 되어야 할 것입니다. 저도 그러한 신앙고백은 분명하고 예수님에 대한 고백도 분명합니다. 이렇게 신앙 안에서의 성경의 중요성과 역할을 분명하게 보장한다는 전제 아래서 교회학교에서 문화적인 요소와 어린이들의 특징을 고려한 교육이 부수적으로 이루어지기를 소망해 봅니다.

기독교교육은 한 인간의 전인격적인 삶과 전 인간적인 영역을 교육의 영역 속에 다 포함시킵니다. 당연히 교회학교의 교육도 학생들의 전체 인간적인 삶의 영역과 전 인격적인 부분까지, 지성과 감성과 의지의 영역까지 다 포함하는 교육을 해야 합니다. 교회학교를 다니는 동안 학생들의 개성과 인격이 다듬어지고, 재능이 발견되어 키워지고, 공동체 안에서 사회성과 인성이 아름답게 자라나고 성숙해지는 결과가 오기를 바랍니다. 저는 어린이(학생)들이 교회학교에서 학원처럼 성경만 배우고, 성경의 인물과 스토리만 아는 것이 아니라, 다양한 재능과 개성을 꽃피우는 시간들이 되었으면 좋겠다고 생각합니다.

사회는 세분화된 전문성과 고밀도의 지식을 요구하는 시대에서 이제는 그 전문성끼리, 지식끼리 서로 통합하여 하나의 연결 체제로 가는 변화 가운데 있습니다. 이제는 교회학교도 그런 시대적 흐름을 주시해서 보면서 예측해 볼 필요가 있습니다. 그래서 예배도 간세대적 예배를 부분적으로 시도하고 있는 교회도 많아지고 있고, 분반 공부를 소그룹에서 통합그룹, 대그룹과 같은 형태로 변화를 주는 교회학교도 많아지고 있습니다.

이제는 성경공부 그룹 외에도 다양한 목적을 가진 소그룹들도 많아지고 있습니다. 선교후원, 사회봉사, 직업별 모임, 취미별 모임 등. 사회가 세분화된 기능과 지식을 통합하는 체재로 가는 것처럼 교회도 이제는 성경공부 하나만 붙들고 있을 수만 없도록 되어 가고 있습니다. 교인들의 다양한 욕구와 희망사항을 교인들로부터, 사회로부터 받고 있는 것입니다.

이러한 때에 저는 주5일 근무제를 오히려 기회로 활용해야 한다고 생각합니다. 성경공부와 다양한 재능과 취미 활동을 함께 할 수 있는 시간, 가족 중심으로 함께할 수 있는 간세대적 활동을 하기에는 주말과 주일을 연결하는 시간이 적기입니다. 이때는 꼭 교회 내부가 아니라 외부로 나갈 수도 있고, 꼭 저녁 시간까지 돌아오지 않아도 1박하고 돌아올 수도 있는 여유가 있구요. 교회에서 원하는 프로그램과 개인의 사적인 희망(저녁 외식, 가족만의 추억 만들기)도 함께 공존하여 진행할 수가 있기 때문이지요.

이러한 주말 목회, 주말 교육이나 주중 목회 프로그램에서 도움 받을 수 있는 교육이론은 "다중지능 이론"(Multiple Intelligences)입니다. 다중지능과 대비되는 지능 개념은 우리가 흔히 알고 있는 IQ 지능입니다. 1900년대 프랑스 파리의 장로들이 프랑스 심리학자인 알프레드 비네(Alfred Binet) 박사에게 의뢰하여 만들어 낸 도구가 소위 '지능검사 도구'로 널리 이름을 알린 'IQ 측정 도구'입니다. 이것은 1차 세계대전 후 널리 퍼지게 되었고 IQ 검사는 전성기를 맞았으며 인간의 실제 혹은 잠재적인 지능을 가장 성공적으로 과학적으로 측정할 수 있는 척도라고 믿게 되었습니다.

더 진보된 IQ 검사 도구 중 하나는 학업능력검사(Scholastic Aptitude Test: SAT)입니다. 이 SAT의 언어점수와 수학점수를 합하면, 시험대상자들을 한 가지 차원의 지능을 기준으로 순위를 매길 수 있습니다. 그 점수가 130이 넘으면 소위 천재아로 규정하여 천재아를 위한 특별과정에 입학 허가를 받게 됩니다.

그러나 학교에서 SAT나 IQ 같은 획일화된 필답고사로 인간의 지능과 인지능력을 파악하는 이런 입장과는 상반된 견해가 있습니다. 지능에 대한 획일적인 일차원적 개념인 IQ에 대한 불만은 서스턴(Thurstone)이나 길포드(Guilford)의 비판에서 볼 수 있듯이 오래 전부터 누적되어 왔고 하워드 가드너(Howard Gardner)의 "다중지능 이론"의 견해가 발생하게 된 것입니다. 즉 "다중지능이론"은 인간은 각각 다른 인지적인 장점과 스타일을 지니고 있다는 전제를 가지고 출발합니다. 모든 사람에게는 인지능력(인지)의 다양하고 분리된 국면이 있다는 것을 인정하며, 인간을 인지능력(수업 능력)으로만 판단하지 않고 다면적인 관점으로 보는 이론입니다.

'다중지능 이론'의 핵심은 "인간 지능의 다원성"이며 개인마다 지니고 태어나는 지능의 구성(profile)이 다를 수 있으며 그를 바탕으로 개개인마다 다른 지능이 계발된다고 생각합니다. 지능이란 가공되지 않은 상태의 생물학적 잠재력이며 대부분의 사람들은 여러 가지 지능들이 복합적으로 조화되어 문제를 해결해 나가고 그 문화에 맞게 적응하여 각자의 천직을 수행하게 됩니다. 다중지능 이론의 과정과 목적은 학생 개개인을 중시하는 개인 중심주의 교육이며, 개인의 능력과 소질을 잘 판단하여 길러 주고 학습 자료와 학습 방법을 제공해 주는 개별화된 교육이지요.

현재 우리 사회는 세 가지 편견, 소위 '서구 지향주의', '시험 지향주의', '최고 지향주의'에 고통 받고 있다고 해도 과언이 아닙니다. 이러한 사회는 결국 경쟁주의를 부추기고 있는데 교회교육에서는 '다중지능 이론'을 매개로 하여 서로 개인차를 인정하며 서로 돕고 보완하는 평화 공존주의의 교육을 펼칠 수 있습니다.

종래의 지능 개념이 주로 학교 상황에서 요구되는 논리력, 기억력, 언어력 등의 인지 능력만을 강조하고, 학교 밖의 현실 세계에서 가치 있게 여겨지는 다른 능력들을 무시한 것에 대한 반성에서 비롯된 것이 다중지능 이론입니다. 지금까지 연구되고 체계화된 다중지능은 일곱 가지인데 이 일곱 가지는 언어적 지능, 논리—수학적 지능, 공간적 지능, 음악적 지능, 신체—운동적 지능, 대인관계 지능, 개인이해 지능입니다. 그러나 다중지능은 앞으로 더 세분화될 수도 있습니다.[11]

---

11 Howard Gardner, 김명희 이경희 역, 『다중지능의 이론과 실제』, 양서원, 2001년, 25–34쪽.

최근의 지능 개념은 이제는 적성과 재능으로 개념이 확산되고 있습니다. 즉 학업 적성 이외에도 창의성, 사회적 능력, 예술적 재능, 정서 이해 및 표현능력, 도덕성, 성격 및 동기 등을 포함시켜 확장되며, 현실 세계에서의 수행 능력과 밀접하게 관련되는 특성을 띠고 있습니다. 이러한 반성은 기독교 교육, 교회교육에서도 이루어져야만 할 것입니다.

학습자의 정서를 중시하는 기독교 교육, 학습자의 삶과 실천을 중시하는 기독교 프락시스 교육(현장성) 등 다양한 차원에서 종합적이고 전인적인 교육이 이루어져야 할 것입니다. 교회교육은 다중지능 이론에 근거하여 학생들의 지능이 균형 있게 계발되도록 돕고 지원을 아끼지 말아야 합니다. 하나님은 각자를 각각 다르게 창조하셨고 각자에게 주어진 특성을 통하여 영광 받으시기를 원하셨습니다.

이 다중지능 이론을 쉽게 적용하는 방법은 두 가지입니다. 학습 활동 이후의 후속 프로그램에서 사용할 수 있는 방법으로는 글짓기, 그림 그리기, 음악활동, 야외 추적놀이나 학습센터 등이 있구요. 또 한 가지는 요즘 많이 진행하고 있는 주말교실, 일명 어린이 문화센터 같은 곳에서의 강좌개설에 이 다중지능 이론을 적극 도입해 보시기 바랍니다. 그러면 학습 효과와 더불어 개인의 특기와 적성을 발견하고 적극 키워나갈 수 있을 것입니다.

어린이 문화센터나 성인 대상 문화센터는 다중지능 이론을 발달시킬 수 있는 과목을 많이 개발하시기 바랍니다. 한 가지 지능만 집중적으로 키워 주는 과목이 아니라 여러 가지 지능을 복합적으로 개발하고 확인할 수 있는 과목도 개설해 보시기 바랍니다. 예를 들어 운동 스포츠 교실에서 미니 마라톤과 줄넘기, 구기경기를 혼합하여 배운다든지, 교실에 앉아서 배우는 고정형에서 벗어나 매주 등산과 야외탐방 프로그램과 글짓기나 그림그리기 등을 병행하는 과목도 개설되면 좋겠지요. 운동은 다 신체-운동적 지능이라고 생각하기 쉽지만 구기경기는 개인이해 지능과 대인관계 기능, 또한 글짓기가 언어적 지능에 속한 영역이라면 등산과 야외탐방은 공간적 지능과 대인관계 지능에 관계된 영역입니다.

무엇을 배우기 위한 과목이 아니라 단체 경기나 단체로 하는 내용으로 아이들이 즐기면서 놀면서 협동하면서 자신들의 능력과 특기와 사회성을 훈련할 수 있는 과목도 좋습니다.

4. '글로벌'이 먼데요? 어떻게요?

　　몇 년 전부터 교회학교에도 거대한 열풍이 불어왔습니다. 그건 영어 교육이었습니다. 몇 몇 교회들이 선도적으로 시작한 영어 예배의 열풍은 곧 다른 교회들로 급속도로 퍼져 나갔습니다. 사회적으로 기업과 단체들이 국제화의 열풍에서 영어의 필요성을 절감하고 영어 잘하는 직원을 우대하기 시작하더니 그 여파는 곧 정규 교육으로 밀려왔습니다. 정규 교육을 담당한 공교육도 이 지구촌의 흐름을 간파하고 이와 추세를 같이하여 교육 과정에 영어 수업 시간을 늘이고, 초등학교에서조차 국어 못지않은 비중으로 영어교육을 강화하기 시작했습니다. 나라의 교육 정책은 외국어고등학교를 신설, 확대하는 등 점점 영어 교육이 갈수록 강세를 더했습니다. 여기에 부지런히 발맞추어 뛰는 사교육의 학원들도 정신없이 "영어 따라잡기"에 춤추듯이 움직였습니다. 이제는 그 파도가 교회학교로 밀려왔습니다. 드디어 올 것이 온 것 같습니다.

　　영어 교육을 시도하는 한 교회에서 낸 교역자 청빙 광고 중에 영어를 잘하는 교역자를 초빙하는 내용을 보았습니다. 다른 것이 다 부족해도 영어 한 가지만 어느 정도 구사하면 아주 당당하고 쉽게 교역자로 청빙 받을 수 있을 것 같았습니다. 일반 기업에서 다른 능력이 부족해도 외국어 능력이 탁월하면 입사가 쉬운 것처럼, 이제는 교역자도 사회처럼 외국어 능력에 따라 우대받고 청빙을 선점하는 특별한 조건이 되는 것 같았습니다.

제 생각이지만 교회학교의 영어 열풍은 세 가지 면에서 기인했던 것 같습니다. 하나는 선교에 대한 교육이며 또 하나는 일반 사회의 필요에 부응한 것 아니었을까요? 영어 교육에 대한 부모님들의 열정과 관심을 교회에서도 수용한 것처럼 보입니다. 또 하나는 뭔가 시대를 앞서가려는 도전정신과 개척정신이 있는 교회에서는 영어를 이용한 프로그램으로 전도와 부흥에 접근하고 싶었을 것입니다.

어찌 됐든 교회학교에서 영어를 도입한 프로그램을 한다는 것은 좋은 일입니다. 우리의 복음과 기독교는 탄생부터 한 곳에 머무르지 않고 계속 확장되고 퍼져 가는 생명의 역사였습니다. 복음은 '예루살렘과 유다'에 머물러 있기를 좋아하는 안일주의가 아니었지요. 끊임없이 땅 끝까지 뻗어 나가려는 복음의 전파력과 생명력이 있는 한, 우리 한국교회도 언제까지나 대한민국 영토 안에서만 머물러 있을 수는 없으니까요.

그런데 왜 저는 이상하게도 사교육의 현장을 고스란히 교회로 옮겨 온 것 같다는 느낌이 드는지 모르겠습니다. 저는 그동안 사역했던 교회에서 한 번도 영어 예배나 영어 프로그램을 해 보지 못했습니다. 물론 여건이나 담당할 교사가 없어서 못했던 것이지요. 그렇지만 영어 예배를 드리는 교회도, 영어로 성경공부를 하는 교회도 몇 군데 살펴보기는 했습니다. 제가 많은 교회를 주의 깊게 다 살펴보지는 못했지만 두 가지 아쉬운 점도 있었습니다.

물론 영어교육을 이용한 프로그램들이 갖는 장점들이 많이 있겠지요. 원래의 목적이 어떠했는가, 그 목적에 충실했는가를 보면 나름대로 매우 좋은 장점이 있겠지요. 저는 교회 안에서 영어 교육의 열풍이 더 긍정적으로 발전하기를 바라는 마음에서 이런 의견을 피력합니다. 이런 아쉬움이 잘 보완되어 더 알차게 영어 교육 프로그램으로 다듬어졌으면 합니다.

아쉬운 점 한 가지는 영어를 이용한 프로그램에서 목적과 방향성이 분명하지 않은 것 같다는 점이었습니다. 주변의 교회들보다 앞서 나가는 차별화 전략으로, 전도용으로, 어린이들의 흥미와 관심을 끌기 위해서 영어 예배를 진행하는 것 같았습니다. 그렇다면 영어 보습학원과 교회 영어 프로그램이 무엇이 다를까요? 겉모습만 영어 예배라고 되어 있기 때문에 차별화라고 말할 수 있을까요? 영어 교육을 하지 못하는 다른 교회에 비해서 우월성을 갖거나 자랑거리로 전락하게 된다면 더욱 쓸쓸한 느낌이 듭니다.

두 번째, 저는 이 영어 교육 열풍이 교육의 기능적인 면만 담당하는 것이 되지 않기를 바랍니다. 영어 단어 몇 개, 문장 몇 개, 주기도문이나 사도신경을 영어로 외웠다고 자랑하는 정도로 만족해서는 안 될 것입니다. 읽고, 외우고, 반복하여 말할 수 있는 그런 기능은 일반 공교육에서도 사교육기관에서도 다합니다. 저는 기능이 문제가 아니라 영어를 이용한 국제화, 세계화, 복음전도에 대한 마인드를 얼마나 심화시킬 수 있을지를 깊이 생각해 보았으면 좋겠습니다. 영어 문장과 단어를 얼마나 외우고 익혔는지, 영어 예배나 프로그램에 어색하지 않게 진행에 따라올 만큼인지, 단지 어휘 실력의 향상에 만족하지 않았으면 좋겠습니다.

교회에서 영어 예배를 오랫동안 드리면서(단 한 번을 드리더라도) 어린이들이 세계 전도에 대한 꿈을 꾸고, 할 수 있다는 자신감을 갖게 되기를 희망합니다. 아직도 복음을 모르는 지구촌의 다른 나라에 대한 안타까움을 느낄 수 있기를 희망합니다. 외형적으로는 영어를 이용한 프로그램이지만 내면적으로는 하나님 나라 백성으로서 원대한 꿈을 가질 수 있기를 희망합니다. 영어 프로그램 기획자와 진행자들은 단순한 언어 교육이 아니라 신앙교육의 일환으로서 접근했으면 좋겠습니다. 이 목적을 깊이 보고 넓게 설정하고 관련된 내용들을 폭넓게 보완하려는 노력이 장기간으로 계획되어지기를 바랍니다.

최근에 영어권 나라로 선교 여행을 가는 교회도 많아졌습니다. 청년 수련회 프로그램으로 자주 애용되던 선교여행이 이제는 중고등부뿐만 아니라 아동부의 고학년 어린이들도 가끔 선교여행을 떠나는 것을 보았습니다. 어려서부터 전 세계를 품게 해 주겠다는 의도와 목적은 대단히 좋습니다. 그 목적만큼 더 세밀한 배려가 있었으면 좋겠다는 생각도 해 봅니다.

어린이들은 외부 세계에 대한 관심은 지대하지만 비교 기준이 아직도 현저히 자기중심적입니다. 우리나라의 문화와 생활수준이 비교의 기준이 되어 버릴 수 있다는 것이지요. 어린이들은 역사와 문화에 대한 깊은 통찰력을 갖는 것도 어렵고 우리보다 못한 미개발국, 후진국의 상황을 가슴으로 이해하기에는 조금 부족한 면이 있습니다. 그래서 충분한 사전 학습과 사전 이해가 없이 선교여행을 떠나면 자칫 선교여행도 아니고 관광여행도 아닌 목적이 모호한 여행으로 그칠 염려도 조금 있습니다.

실제로 선교여행을 다녀온 어느 교회 어린이들의 소감문은 어른들의 기대를 와르르 무산시켜 버렸습니다. 어린이들은 낙후된 그 나라의 현실을 가슴으로 선교의 심장으로 이해하지 못했습니다. 그리고 우리나라에 대한 우월성만 잔뜩 가지고, 그 나라의 문화와 백성들을 멸시하면서, 심지어 다시는 그 나라에 가지 않겠다는 등, 기대와는 다른 소감문을 적어냈다고 합니다. 사전에 충분한 교육이 이루어지지 않았던 결과라고 보여집니다. 왜 그런 나라에 선교사들과 어린이들이 갔어야 했는지, 그 나라를 불쌍히 여기고 도와주고 싶은 마음이 생기도록 했어야 했는데 말입니다.

선교여행을 다녀와서도 다녀옴 그 자체로 끝나 버리면 안 됩니다. 꾸준하게 선교지와 연락하고(메일로, 채팅으로, 우편으로) 선물도 보내고 관계를 계속 유지하는 것이 좋습니다. 부활절이나 성탄절에 선물이나 카드도 보내고 필요한 물품을 모금해서 보내 주는 후속 조치도 필요하고, 선교사가 소개한 그 나라 교회 어린이들과 계속 정이 오고 가도록 관계를 맺어야 선교 여행의 여운이 남아서 교육적으로 의미를 얻을 수 있을 것입니다.

선교여행을 가지 못해도 세계화, 국제화 교육을 교회 안에서 시도할 수 있습니다. 영어권 지역에 사는 어린이들, 영어권 나라에 흩어져 사는 한국인 교포 어린이들(디아스포라)들과 화상채팅(영상통화)을 하거나 메일로 대화하고 우정을 나눌 수도 있습니다.

저도 최근에 알게 된 무료 영상통화 사이트가 있습니다. 이 사이트(www.skype.com)를 통하여 외국에 있는 교포 자매들과 연락을 하면서 영상통화라는 신기한 경험을 했지요. 실시간으로 화상채팅이 가능한데 물론 그쪽 나라 시간과 우리 나라 시차를 고려할 필요는 있습니다. 컴퓨터 화면에 상대방의 얼굴이 그대로 뜨고, 배경도 다 보이고, 음성도 잘 들립니다. 컴퓨터에 달기 위한 소형 작은 카메라를 구입하여 설치하고 이 사이트에 가입하면 무료로 화상채팅을 실시간으로 얼마든지 할 수 있습니다.

교회에 빔 프로젝트가 있다면 연결하여 큰 화면에서 상대방의 얼굴을 더 크게 볼 수 있고 여러 사람이 함께 볼 수도 있지요. 반대로 그쪽에서는 제 얼굴을 컴퓨터 화면에서 보면서 통화할 수 있구요. 그쪽에서도 제 얼굴을 크게 보기 원하면 빔 프로젝트와 연결하면 되구요. 영상 통화 도중에 원하는 사진자료나 문서도 첨부해서 바로 보내 주고, 바로 받아서 제 화면에 띄워서 볼 수도 있습니다.

교회에서 이런 영상통화(화상채팅) 사이트에 가입하여 활용해 본다면 좋을 것 같습니다. 한인 교포들의 교회와 연결하여 디아스포라 이민 2세나 3세 자녀인 어린이들과 우리 나라 어린이들이 주일 오후에 실시간으로 통화할 수 있도록 합니다. 서로 화면으로 얼굴을 보면서 음성을 들으면서 영어로 대화를 나누게 하면 좋겠지요? 그 나라 소식, 그쪽 교회 소식도 듣고, 만나고 싶은 사람도 컴퓨터 앞으로 불러오게 해서 인터뷰도 하고…. 그렇게 실시간 영상통화로, 영어로 대화하다 보면 세계화, 국제화 교육은 저절로 되는 것이 아닐까요?

세계화, 국제화 교육은 글로벌 시대를 사는 우리 어린이들에게는 꼭 필요한 교육입니다. 이제는 대한민국 국민으로서의 공간적인 장벽을 넘어서 세계 시민, 세계 국민으로서의 개념을 가지고 전 세계 사람들과 함께 살아가야 할 시대입니다.

국제화 교육이 단순히 언어를 통한 영어 교육 프로그램이나 일회성으로 훌쩍 떠났다가 돌아와서는 기억에 묻어 버리는 선교 여행 같은 프로그램만으로는 충분하지 않습니다. 꾸준히 장기적으로 계획하고 장기간 진행되는 프로젝트가 되어야 할 것입니다. 그래야 비로소 세계화, 세계 시민으로서의 글로벌 대책이 교회 안에서 무르익게 될 것이라고 생각합니다.

제6장
사회성 쑥쑥 키우기, 쑥쑥 자라기

우리 나라는 최고 지향주의에 대한 열풍이 꺼질 줄 모르고 불타고 있습니다. 한때 유행에 그칠 줄 알았던 특목고와 외고 입시 열풍이 지금도 여전히 학부모님들 사이에서 끈기 있고 뜨겁게 열정의 대상이 되고 있습니다. 최상위 계층에서 살기 위해서는 특목고와 외고를 다녀야만 접근이 쉽고, 선별적으로 선택된 그런 학생들 그룹에서 놀아야 최고가 될 수도 있고, 그래야 나중에 쉽게 특권 계층에 올라서게 될 거라는 기대심리와 믿음이 있는 것인지도 모릅니다.

작년에는 심지어는 서울 강남의 초등학교 학생들에게 리더십을 가르치고 훈련하는 학원이 있다는 것을 방송에서 보고 놀랐습니다. 리더십은 선천적으로 타고나는 능력이 우선입니다. 여기에 후천적으로 환경과 교육과 훈련의 영향이 가미될 수는 있습니다. 그런데 이것을 어려서부터 학원에서 교육하고 훈련한다니 놀라운 일이 아닐 수 없습니다. 결국 이런 현상도 특권층이 향유할 수 있는 온갖 권세와 행복을 다 누리기 위해서 준비시킨다는 것이 엄마들의 속 깊은 이유겠지요.

그러면 기독교에서 말하는 리더십은 뭘까요? 일반 사회는 피라미드 형 사회구조에서 상위 계층으로 갈수록 권력과 지배의 욕망을 만족시키며 향유할 수 있다고 보는 리더십입니다. 세상은 위에 앉아서 아래를 향하려는 리더십이라면 기독교는 정반대입니다.

기독교는 리더십만이 아니라 멤버십도 중요하게 생각합니다. 한 사회, 한 민족, 한 나라의 구성원으로서 개인이 하나님의 백성으로서 할 역할과 자기 몫이 있으며 그 역할을 잘 담당하는 길이 다른 사람을 돕는 길이라는 것입니다. 하나님은 한 개인과 한 공동체를 동일한 비중으로 생각하십니다. 아담 한 사람 때문에 이 세상에 죄가 들어왔듯이, 예수 그리스도 한 사람 때문에 모든 사람이 의인이 되어 새 생명을 얻게 되었듯이, 하나님은 한 사람의 삶과 영향력을 귀하게 생각합니다. 사람의 영향력은 관계 속에서 펼쳐집니다. 그것은 멤버십과 리더십으로 나타납니다. 그래서 멤버십은 곧 리더십이 되기도 하고 리더십은 곧 멤버십이 되기도 합니다.

1. 멤버십은 기초부터 튼튼하게

어린이들과 수련회나 캠프를 다 끝내고 돌아올 때 소감을 말하게 하면 여지없이 이런 말들이 나옵니다.

"서로 협동해야 하고 말을 잘 들어야 한다. 서로 양보할 줄 알아야 한다. 한 사람이라도 자기 멋대로 행동하면 조의 화목이 깨어진다는 것을 느꼈다. 짜증나더라도 참아야 하는데 못 참는 애들 때문에 마음이 상했다. 조장을 잘 만나야 한다. 조장이 잘 해야 한다. 잘 돕고 협조하는 친구(동생)들에게 고마웠다. 우리도 어른 없이 무슨 일을 만나도 할 수 있다는 자신감이 생겼다."

어린이들은 그런 시간들을 통해서 팀워크와 더불어 멤버십의 중요성에 눈을 뜨게 됩니다. 자연스럽게 공동체 안에서 개인의 책임이 얼마나 중요한지, 팀워크와 리더십에 대한 것을 저절로 깨닫게 됩니다. 단체 생활에서 언어나 행동과 관련된 규칙과 질서를 배워가게 됩니다. 어린이들 스스로도 인성교육의 중요성도 알게 되는 것 같습니다. '욕하지 말아야 한다. 짜증내지 말아야 한다. 개인적이고 이기적인 행동이 불편하다' 등등.

이 6장(場)에서 저는 어린이들(학생들)의 사회성에 대한 것, 리더십과 멤버십에 대하여 함께 생각해 보고자 합니다. 저는 이 두 가지, 리더십과 멤버십에서 중요한 덕목이 '본보기' 라고 생각합니다. 그 '본보기'의 하나는 영성이고 하나는 인성입니다. 영성이 하나님과의 관계를 유지하는 신앙윤리라고 한다면, 인성은 사회 속에서 다른 사람과의 관계를 유지하는 개인 윤리라고 볼 수 있습니다. 하나님과 조화롭고 평안하고 친밀한 관계를 유지하는 것이 영성이라면 사람들과 조화롭고 평안하고 친밀하고 화목한 관계를 유지하는 것은 올바른 인성입니다. 그래서 기독교교육은, 또한 교회교육은 영성교육과 인성교육을 둘 다 중요하게 생각하고 나아가야 할 방향이지요.

요즘 교회 안팎에서 "요즘 아이들 버릇없다. 어른 공경할 줄 모른다. 자기밖에 모른다. 예의나 존경은 찾아보기 어렵다. 요즘 아이들 겉으로는 온순하게 보여도 속속들이 보면 말이나 행동이 너무나 거칠다. 무섭다. 주변을 돌아볼 줄 모른다." 등등의 부정적인 이야기가 많습니다. 이런 부정적인 말들을 들으면 정말 책임이 막중하다는 생각이 듭니다. 사실 저도 현장에서 확인하는 바이지만 요즘 아이들의 감정, 정서, 자기표현, 강하고 거친 태도, 완강함, 고집, 기호에 대한 단호한 태도(좋고 싫음) 등을 여실히 느끼고 있습니다. 때로는 주일날 한 번 바로잡고 수정해 준다고 '과연 이것이 유지될 수 있을까?' 하는 회의에 젖기도 합니다.

그러나 물 한 방울씩 꾸준히 붓고 부으면 물 한 동이가 차듯이, 가랑비에 옷이 젖듯이, 천리 길도 한 걸음부터 시작하듯이 꾸준히 성실하게 가르칠 수밖에 없습니다. 얼굴을 대할 때마다, 시간 날 때마다 가르치며 모범을 보일 수밖에 없습니다. 아이들에게 영성과 인성에 대해서 가르치기 전에 교사가 먼저 그런 삶을 살아야 한다는 것은 더 이상 재론할 필요가 없겠지요. 어린이들은 안 보는 것 같아도, 무심히 흘려보내는 것 같아도 교사의 삶을 지켜보며 평가합니다.

아이들 입에서 "우리 선생님은 진짜로 예수님을 만난 사람 같아. 나도 선생님처럼 진짜로 예수님을 믿고 싶어요.", "혹시 우리 선생님은 가짜 아니에요? 그냥 교사하는 것 같아요. 전도사님만큼, ○○ 선생님만큼 신앙심이 깊지 않은 것 같아요. 내년에는 믿음 좋은 선생님에게 배우고 싶어요." 이런 반응이 나옵니다. 아이들의 반응과 평가는 어떤 때는 등골이 서늘할 만큼 무서운 평가일 때도 있답니다. "우리 선생님 행동은 좀 조폭을 닮은 것 같아. 걸음걸이가 꼭 누구를 닮았지? 우리 선생님 농담 따먹기하고 개그맨 흉내나 내는 것 좀 웃겨. 그렇게 안 해도 우리랑 친할 수 있는데. 우리 선생님 말로는 예수님 잘 믿는다고 하는데 공과공부 가르칠 때 보면 확신 없이 그냥 대충 가르치는 것 같아. 자기도 잘 안 믿는 거 아냐?" 우리 교사들 뒤편에서 아이들이 이런 말을 소곤대고 있다고 생각해 보셨나요?

교사들이 본보기를 보여 주지 않으면 영성과 인성교육은 말로만 외치는 공허한 메아리가 되어 버립니다. 교사들의 진정에 찬, 진실에 찬 교육이 아니면 우리 교회학교 교사들은 학교나 학원의 교사들보다 훨씬 더 못한 위치에 서게 됩니다. 우리들이 일반 사회의 교사들보다 더 나은 것은 복음에 대한 진리와 진리 위에 세워진 영성과 인성의 모범이 되는 길뿐입니다.

어린이들의 영성과 인성 교육 부분에서, 또 멤버십과 리더십의 사회성 훈련에서 제가 여러분에게 말씀드리려는 부분은 인성교육과 생활교육입니다. 저도 역시 많은 시행착오도 있었고, 지나놓고 보면 아쉬운 부분이 많았습니다. 제 삶도 어린이들 앞에서 여지없이 드러났을 텐데 과연 본보기로서 부끄럼이 없었을까요? 그런 부끄러움과 아쉬움에도 불구하고 제가 제 노력을 공개하는 것은 제 경험들 안에서 여러분들이 조그만 힌트라도 얻으실 수 있기를 바라는 마음에서입니다. 한 교역자가 어린이들의 영성만이 아니라 인성교육에 대해서 어떤 노력을 기울였는지를 보시고 도움이 되셨으면 합니다.

① 제가 교회에서 많이 시도했던 것은 언어의 순화였습니다

말은 생각을 담는 그릇이라고, 말은 행동을 이끄는 지팡이라고 자주 말해 주었습니다. 부드럽고 순한 말, 정직하고 진실한 말에 대해서 설교도 하고, 아이들과 대화할 때 수시로 바로잡아 준 항목이기도 했습니다. 저 자신도 아이들에게 바른 말, 부드럽고 인격적인 말, 진실한 말을 하려고 많이 노력하고 조심하기도 했지요.

아이들에게 "그러지 마! 그렇게 하면 안 돼!"라고 가르치는 데에서 그치지 않고, 제가 아이들의 말을 교정해 주고 여러 번 반복해서 말해 보도록 합니다. 그러면 그 주위에 있는 아이들에게도 덩달아 교육이 되고 함께 교정이 되는 시간이 됩니다. "그럴 땐, 지금은 이렇게 말하는 것이 좋단다. 한 번 따라 해 볼래? 네가 이렇게 해 주면 나는 기분이 좋을 것 같아." 한 번은 제가 사역하던 교회가 주변 환경이 조금 안 좋다 보니 거친 아이들도 거친 어른들도 많았습니다. 교사들도 아이들도 환경의 영향인지 어찌나 거칠게 무식하게 말을 하는지요. 그래서 나중에는 작정하고 벽 게시판에 큰 글씨로 좋은 말, 아름다운 말 20개의 목록을 아예 적어 놓았습니다. 1년쯤 아이들에게 반복적으로 주입하다 보니 암기의 효과가 서서히 나타났습니다.

② 멤버십을 위해서 꼭 지켜야 할 행동규칙을 정했습니다

사역하던 한 교회에서는 아동부의 행동 규칙이 다섯 가지였습니다. 그 다섯 가지는 이런 것이었습니다. '교회 어른들에게는 무조건 배꼽인사를 드린다. 교회 오면 제일 먼저 기도한다. 신발장에 자기 신발을 잘 넣는다. 친구들과 사이좋게 지내며 좋은 말을 사용한다. 교회 주보는 잘 챙겨서 가방 속에 넣어간다.' 예배 후의 광고 시간에 매 주일마다 빠지지 않고 큰 소리로 따라 외치게 하고, 스스로 잘하고 있는가를 점검하게 하고, 잘하는 아이들에게는 달란트로 보상을 했습니다.

교회 오면 아이들이 왜 그리 신발장에 신발을 안 넣는지 신발장 앞에는 수북하게 쌓인 신발더미가 장관이었지요. 이 행동규칙을 주일마다 외치면서 그런 현상이 사라졌습니다. 또한 아동부실 안에 쓰레기처럼 널려 있던 주보들이 사라지기 시작했습니다. 주보를 받으면 자기 이름을 써 놓으라고 제가 고도의 심리작전(이름을 적으면 함부로 못 버리고 가겠지요? 버리고 가면 전도사님이 체크할지도 모르지요?)을 펼쳤기 때문이었을까요? 교회 어른들에게 배꼽인사하고 칭찬받는 재미에 맛들인 아이들은 아주 열심히 인사하는 습관이 생겼답니다. 친구들과의 관계에서 사이좋은 말을 하고 제게 와서 신고하면 달란트를 주었더니 좋은 말, 나쁜 말을 신고하는 아이들 때문에 제가 하루 종일 매우 바쁘게 되었습니다. 교회 오면 제일 먼저 기도하기는 앞장(4장 3)에서 말씀드렸기 때문에 여기에서는 생략합니다.

이러한 것들이 아무 것도 아닌 것 같지만 이런 훈련을 통해서 남들을 불편하게 하지 않고, 남들을 편하게 해 주고, 행복하게 해 주는 것들에 대한 훈련입니다. 이러한 생활 습관과 매너는 일종의 사회성 훈련으로 멤버십을 강화하는 훈련이 되는 것입니다. 개인의 역할과 몫을 다함으로써 남들에게 불편함을 끼치지 않고, 남을 도와주는 습관이 되는 것이지요.

③ 어린이들에게 멤버십을 훈련하는 방법 중 하나는 책임감입니다

저는 어린이들에게 책임감을 키우기 위하여 약속의 중요성과 주도성을 심어 주었습니다. 책임감 부분에 대해서는 어린이들에게 "말한 것을 책임진다. 맡은 것은 책임지고 완수한다."는 것을 심어 주려고 노력했습니다. '예배 시간에 순서를 담당한 어린이들에게 그 주일날은 10분 일찍 오고, 가장 좋은 옷과 태도로 온다는 것을 계속 강조했습니다. 순서나 역할에서 일방적인 임명이나 지명보다는 가능하면 아이들이 스스로 자원하게 하는 방법을 많이 사용했습니다. 그리고 자원한 것에 대한 책임을 져야 하고, 다른 일이나 더 좋은 스케줄이 있어도 약속을 꼭 지켜야 한다는 것을 강조했습니다.

저 또한 아이들에게 저 자신이 약속을 철저하게 지켜 나가는 것을 보여 주려고 애썼습니다. 그래서 제가 사역한 교회에서 아이들과 교사들에게서 "전도사님은 말한 것은 꼭 지키려고 노력한다. 약속을 중요시한다."는 평을 받는데 이건 그런 약속과 책임을 통해서 하나님의 신실하심을 몸으로 행동으로 가르쳐 주고 싶었기 때문입니다.

멤버십에서 중요한 덕목 중 하나는 신뢰성 부분이기 때문에 책임감과 약속을 중시했던 것입니다. 내가 남을 신뢰할 수 있어야 하고 남이나를 신뢰할 수 있어야 하는데, 이는 책임감과 약속이행으로 표현되어야 한다고 생각했던 것입니다.

④ 멤버십을 훈련하는 방법 중 하나는 의무에 대한 것입니다

저는 어린이들에게 의무에 대하여 일단 순종을 강조했고, 무조건 "네, Yes."라는 대답을 하도록 반복시켜 주었습니다. 예배 시간의 행동 규칙, 분반공부 시간의 올바른 행동에 어긋날 때는 꾸중을 하기도 하고 칭찬을 통해서도 바르게 가르쳐 줄 때가 있는데요. 그럴 때에 아이들이 장난으로라도 청개구리처럼 "아니요."를 연발하지 않도록 했습니다. 하나님에 대해서 그렇게 망령된 말이나 장난의 말을 할 때, 예배를 함부로 드릴 때, 바르게 가르쳐 주었는데도 일부러 장난치고 말을 듣지 않을 때 저는 단호하게 아니라고 말해 주었습니다. 말로 행동으로 "네, Yes. 이렇게 하겠습니다."를 시인하도록 분명하게 말해 주고 행동하게 했습니다.

주일날 한 번의 가르침과 꾸중과 권면이 바로 효과가 나타나는 것은 아니지만 그 아이뿐만 아니라 주변의 아이들에게도 미치는 교육의 효과는 컸습니다. 지도자가 꾸준히 일관성을 가지고 동일한 사례에 동일한 반응을 보이면 아이들은 그렇게 길들여져서 익숙해져서 따라옵니다. 장난은 장난으로, 진지할 때는 진지함으로 분명한 태도를 보여 주면 아이들은 곧 무엇이 올바른 것인지, 어떻게 해야 하는 것인지를 분별하게 됩니다.

⑤ 멤버십 훈련하는 방법 중 하나는 자기 권리와 표현 능력입니다

아주 나이가 어린 유치부나 유년부 아이들에게는 전체적으로는 광고를 통해서, 개인적으로 상황에 따라서 일대일로 자기주장을 하는 방법을 가르칠 수 있겠지요. 그러나 초등부 이상 소년부 아이들에게 저는 회의 체제를 만듭니다. 전체 아이들이 다 참석하든지 대의원제로 하든지 희망하는 어린이만 참석하든지 해서 한 달이나 두 달에 한 번 회의를 엽니다. 한 교회에서는 1학기, 2학기별로 아이들을 대상으로 평가회를 열어 본 적도 있습니다.

회의 시간에는 저나 총무가 준비한 안건을 놓고 참석하는 어린이들이 의견을 나눕니다. 저는 올바른 회의 진행법에 대해서 어린이들의 발언을 수정해 줍니다. 타인을 비난하지 않고 공격하지 않으면서 자기주장을 하는 방법, 동의나 제청을 통해서 의견을 수용하고 다수결의 원칙에 동의하는 것, 자기 의견이 받아들여지지 않아도 수용하고 양보하는 것들, 회의의 말투, 말하는 방법 등을 가르쳐 주지요. 아이들이 때로는 서로 욕하고 장난으로 조롱하고 고함을 지르고 토라지기도 합니다. 이럴 때 교사와 제가 중재와 다스림을 담당합니다.

아이들의 의견 중에서 수용할 만한 것은 수용하고 결과를 통보해 주었습니다. 간식 메뉴 변경, 갑자기 가고 싶은 견학이나 영화 관람 등, 어떤 때는 어린이들이 회비를 스스로 너무나 낮게 정해서 당황하기도 했습니다. 예배실 청소 당번, 예배 도우미 당번 세우기 등도 어린이들의 제안에 따라, 방법도 그들의 의견대로 결정하고 시행했습니다.

한번은 한 학기 동안 모은 불우이웃돕기 성금을 어디에 보낼 것인지 안건에 붙였습니다. 저는 예시로 몇 군데 구호단체를 설명해 주었습니다. 저는 '월드비전'에 보내고 싶어서 은근히 유도하고 선전하고 바람을 넣었건만 아이들은 다른 단체에 보내기로 결정을 했고 그래서 아이들의 뜻에 따랐습니다. 여름성경학교 티셔츠 남은 것을 어떻게 할 것인가 하고 안건에 붙이면서 교사들은 은근히 한 농촌 교회에 보내고 싶어

했습니다. 그런데 엉뚱하게도 아이들의 의견은 "우리(교회) 돈으로 샀으니 우리 교회 아이나 어른들이 가져가는 것이 좋다."고 결정했습니다. 그래서 마음에 들지 않는 결정이지만 할 수 없이 주일날 아무나 가져가고 싶은 대로 더 가져가라고 공짜 파티를 했습니다. 항상 아이들의 의견과 결정대로 시행하는 것은 아닙니다. 때로는 수용거부, 더 오랜 시간 의논, 전도사님의 결정대로 등등으로 결론이 나기도 합니다.

제가 이런 회의 체제를 통해서 아이들에게 심어 주고 싶었던 것은 의사 표현과 권리 주장을 제대로 하는 것이었지요. 사회 속에서 자기표현을 부드럽게 논리적으로 자기주장을 할 줄 아는 어린이, 다른 사람과 타협하고 들어 주고 양보하고 수용하는 어린이의 모습으로 교회 안에서 조금이라도 훈련되어지기를 바랐던 것입니다.

이러한 노력들이 1-2년에 걸쳐서 제가 사역하던 교회에서는 꾸준히 진행되었습니다. 교사들이 저를 볼 때에 겉으로 보기에는 색다르고 이색적인 프로그램을 많이 만들어 내기 때문에 저를 창의력 있는 프로그램의 대가라고 말하기도 했습니다. 그러나 저는 영성과 인성 교육의 두 가지 열매를 다 거두고 싶은 소망을 가지고, 얼른 눈에 띄지 않으나 꾸준히 생활 교육, 사회성 교육, 언어와 습관 형성 교육을 추진해 왔습니다. 그리고 그 열매들을 조금씩 확인하면서 사역자로서의 보람과 기쁨을 누릴 수 있었습니다.

교육은 속도는 느리지만 일관성 있게 성실하게 추진하면 반드시 반응은 나타납니다. 교육은 특별히 그 대상에 맞는 수준, 이끌 수 있는 수준까지만 요구하면서 교사도 하나님 앞에서는 예수님의 제자라는 생각으로 함께 훈련하고 함께 해야 합니다. 그러면 교사도 지도자도 어린이도 다 같이 성장하면서 함께 자라나는 기쁨을 공유할 수 있습니다.

2. 도움과 섬김은 어려서부터

기독교는 어찌 보면 역설(逆說)의 종교입니다. 하늘나라에서 왕이 되려면 이 세상에서 섬기는 자가 되어야 하고, 세상을 변화시키기 위해 위로 올라가는 것이 아니라 반대로 섬기는 아랫자리로 내려와야 하는 위치전도(位置 轉道)의 삶을 사는 것입니다. 물론 가치관 전도는 있을 수 없는 일이지요?

어린이들이나 학생들에게 남을 위한 이타적 봉사와 희생과 섬김을 가르치는 것은 쉽지 않습니다. 개인주의, 자기 위주의 생활에 익숙해진 학생들에게 남을 위해 희생하고 배려하고 도와주는 삶을 가르친다는 것은 얼른 공감대를 얻기가 어렵지요. 몇 년 전에는 대학을 가기 위해서, 과제의 일부로 사회봉사 시설이나 구호 단체에 가서 대충 시간 때우기 봉사를 하고 확인 도장을 받아 오는 것이 일상화되어 있었습니다. 한 술 더 떠서, 가지도 않고 편법과 불법으로 확인서만 받는 경우도 있었지요.

본래 이 제도를 만든 사람이야 이런 일이 난무할 거라고는 생각도 못했을 것입니다. 어쩌다가 이 세상이 모든 것이 점수에 관련되고 남을 속여서라도 목적만 달성하면 된다는, 수단과 목적이 전도된 사회가 되고 말았는지 모르겠습니다.

교회에 다니는 중고등부 아이들도 교회 한편에서 이런 이야기를 나누는 것을 들었습니다. 방학 중 과제인 봉사확인서에 대한 이야기였습니다. "어디 가니까 한 시간 하고 세 시간으로 적어 달라고 하니까 쉽게 그렇게 적어 주더라. 오지 못한 친구 한 사람 것도 만들어 달라고 사정하니까 봐 주더라. 어디어디는 절대 봐 주지도 않고 거짓말시킨다고 꾸중만 한다더라. 거기는 국물도 없다더라. 도대체 누가 이런 제도를 만들어서 우리를 거짓말쟁이로 만드는 거야? 그런 것은 시간 많고 돈 많은 어른들에게 맡기지 왜 우리들에게 맡기는 거야? 부자들 세금 많이 걷어서 그 돈으로 알바생을 시설에 다 풀어놓으면 되는 건데…. 공부하느라 정신없는 우리들한테 그런 잡일, 하고 싶지 않고 더러운 일을 왜 시키냐?"

그들에게는 봉사가 국방의 의무만큼 지루해 보였나 봅니다. 봉사에 새롭게 눈이 떠지고 남을 위한 수고에서 기쁨을 느끼는 소수의 학생도 있겠지만 제 눈에는 대부분이 마지못해서 어쩔 수 없이 마음은 안 가고 몸만 구름처럼 그 곳에 다녀오는 학생들로 보였습니다.

저는 이런 문제점이 과정을 무시한 교육 때문이라고 진단합니다. 즉 약자를 돕고 사회적인 배려의식을 갖게 하기 위함이라는 목적만 강조했기 때문입니다. 왜 그런 것이 필요한지, 왜 내가 그 일을 즐겁게 해야만 하는 것인지, 그들을 어떻게 도와주어야 그들이 좋아하는지, 이 사회와 역사 속에서 나의 사회적인 의무는 무엇인지를 자세히 교육으로 이해시키고 알게 하지 않았기 때문이 아닐까요? 아이든 어른이든 무슨 일을 하더라도 왜 그 일을 해야 하는지, 하고 난 다음에 뭐가 따라오는지에 대한 자세한 동기 부여와 목적의식을 심어 주지 않으면, 하면서도 어리둥절하고 필요 없는 낭비 같다고 생각합니다. 결과를 통하여 목적을 심어 주려고 하지 말고, 이해와 동기 부여를 통하여 목적에 도달하려고 하는 것이 필요합니다. "해 보면 알 것이다." 라는 것이 아니라 "잘 알고 해 봐라. 그러면 알 수 있을 것이다."라는 과정으로 나아가야 합니다.

아이들이 어린 유치부 시절일 때, 무조건 부모님 말을 잘 들으라고, 심부름 잘 하라고 강요만 하는 경우를 생각해 보세요. 그리고 왜 부모님 말씀에 순종해야 하는지, 왜 부모님의 힘들고 바쁜 일에 네가 조금 도와주어야 하는지, 차근차근 알아듣게 이해시키고, 감정으로 기뻐해 주고 칭찬해 주고 잘 할 수 있도록 도와주는 과정이 있는 경우를 생각해 보세요. 결과는 어떻게 나타날까요? 남을 위한 봉사와 수고의 과정에 이런 과정이 생략되어 있기 때문에 아이들은 불우이웃이나 장애자들에 대한 이야기가 나오면 고개를 돌리거나 눈살을 찌푸립니다. "왜요? 그 사람들 국가에서 도우면 되잖아요? 어른들에게 맡기세요!"

저는 교회에서 불우이웃과 장애자들, 사회적 약자를 돕는 섬김에 대해서 어려서부터 가르치고 현장에서 익숙해지도록 해 주는 것이 좋다고 생각합니다. 어려서부터 사회적 약자와 고통 받는 불우한 이웃을 이해할 수 있도록 차근차근 알려 주어야 한다고 생각합니다. 불우한 이웃이나 장애자들, 사회에는 그들이 언제나 우리 곁에 존재한다는 것을 알려 주어야지요. 하나님은 우리가 그들을 도우며 함께 더불어 살기를 원하시고, 우리의 풍족한 것으로 그들의 부족함을 채우라고 하셨다는 것을 말해 주어야 합니다. 하나님의 기쁨은 우리가 함께 더불어 사는 것이며, 지금은 그들이 우리에게 도움 받으며 힘들게 이 세상을 살지만 나중에 천국에서는 그들도 우리처럼 완전해진다는 것을 이해시켜 주어야 합니다.

저는 아동부에서 절기 때마다 언제나 세 가지를 꼭 실천하려고 노력했습니다. 하나는 절기 행사를 마친 다음에 풍성한 파티를 열어서 이스라엘의 축제 정신을 알려 주었습니다. 하나님이 베풀어 주신 은혜와 사랑에 대해서 하나님께 감사하고 찬양하자고, 이런 모습을 하나님이 기뻐하시고 즐거워하신다고 말해 주었습니다. 또 하나는 전도였습니다. 우리끼리 먹고 즐기며 풍성함으로 즐기는 것에서 그치지 않고 복음을 듣지 못했거나 교회에 다니다가 중도에 실망하고 돌아간 사람들을 다시 초대하는 시간을 갖기 위해 전도 행사를 했습니다. 아주 작은 선물바구니와 소품을 들고 나가 노방전도를 하거나 전도 축제를 열기도 했습니다. 또 하나는 사회복지 시설을 직접 탐방하였습니다. 여러 가지 여건상 부활절, 맥추절, 감사절, 성탄절마다 사회복지 시설 탐방은 어려운 과제였습니다. 그래서 부활절, 감사절에만 다녀오기도 했습니다.

여기서 중요한 것은 탐방 자체에 목적을 두고 다녀오는 것에만 신경쓰지 않았다는 것입니다. 떠나기 전이나 일주일 전에는 어린이들에게 충분한 교육을 시켰습니다. 사전에 장소와 수용 대상, 수용 인원, 할 일, 가지고 갈 물건 등 준비를 철저히 했구요.

어린이들에게는 가서 어떻게 행동해야 하는지를 교육했습니다. 예를 들어 노인들이 계시는 양로원이라면 우리 부서에서 준비한 핸드크림을 발라드린다, 발을 씻어드린다, 어느 반은 어느 구역을 청소한다 등등 세부적인 도울 메뉴를 담임교사를 통해서 전달하고 준비물도 부서의 준비물과 개인 준비물(수건, 약간의 크림, 기타 손거울이나 손수건 정도)을 알려 주었지요. 무엇보다도 사전에 왜 우리가 이런 일을 해야 하는지, 또 가서 인사를 어떻게 하며 떠나올 때는 어떻게 해야 그분들이 좋아하고 위로를 받는지 알려 주었습니다.

시설에 가서 어린이들이 이미 한 번 교육받은 대로 행동하고 질서를 지켜 주었기 때문에 관계자들부터 칭찬을 듣기도 했습니다. 우르르 몰려갔다가 돌아오면 그뿐인 그런 행사로 하고 싶지 않았습니다. 장애인이나 불우이웃들을 생소한 눈으로 바라보면서 이질감만 키워오면서도 남들에게는 돕고 왔다고 생색만 내는 행사를 하고 싶지 않았기에 조금의 노력을 기울였을 뿐입니다. 개선점이 많은 그런 행사를 진행하면서, 어려서부터 자연스럽게 도움과 봉사의 장에 익숙해지고 친숙해져야 할 필요가 있다는 생각이 들었습니다.

이곳저곳을 순례하며 일회성 도움으로 끝나는 것은 우리들이나 그들 입장에서 한 번의 이벤트로 끝나 버릴 수가 있습니다. 앞으로는 교회마다 한두 군데씩의 복지시설과 자매결연이 되어서 교회 전 부서와의 유기적인 협력과 공조 아래서 함께 돕는 총괄적인 봉사 계획이 세워졌으면 좋겠습니다. 어려서부터 가족과 함께, 교인들과 함께 시설의 사람들과 친해지고 돕는 것을 어색해하지 않는 분위기를 만들 필요가 있습니다.

어린이들이 복지시설에서 만나는 장애인이나 노인들에게 이상한 긴장감과 두려움과 낯선 감정 때문에 가까이 다가가지 못하고 주저하는 것을 많이 보았습니다. 그런 일이 생기지 않으려면 어려서부터 그들과 친밀해지고 익숙해지도록 자주 경험하게 해 주는 것이 좋을 것입니다.

우리 교회의 어린이들이 다른 비기독교 아이들에게 섬김의 리더십을 발휘하기 위해서는 지금보다 더 많이, 돕고 섬기는 것에 익숙해져야 하겠습니다.

3. 될성부른 인물은 새싹부터

교회는 세상 사람들에게 신앙의 빛을 드러내기 위한 선한 영향력을 가진 인물을 키워야 합니다. 그래서 마태복음 5장 13-16절에서 말씀하신 것처럼 "너희는 세상의 소금이니 소금이 만일 그 맛을 잃으면... 너희는 세상의 빛이라 산 위에 있는 동네가 숨겨지지 못할 것이요... 이같이 너희 빛이 사람 앞에 비치게 하여 그들로 너희 착한 행실을 보고 하늘에 계신 너희 아버지께 영광을 돌리게 하라" 이런 영향력을 미칠 사람이 필요합니다.

시대가 어떻게 변하든지 시대의 소금이 되고 빛이 될 사람을 지금 우리 교회의 교회학교에서 길러 내야 합니다. 미래의 모세, 미래의 사무엘, 미래의 다윗, 미래의 다니엘을 길러 내야 합니다. 누가 그런 인물이 될지 어린 나이의 학생을 보고 예측할 수는 없지만 부지런히 키우고 영양분을 주는 일을 게을리 하지 말아야겠지요?

어린이들의 리더십을 말하면 어른들은 고개를 갸웃거릴 때도 있어요. "다 같은 끼리끼리, 비슷비슷한데 누가 리더라고?" 그런 반응입니다. 하지만 어린이들 세계에서도 리더십이 존재합니다. 골목대장이라는 말이 왜 나왔겠습니까? 어린이들이 리더십을 친구들에게 보여 줄 수 있는 것은 지도력 이전에 '본보기'가 되어야 합니다. 모범이 되고 샘플이 되고 본보기가 될 때 비로소 아이들 사이에서도 "음…. 쟤 말이 맞네. 쟤가 존경스럽군."라고 인정을 받을 수 있어요. 친구들이 존중해 주고, 자신의 말과 행동에 신뢰를 보여 줄 때 지도력이 발생하게 되는 거지요. 그리고 효과적인 리더십을 발휘하기 이전에 먼저 자신의 역할에 충실하고 협력 잘 하는 멤버십을 제대로 발휘해야 만 신임을 얻을 수 있습니다.

저는 다수의 어린이들에게 복음과 사랑을 전하고 가르치며 양육하는 것이 중요하다고 생각하고 열심히 실천하며 살아왔습니다. 그렇지만 소수 정예화의 학생들에게 영적인 지도력과 리더십을 배양하기 위하여 소그룹 제자훈련을 시행해 왔습니다.

이런 생각을 굳히게 되었던 것은 여러 동기가 있었지만 그중 하나는 영화 "간디" 때문이기도 했습니다. 인도의 성인이라고 불리는 마하트마 간디에 대한 영화 "간디"는 그의 무저항주의, 비폭력주의를 다룬 영화였지요. 그의 성장기와 일생이 자서전 형식으로 파노라마처럼 펼쳐지는 영화인데요. 화면이 인도의 모래바람을 연상시키는 황토빛 색깔이 배경이었던 것이 인상적이었습니다. 그 영화 가운데 잊히지 않는 장면은 간디가 영국에 유학하던 시절의 이야기입니다.

그가 하숙하던 집의 영국 아줌마는 간디를 유색인종, 황인종이라고 무척이나 멸시하고 무시하고 함부로 대했습니다. 그가 학교를 옮기면서 이사를 하게 되었는데 그 하숙집 아줌마가 마지막으로 건네준 선물이 조그만 성경책이었습니다. 기차에 올라탄 간디는 그 성경책을 잠시 뒤

적여본 뒤 달리는 차창 밖으로 무심하게 성경책을 던져 버렸습니다. 영화는 기차 선로에 떨어진 성경책을 잠시 한 컷 보여 주더군요.

그 장면이 왜 그렇게 가슴이 철렁하고 아파오던지요. 그가 대학생 시절에 그 하숙집 아줌마로부터 복음을 받아들일 수 있었더라면 얼마나 좋았을까요? 기독교인에 대한 호감을 가질 수 있었더라면, 그가 기독교인에 대한 호감 때문에 선물로 받은 성경책을 끝까지 읽고 기독교인이 되었더라면 얼마나 좋았을까요? 간디는 후에 이런 고백을 합니다. "기독교의 진리도, 예수 그리스도도 좋다. 다만 나는 기독교인이 싫고 교회가 싫을 뿐이다."

인도의 역사와 사상적인 면에 막대한 영향을 끼친 간디가 영국 유학 시절에 기독교를 알고 복음을 알았더라면 인도의 역사는 달라지지 않았을까요? 인도가 기독교 국가가 되어서 동남아 불교권의 세력을 무너뜨리는 교두보 역할을 하게 되지 않았을까요? 한 사람의 지도자가 사회 전체에 미치는 영향, 역사에 미치는 영향이 그렇게도 큰 것입니다. 염도 10%도 채 안 되는 소금이 전체 바닷물을 짜게 합니다. 성냥개비 한 개비, 작은 라이터 불씨 하나가 대형 화재를 일으킵니다. 그래서 저는 누가 될지 모르는 미래의 지도자를 키우기 위해서 꾸준히 리더 훈련을 시행했습니다.

사역하던 여러 교회에서 기회가 열리는 대로 리더 훈련을 멈추지 않았습니다. 주일의 정규적인 교육시간에는 전체 어린이들을 대상으로 전체적인 프로그램을 시행했지만 토요일에는 소그룹 성경공부와 훈련에 많은 시간을 쏟아 부었습니다. 많은 시간만큼, 많은 수고와 고생만큼 많은 열매도 보람도 있었습니다.

이 리더 훈련 이름은 '디모데 제자훈련'입니다. 이런 훈련을 시도해 본 교회도 많으리라고 생각합니다. 저는 1회에 2시간 이상씩 총 16회, 16주간 동안 디모데 제자훈련을 했습니다. 거의 4개월이 걸리는 대장정이었기 때문에 1기를 마치고 좀 쉬었다가 2기, 3기를 차례로 진행했습니다. 많은 어린이들을 대상으로 하는 것이 아니라 소수 정예를 키우는 훈련이었습니다.

사사기에 보면 기드온은 많은 군사를 선택하지 않았습니다. 몰려든 3만2천 명의 이스라엘 사람들 중에서 하나님의 선택은 3백 명의 용사였습니다. 앞으로 교회학교는 점점 인구가 줄어들 것이라는 위기감이 충만합니다. 그래도 저는 소망이 있다고 생각합니다. 왜냐면 지금은 3만2천 명이 필요한 시기가 아니라 3백 명의 용사를 품고 키우면서 다음 세대의 부흥을 위하여 예비하고 준비하는 시간일지도 모른다고 생각하기 때문입니다.

아무나 다 오라, 누구든지 다 와서 해도 좋다는 넓은 문이 아니었습니다. 힘들고 어렵고 꾸준함이 요구되는 좁은 문의 훈련과정이지요. 그래서 희망하는 아이들에게 엄격한 규칙과 과제를 미리 안내해 주고 성실한 훈련 과정을 이수할 것에 대한 다짐과 약속을 받았습니다. 또 꼭 해야 할 아이들인데도 용기가 부족하여 머뭇거리거나 망설이는 아이들을 지명하고 설득하여 소그룹 팀을 만들었습니다. 2번 결석하면 탈락, 4회 이상 지각하면 탈락, 숙제 3회 이상 안 해 오면 탈락 등 강한 규칙을 지켜야 합니다. 어린이들은 구원론과 성경론에 대해서 무척 자세히 말씀을 풀고 묵상하면서 진행합니다. 이때 그동안 품고 살았던 많은 질문을 하면서 의문점을 풀고 확신에 이르게 되지요.

16주간의 긴 과정을 저도 아이들과 함께 암송하고 성경을 읽고 성경 공부를 하면서 진행합니다. 지루함과 힘듦을 위로하기 위해 중간 중간 짧은 이벤트를 열어 주기도 합니다, 야외수업, 특별한 간식 파티, 퀴즈 퀴즈, 1회의 견학 프로그램, 전도사님 댁에서의 하룻밤 수양회 등. 16주 간 동안 강훈련을 하면서 아이들의 믿음과 확신이 자라나는 것을 보면 모든 수고와 힘듦이 눈 녹듯이 사라져 버리고, 교역자로서의 보람만 강하게 남게 됩니다. 엄격한 규칙 때문에 여러 어린이들이 탈락이 되곤 했지요. 거의 평균적으로, 처음 시작할 때의 인원에서 1/2는 탈락하고 1/2 정도만 수료의 영광을 안았습니다.

마지막 날 아이들이 쓴 소감문을 읽으면서 저는 늘 감격스러웠습니다. '내 수고는 결코 헛되지 않을 것이다.' 라는 확신과 감사가 넘쳤기 때문이지요. 어린이들은 "이제 나는 다시는 의심하지 않고 예수님과 십자가에 대한 확신 속에서 살 수 있다. 평생 교회의 품 안에서 예수님을 믿고 자랑하면서 예수님의 어린이, 하나님의 백성으로 살겠다. 성경을 읽으며 암송하며 기쁨을 느꼈고 이제는 성경을 믿고 따르며 살겠다. 천국에서 살 확신이 분명히 생겼다. 전도사님께 감사하고 천국에서 영원히 전도사님과 함께 살겠다."고 고백했습니다.

디모데 제자훈련을 마친 어린이들은 다른 아이들과 많이 달라졌습니다. 말씀을 대하는 태도(설교 듣는 태도)가 달라졌고, 성경을 이해하고 하나님의 살아 계심에 대한 경외심을 가지게 되었구요. 여러 면에서 다른 어린이들의 모범이 되어 주었습니다. 여러 가지 생활과제를 이행하면서 가정과 사회와 교회에서 자신들의 책임과 사명을 알게 되었던 것이지요.

제가 4년이나 사역하던 교회에서는 3기까지 진행하고 그들을 모아 다시 연합 제자훈련을 하기도 했습니다. 연합 재훈련 과정에서 그 아이들에게 기도와 QT, 성령의 열매를 심도 깊게 가르치고 훈련시켰습니다. 그 후 저는 그 교회 사역을 마치고 다른 교회로 이동했고, 그 아이들은 중등부로 올라갔지요. 중등부 선생님들은 그 아이들이 여느 다른 아이들과는 예배 태도와 믿음의 고백이 남다르고 분명하다는 사실을 알았습니다. 그리고 그 아이들을 면담해 보고는 그 선생님들이 내린 결론이 이러했습니다. "아이들의 신앙생활은 신현숙 전도사님에게 받은 제자훈련의 덕분인 것 같다. 아이들이 하나님과 예수님에 대해서 교리에 대한 부분이 의심이 없다. 성경을 분명히 하나님의 말씀으로 믿고 있다. 하나님의 영광을 위해서 살아야 한다는 가치관이 세워져 있다."

저는 그 말을 전해 듣고 하나님께 기쁨으로 감사와 영광을 돌려드렸습니다. 훈련은 제가 시켰지만 훈련의 원재료는 성경이었고, 하나님이 다 해 놓으신 일이었습니다. 창조와 구속, 성경에 대한 교리도 성경도 다 하나님의 것이었습니다. 저는 그저 전달자였습니다. 그런데 전달자에게 오는 기쁨도 영광도 이렇게 크고 놀라운 것이었습니다.

사역하던 교회를 떠난 후, 제게 남은 진한 아쉬움은 제자훈련을 마친 아이들에 대한 지속성 있는 교육이 이루어지지 못하는 현실에 대한 안타까움이었습니다. 제가 그 교회를 떠나도, 또 그 아이들이 상급 부서로 진급하더라도 꾸준하게 그 다음 단계의 알찬 훈련이 연속되었으면 얼마나 좋았을까요? 지속적으로 교회학교에서 알차게 훈련이 지속된다면 그 아이들은 어린 영적 지도자로서 분명하게 자리매김을 할 수 있었다고 생각합니다. 저는 이들이 아름답고 견고한 신앙 고백 속에서 중고등부, 청년부 시절을 거치면서 다양한 신앙 경험을 쌓기를 희망했지요. 그래서 주위 친구들과 친척들에게 신앙의 아름답고 좋은 영향력을 끼쳐 줄 만한 청년이 될 수 있을 거라는 기대를 가졌습니다.

비록 저는 아동부라는 한계를 안고 시도한 소수 정예 리더 훈련이었지만 이런 훈련은 앞으로 계속되어야 한다는 것이 제 소신입니다. 한 사람의 지도력과 영향력은 많은 사람을 변화시키고 옳은 길로 인도합니다. 좋은 지도자는 될성부른 나무를 알아봅니다. 그 어린 지도자들을 좋은 나무로 잘 키우고 좋은 열매 맺도록 알차게 훈련해야 합니다.

4. 더, 더, 더, 더욱 사랑해 주세요

학교도 사회도 그렇지만 교회에서도 더 많은 관심과 돌봄이 필요한 아이들이 가끔은 눈에 띕니다. 교사들은 짧은 시간 내에 예배와 프로그램과 분반공부를 진행해야 하는 어려움 때문에 착하고 말 잘 듣는 아이들을 선호하게 됩니다. 우선 당장 편하고 서로 마음이 오고가고 당장의 신뢰를 확인할 수 있으니까요. 어느 면에서는 교사의 일을 도와주는 셈이니까요. 그렇지만 교사를 힘들게 하는 아이들, 더 많이 배려해 주고 보이지 않게 세심하게 돌보아 주어야 하는 아이들을 향한 사랑이 깊어지는 교회학교가 되기를 소망해 봅니다.

조금 뒤처져 보이는 아이, 눈에 띄는 행동을 하는 아이, 지저분한 옷과 거친 태도로 가정 환경의 결핍을 드러내는 아이, 잘 삐지고 토라지고 신경질적인 아이, 관심 집중을 심하게 유도하는 아이, 산만이 극치에 달하는 아이들. 이런 아이들을 보면 가슴이 찡해오는 아픔들을 느낍니다. "내가 왜 이 아이 옆으로 부름을 받았을까?"를 생각하면 하나님의 뜻은 더욱 분명해집니다. 제가 이런 아이들 옆에 있음으로 이 아이들이 좀 더 행복하게 될 수 있다면, 저를 통해 이 아이들이 예수님을 알고 믿음의 길로 나아갈 수 있다면….

사역하던 어느 한 교회에서는 제 담당부서 유년부 아이들의 15% 정도가 결손가정에서 자라나고 있었습니다. 모자 가정, 이혼, 사별 등으로 홀 부모 밑에서 자라고, 그보다 더 가슴 아픈 것은 엄마의 가출, 부모님의 이혼으로 할머니 집에 버려지다시피 양육되고 있는 경우였지요. 법적으로는 부모가 있지만, 사별도 아니면서 전혀 보살핌과 사랑의 손길, 눈길 한번 닿지 않고 자라는 아이들이 더 마음을 아프게 하더군요.

이런 아이들은 평소에는 온순하고 별 특징이 없어서 그 깊은 마음을 잘 모릅니다. 그러다가 어느 한 순간, 친구들과 심하게 다투거나 욕구가 좌절되었을 때 무서울 정도로 분노의 감정을 드러냅니다. 한 번은 교사모임 시간에 한 교사가 달려왔습니다. 아이들 두 명이 교회 마당에서 심하게 싸우고 있다고 알려 주더군요. 급히 달려가 보니 두 명의 여자 아이가 엉켜서 몸싸움을 벌이고 있었지요. 한 여자 아이 눈은 살기가 등등하고 눈빛이 번쩍번쩍했습니다. 저는 그 순간 등골이 싸늘해지는 전율과 함께 '아하! 이래서 살인 참극이 벌어지는구나!' 하는 생각이 들었답니다. 그리고 가슴 속 깊은데서 "오! 하나님, 제가 저 눈빛을 바꿔 놓을 수 있도록 도와주세요."라는 외마디 기도가 나오더군요. 무서운 몸싸움을 또 한 분의 선생님과 함께 뜯어말리고 두 아이를 떼어 놓고 수습을 했습니다. 두 아이 모두 부모의 손길을 받지 못하고 자라나는 아이들이었습니다.

어떤 아이들은 상한 감정, 분노에 찬 감정을 거칠게 발산하지 못하고 그대로 주저앉아서 운다거나 교회에서 뛰쳐나가는 등의 반응을 보이기도 했습니다. 이 두 가지 반응을 보면서 가슴 아프기는 마찬가지였습니다. 거친 폭력과 거친 말로 표현을 하던 좌절감으로 내면화가 되던 그런 아이들을 바라보는 제 마음에는 내가 바로 이 아이들의 부모가 되어 주어야겠다는 생각이 가득했습니다. 그래서 아이들이 모두 함께 있는 시간에는 특별한 배려를 눈에 띄게 하지 않았지만(시샘과 질투의 눈길을 받지 않고, 공평을 유지하기 위해서) 개별적으로는 많은 관심을 가지고 돌보아 주었습니다.

저는 교육전도사로 사역을 시작하면서 누구나 다 가지게 마련인 사역에 대한 경외감과 두려움과 떨림을 진지하게 받아들였습니다. 그리고 제가 제일 처음 한 일은 아동 사역에 관한, 아동 심리에 대한 책들을 많이 읽는 것이었습니다. 프로그램과 설교집을 구하는 일은 그다지 신경쓰지 않았습니다. 먼저 진지하게 책들을 읽으면서 아이들에 대한 연구를 해나갔습니다. 그러다가 알게 된 곳이 "자녀교육 세미나" 과정이었습니다.

가정사역자로 널리 알려진 양은순 사모님이 운영하는 가정선교교육원에서 주최하는 '자녀교육 세미나'에 등록을 하였지요. 첫날 첫째 시간은 자기소개와 등록하게 된 동기를 발표하는 시간이었습니다. 수강인원 100명으로 마감된 그 세미나에서는 대부분의 연령층이 30대에서 40대의 하나님을 믿는 기혼여성들, 교회 집사들이 태반이었습니다. 그날, 그 100명 중에 저는 유일하게 눈에 확 뜨이는 존재로 급부상하고 말았습니다. 저는 자기소개 시간에 이렇게 말했거든요. "결혼도 안 했고, 당연히 아이도 없습니다. 그러나 교회에서 제가 맡고 있는 유년부 아이들이 바로 제 아이들입니다. 그 아이들을 하나님의 자녀로 잘 키워보기 위해서 엄마 같은 마음으로 이곳에 등록하게 되었습니다."

양은순 사모님은 오랫동안 자녀교육 세미나를 주최했지만 교회 전도사가 교회의 아이들을 잘 키워보겠다고 온 경우는 이번이 처음이라고, 너무나 감사하다고, 모든 사람들의 박수를 유도했습니다.

저는 다들 아이 엄마인 기혼 집사님 틈에서 1년 동안 매주 한 번씩 열리는 세미나에 열심히 참석하면서 많은 것을 배웠고 실습했고 적용하면서 자신감을 얻었습니다. 또한 스탭진들의 아낌없는 후원과 지지와 격려 속에서 행복한 배움의 시간들을 가졌습니다. 많은 프로그램보다, 눈에 띄는 어떤 신기한 이벤트보다 '보여 주기 위한 사역'이 아니라 '부모와 같은 마음으로 아이들을 돌보고 섬기고 사랑하는 사역'에 눈을 뜨게 되었습니다.

그 후 문제 아이들의 문제 행동들에 대해서도 많은 관심을 갖고 이곳저곳 다니며 공부하고 책을 읽었습니다. 제가 만나는 아이들을 책임지고 정성스럽게 키우는 어미 같은 사역자가 되려고 노력하면서 살아왔습니다. "나는 의인을 부르려고 온 것이 아니라 죄인을 부르려고 왔노라", "건강한 자에게는 의원이 필요 없고"라는 예수님의 말씀처럼 문제 아이들에게 더 많은 관심과 사랑을 부어 주고 싶었습니다. 건강하고 문제없는 아이들보다 결핍된 아이들, 빈 구석이 많은 어린이들, 돌출행동이 많은 어린이들에게 더욱더 관심과 애정을 부어 주려고 노력했습니다.

태어나기 전부터 환영받지 못하고 태어나자마자 버림받고 이곳저곳 물건 돌리듯 돌림 받으며 지내온 여자 아이... 그 무의식 속에서 상처받은 냉대와 불신이 사람들에게 가학적인 행동으로 표출되던 아이였습니다. 자신에게 호의를 갖고 대하는 사람에게는 더욱더 얄밉도록 적대감을 표시하곤 했지요. 그 아이 깊은 내면의 소리를 파악하고 나서 저는 교사들에게 이렇게 말했습니다. 저 행동들은 "내가 이렇게 밉게 굴고 포악하게 굴어도 그럼에도 불구하고 한없이 나를 사랑해 줄 수 있나요?"라는 절규라고, 사랑받고 싶은 간절한 욕구가 역반응으로 나타나는 거라고, 우리가 이 아이를 품어야 한다고, 교회 안에서 예수님의 사랑 안에서 이 아이가 신뢰와 애정을 받고 변화되어야 한다고 말입니다.

어렸을 적에 엄마가 죽고 돈 벌기 바쁜 아버지 밑에서 간신히 의식주만 해결되고 아버지의 돌봄에서 거의 방치되다시피 자라났던 아이. 사랑에 대한 갈급함을 과자로 간식으로 채우기 위해 계속 먹어대면서 소아비만에 걸려 있던 그 아이. 그 아이와 함께 놀아 주고 시간을 보내면서 조금씩 먹는 욕구를 조절하게 만들어 주었지요. 나중에 그 아이는 저를 엄마처럼 생각했고, 저만 보면 달려와서 안기는 것을 좋아했습니다. 제가 안아 주고 머리를 쓰다듬어 주면 너무나 행복해 하고 안 떨어지려고 계속 제게 꼭 붙어 있곤 했지요. 그 때문에 다른 아이들에게 "○○는 이렇게 안아 주는 엄마가 없기 때문에 내가 더 많이 안아 주어야 해." 양해를 구하면서 더 많이 안아 주고 스킨십을 해 주었습니다.

부모님의 불화, 엄마는 지방에 계시고, 신장이 나빠서 결국 이식수술까지 받아야 했던 아빠의 병간호를 하던 3학년 여자아이. 그 아이를 두고 도저히 집에서 편하게 잘 수 없어서 저는 중환자실 옆 복도의 긴 의자에서 선잠을 자보기도 했습니다. 반찬을 들고 방문도 하고 오랜 시간 동안 그 가정을 지켜보았습니다. 저에게는 내게 맡겨진 아이들 중에 연약하고 부족한 아이들에게 더욱 엄마 같은 심정으로 사역하고 싶다는 기도와 열망이 있었습니다. 제게는 아이들이 '학생'이 아니라 '아이=자녀'라는 마인드였기 때문입니다. 최선을 다한다고는 생각하고 살았지만 얼마나 사랑했는지는 겸손하게 뒤돌아볼 뿐입니다.

그 외에 산만하고 집중력이 약한 아이들, 가정에서 제대로 훈육을 받지 못하고 방치되어 있는 아이들도 있습니다. 그런 아이들의 대부분이 그럴 수밖에 없는 환경 속에 있습니다. 정상적인 부모나 가정에서 자라지 못하고 있습니다. 돈벌이에 너무나 바쁜 부모님, 위탁되어 길러지거나 대리부모 역할을 하는 분이 계셔도 잘 돌보지 못하는 경우도 있구요.

건강하고 공부 잘하고 똑똑하고 야무지고 믿음이 잘 자라는 아이들도 있습니다. 믿는 가정, 믿는 부모 밑에서 기름지고 풍족하게 자라는 아이들도 있습니다. 이런 아이들을 잘 키워서 하나님 나라의 기둥이 되게 하고 영적 리더십을 가진 주도적 인물, 선한 영향력을 가진 인물로 키워내는 것도 중요한 과제입니다.

그러면서도 사회적 약자 계층, 불신자의 가정에서 충분히 사랑받지 못하고 거칠고 난폭하고 돌출 행동이 많은 그런 아이들도 교회에 많이 올 수 있기를 바랍니다. 그 아이들이 교회에서 편안하게 적응하면서 사랑과 애정으로 치유되어지는 일들이 교회학교에서 많이 생기기를 기도해 봅니다. 장애아동들뿐 아니라 조금씩 문제와 결핍이 있는 아이들이 교회로 올 수 있었으면 좋겠습니다. 불신자 부모님이라도 그런 자녀들을 교회에 안심하고 맡길 수 있는 신뢰감이 형성되는 교회가 되었으면 좋겠습니다. 우리에게는 더 기쁜 마음으로 더 많이 사랑해 줄 사랑의 샘이 있지요? 교회가 품을 수 있다고 자신감 있게 선포할 수 있지요?

이러기 위해서는 아동상담, 아동 치유에 관한 많은 전문가들, 가정 사역 집단 그룹들의 지원이 필요합니다. 전 교회적으로 그런 가정과 아이들을 돕기 위한 솔루션 팀들의 구성과 활동들이 필요합니다. 아동과 가정과 부모를 함께 지원하고 돕는, 즉 전인적인, 전가정적인 지원 제도의 운영이 필요할 것입니다. 그래서 교육과 사회복지 분야의 전문가가 함께 지혜를 모으고 힘을 더 효율적으로 공급하고 효과적인 역할 분담과 상호 지원체제가 이루어졌으면 좋겠습니다.

제7장
교육전도사의 미로 게임

    '교육전도사' 라는 명칭으로 교회학교의 최일선에서 교회교육을 책임지고 있는 교역자. 교회학교가 구성되면 바로 모실 생각을 하는 사람, 그들은 누구일까요? 학생들이나 교사들로부터는 교역자로 불리고 인정받지만, 당회에 가면 아직은 교역자가 못된 목회자 인턴생처럼 취급받고, 총회에 가면 정규 교역자로 인정받지 못하는 부평초 같은 그 이름, 교육전도사.

    다른 교단의 경우는 잘 모르겠지만 제가 몸담고 있는 예수교장로회(통합)측 헌법에도 교육전도사는 교역자의 위치나 이름조차도 찾을 수 없습니다. 심지어는 목사 안수의 기준 중 하나인 사역 경력에도 전임교역자 2년 이상이라는 단서 조항이 있습니다. 이 단서 조항은 신학대학원 졸업 이후에 교육전도사 경력이 아무리 많아도 전임사역자 2년에는 비할 바가 아니고, 교역 경력으로 인정할 수 없다는 의미입니다.

    교육전도사는 무늬만 교역자일 뿐 헌법상에 보장된 전임사역자로서의 위치는 없습니다. 교육전도사는 실제로는 교회 교육의 전반적인 사역을 감당하는 막대한 임무를 부여받고 있음에도 차별은 여전히 존재합니다. 명칭이나 사례비, 사역의 범위에서 더구나 신분에서 많은 차이가 납니다. 오랫동안 한 부서에서 전문성을 발휘하며 장기적인 사역을 펼치고 싶어도 신분과 관습의 문제로 인해서 오래 머물 수가 없습니다.

대부분의 담임목사님과 당회원들은 교육 관련 세미나에 참석하셔서 "교회 교육은 교육전도사의 전문성에 달려 있다."는 말을 들으면 고개를 끄덕이면서 수긍을 하겠지요. 또 "우리도 전문성 있는 교육전도사를 원한다."고 입을 모아서 말씀을 나누겠지요. 그런데 전문성은 하루아침에 해성처럼 나타나고 드러나는 능력과 은사가 아닙니다. 교육과 교육의 전문성이란 사람과 환경의 상황적 요인들을 전혀 배제할 수 없습니다. 그러기에 전문성은 현장에서 꾸준히 길러져야 하는 것입니다.

1. 여기까지 흘러 흘러 40년

저는 이 7장을 쓰면서 유독 더 신경이 쓰이고 조심스럽습니다. 왜냐하면 그건 제가 오랫동안 교육전도사의 신분으로 사역을 해 왔기 때문에 누구보다도 교육전도사의 현실을 잘 알기 때문입니다. 그러기에 더 위로하고 격려하고 힘을 주고 싶은 마음이 간절합니다. 복음 안에서 소명을 받고 거룩한 헌신자의 길을 가기 위해서 함께 부름 받았고, 이제는 한 길을 가는 동역자이고 동지입니다. 말하지 않아도 그 애로사항을 누구보다도 잘 알고 있고, 고충도 수고도 너무나 잘 알고 있지요.

교회교육의 현실과 문제점 진단을 놓고 말하게 되면 교육전도사 문제는 꼭 거론될 수밖에 없습니다. 저도 이 7장에서 교육전도사에 대하여 함께 고민해 보려고 합니다. 교육전도사 문제에 대해서 한 번은 짚고 넘어가야 하고, 고통스러워도 돌아보고, 아픔이 있어도 직시하는 길이 진정으로 한국 교회교육의 발전을 위한 길이니까요. 교역자인 우리들이 현장에서 실제 사역을 책임지고 있으면서, 자기 자신에 대해서 뼈아픈 자기반성과 성찰을 하지 않고 어떻게 교회교육의 개선과 개혁을 말할 수 있겠습니까? 교역자 입장만 옹호하고 변명하게 되면 더 넓게 볼 수 없습니다. 그래서 저는 교육전도사들에 대한 실례와 아픔을 무릅쓰고 이 교육전도사 문제를 거론하게 되었습니다.

이 7장에서 제가 어느 분의 논문을 부분적으로 참고했다는 것을 미리 말씀드립니다. 그분은 저와 10년 전에 한 교회에서 만나서 교육전도사 사역을 함께 했던 사역동지입니다. 교육전도사 제도에 대하여 그분과 저는 많은 부분에서 공감대를 갖고 있었습니다. 그래서 제 생각과 그분의 생각에 공통점이 많은 관계로 그분(그때는 교육전도사였지만 지금은 목사이신 김성민 목사님)의 논문을 수시로 참고하였습니다. 제 생각과 그분의 논문에 나와 있는 내용이 많은 유사점을 가지기 때문에 일일이 다 참고문헌으로 표시를 할 수가 없습니다. 그러나 꼭 밝혀드려야 할 부분은 참고문헌으로 표시해 드렸습니다.

많은 신학생들이 신학교에 입학하면 교육전도사 사역을 서둘러 찾아서 현장으로 나갑니다. 이 교육전도사 사역은 일장일단이 있다고 볼 수도 있지요. 교육전도사 자신의 입장에서 본다면 자신의 목회 소명이나 목회적 능력과 은사들을 잠깐이라도 검증하고 현장에서 확인해 볼 수 있는 기회를 얻는 셈이지요. 또한 자신의 생활과 사역에 필요한 장학금 내지는 월 사례비를 받을 수 있어서 충분하지는 않지만 생활의 방편이 되기도 하구요. 교회적으로 보면 어떤 장점이 있을까요? 교회학교 각 부서의 사역자들을 전임 교역자보다 훨씬 적은 사례비로 충당할 수 있으니까 좋겠지요? 학생들과 연령대가 크게 차이 나지 않는 비교적 젊은 세대의 교육전도사들로 교육을 담당하게 하니까 편안하고 유익이 되겠지요? 또한 신학생을 양성하고 지원한다는 명목으로 전도사님들을 키울 수 있으니 좋구요.

그럼 잠깐, 교육전도사 제도는 어떻게 발생했는지, 어떤 길로 정착이 되었는지 궁금하지 않으세요? 저도 한 때 이런 궁금증이 생겼던 적이 있었거든요. 교육전도사라는 명칭 이전에 잠시 전도사(傳道師)라는 말부터 생각해 보기로 하지요. 전도사는 한국교회에서 해방 전에 전도사란 칭호를 감리교와 성결교에서 주로 사용하였고, 장로교에서는 강도사 또는 조사(助師)란 이름으로 불렸습니다.

조사(助師)는 다른 교단의 전도사(준목사)와 같은 역할을 감당하면서 처음에는 선교사를 도와주는 역할이었지만 후에는 목사를 도와 사역하는 사람으로 의미가 바뀌었습니다. 조사와는 다른 의미의 강도사(講道師)는 '목사 후보생'이라고 불리며 신학교 졸업 후 목회 경험과 훈련과정을 거쳐서 개 교회의 청빙을 받아 목사 안수를 받을 수 있었습니다. 여성인 경우에는 전도사 혹은 전도부인이라는 호칭으로 불리기도 했구요. 일반적으로 전도사란 "목사와 함께 그리스도의 복음을 전하며 교회에서 사역하는 개신교의 교직자"를 말합니다.[12]

이렇게 전도사라는 명칭과 위치는 헌법상에도 분명히 표기되어 있는데 반해 교육전도사라는 명칭은 위에 적은 전도사의 개념과는 차이가 있습니다. 또한 장로교 헌법에서도 '교육전도사'라는 명칭은 발견되지 않고, '목사 후보생'이라는 용어로 등장하고 있습니다. 그래서 '교육전도사'의 법적 위치와 역할은 사실 애매모호합니다. 다른 교단들도 마찬가지 입장일 거라고 생각합니다. 교단 총회 헌법에는 명시되어 있지 않더라도 교회 사역의 현장에서 대부분의 교회들과 성도들은 '교육전도

---

12 김성민, "교회교육 현장에서의 교육전도사 제도에 관한 한 연구", 미간행 석사학위 논문, 장로회신학대학교 신학대학원, 1999, 75쪽.

사'의 사역과 명칭을 받아들여서 이렇게 고정화시키고 있습니다. 즉, "신학교의 학부 또는 대학원에 재학 중이며, 평신도가 아닌 교역자로서 사역을 수행하고 있는 예비 목회자"라고 이해하고 있지요.

그러나 교육전도사의 실제적인 사역의 역사는 짧지 않습니다. 한국 교회사에서 보면 1930년대, 1950대를 지나면서 교회는 급변하는 시대 상황을 타고 오히려 더욱 부흥하고 성장하게 되었습니다. 그에 따라 자동적으로 교회교육은 눈부신 성장을 하게 되었지요. 교회에 성인뿐만이 아니라 어린 학생들이 몰려오고 수적인 급성장에 따라 교회들은 당연히 교회교육에 대한 대책을 찾기 시작했습니다.

그것은 평신도 지도자들에게 책임을 맡기는 것이었지요. 목회자들보다 부족하지만 교회 평신도 중에서 신앙이 있고 지도 능력이 있어 보이는 사람들은 '교육지도(교사)'라는 지도자로 두기 시작했습니다. 그러나 곧 '교육지도(교사)'에 대한 시행착오와 한계성을 느꼈으며 갈수록 대형화되는 교회교육의 현장과 사회교육의 발달로 인해서 교회교육은 더욱 위기의식을 갖게 되었습니다. 그 무렵 한국 교회는 교회적 분란과 분파 속에서 많은 신학교가 세워지고 신학교육을 받은 신학생들이 많이 배출되기 시작했습니다. 교회는 평신도 지도자들에게 맡겼던 책임을 신학교의 신학생들에게 실제적인 교육담당 지도를 맡기기 시작했지요.

그래서 1960년대부터는 교회에서 신학생들이 교육 담당을 맡아서 사역을 하기 시작했고, 이때 자연스럽게 생겨난 용어가 '교육전도사'였습니다. 그러나 이 명칭은 교단 총회가 정한 것도 아닌, 현장에서 만들어진 관습 용어였습니다. '교육전도사'의 호칭을 최초로 발견할 수 있었던 공식 문서는 예장(통합) 교단의 『연동교회 100년사 자료』에서 "1960년 6월 4일에 이승하를 교육전도사로 임명한다."는 기록이 있습니다.[13] 이 기록만 참고한다 해도, 이 기록을 기준으로 한다면 '교육전도사'라는 명칭과 사역은 40년의 역사를 가지고 있는 것입니다.

이처럼 '교육전도사'의 시작은 교단 총회에서나 개 교회에서 정식적으로 회의를 거치거나, 어떤 철저한 준비와 논의를 통해서 진행되고 공식적인 절차를 거쳐 만들어진 것은 아닌 것 같습니다. 다만 당시 교회교육의 현장에 급격한 성장이 이루어졌고 그 가운데 교회교육의 기초를 잡기 위해 교육 부서를 맡길 책임자를 정해야 하는 현실적인 필요가 생겨난 것입니다. 그렇게 몇 년을 여러 교회에서 사역을 담당하다 보니 명칭과 위치와 역할이 자연스럽게 묵시적으로 고정되었을 뿐입니다. 이는 아마 다른 교단들도 사정은 거의 비슷하고, 모두 대동소이한 과정으로 교육전도사로 자리 잡게 되었을 것 같습니다.

그렇게 교육전도사라는 위치가 헌법에는 없어도 어느 교회나 자연스럽게 교회교육의 한 부분을 담당하게 된 지도 어연 40여 년이 되었습니다. 그들은 신학교에 가면 교수님 앞에서는 학생 신분이고, 교회로 가면 어린 학생들 앞에서, 교사 앞에서는 전도사라는 명칭의 사역자가 됩니다. 그들은 두 가지의 이중직(二重職) 신분으로, 경제적으로는 교회가 책임지는 것도 아니고, 자신이 자비량으로 봉사하는 것도 아닌, 그런 사례비를 받아서 살고 있습니다. 교회가 학비를 다 책임지는 것도 아니고, 자신이 벌 수 있는 경제적 능력도 온전하지 못합니다. 직분이나 능력이나 어떤 것 한 가지도 시원스럽지 못하고, 단순하지 않는 신분을 다 가진 사람이 교육전도사입니다.

또한 이제는 안팎에서 소리 없는 공격을 당하는 현실에까지 왔습니

---

13 김성민, 동일 논문, 79쪽.

다. 현 시대가 점점 전문화를 부르짖으면서, 오늘날 공교육이 점점 더 영역을 넓히고 전문성을 확산시키고 있습니다. 문화도, 교육 환경도, 교육의 대상인 학생들도 놀라운 속도로 변화의 바람을 타고 있습니다. 따라서 그런 변화는 교회학교 현장에도 불어오게 되는 것입니다.

교회학교는 점점 쇠퇴나 약화의 길로, 침체의 길로 접어들고 있구요. 위기의식을 느낀 교회교육 현장에서는 이 위기를 탈출할 방법은 교육전도사의 전문성에 있다고 생각하고 있습니다. 교육전도사님의 이중직, 온전한 근무가 아닌 파트 타임제 등 이러한 비전문성에 생각이 미친 것입니다. 오늘도 현장에는 수많은 교육전도사들이 학업에 대한 과다한 부담과 사역자로서의 부담에 정신적인 책임감의 짐을 지고 살고 있는데, 교회 현장에서는 '교육전도사들이 전문성이 부족하다', '교회교육의 위기 탈출은 교육전도사들이 전문성을 찾아야만 이루어질 수 있다'는 목소리가 커지고 있습니다.

이제는 교육전도사가 '계속 쓸 수도 없고, 버릴 수도 없고'의 애물단지가 되어 버린 듯한 느낌이 듭니다. 쓸쓸한 뉘앙스의 말이기도 하지만 이 말만큼 오늘의 현실을 잘 말해 주는 문장이 어디 있겠습니까? 그러나 이러한 위기와 시련의 시기를 교육전도사님들은 겸허하게 받아들이기를 바랍니다. 자신 혼자만의 사역을 돌아보며 성찰해 보는 것뿐만 아니라 한국의 교육전도사 대부분이 어떻게, 어떤 자세로 사역을 하고 있는지, 왜 교회 현장에서 교육전도사 문제가 뜨거운 감자처럼 취급되는지 넓은 시각에서 성찰해 보셨으면 합니다. 그래야만 교육전도사들도 교회교육의 문제점과 대안을 제시하는 논의에서 한결 자유롭고 떳떳하게 대안과 해결책을 설명할 수 있을 것입니다.

2. 그대의 현(現) 주소, 뜨거운 감자

한국 교회학교의 교육을 책임지고 있는 사람이 누구냐고 물으면 대부분의 교사와 목사님들은 '교육전도사'라고 말할 것입니다. 정확한 통계는 나와 있지 않지만 농어촌과 도서지방과 벽지와 오지, 도시 미자립 교회를 제외하고는 아마도 70% 이상은 아직 신학교 학생의 신분으로서 교육전도사인 그들이 책임자로 사역하고 있을 것 같습니다.

거의 40년이 넘는 교육전도사의 역사 속에서 교육전도사들이 그들의 개인적인 어려움과 난관 속에서도 교회학교의 성장과 발전에 기여한 공로도 물론 크지요. 그들 나름대로는 학업과 병행하는 사역에서 많은 희생을 치루기도 했을 것이고, 나름대로는 제한된 시간 내에서 최선을 다해 사역의 열정을 불태우기도 했을 것입니다. 그러나 이제는 그들, 교육전도사들이 갖는 한계와 미흡한 점을 살펴볼 필요가 있는 것 같습니다. 어떻게 더 좋은 해결책을 강구할 수 있을지에 대한 밑그림이 나오기를 기대하는 마음으로 한 번 살펴볼까요?

첫째, 현재 교육전도사를 누구든지 쉽게 교육의 전문가로 부를 수 없을 것입니다. 왜냐하면 전문성이 부족하기 때문입니다. 요즘 대부분

교육전도사로 봉사하는 사람들은 신학대학교(또는 신학대학원) 학생입니다. 이들은 교육전도사로서의 정체성과 전문성을 가질 수 있도록 신학교에서도 어떤 교육도 받지 못한 상태입니다. 심지어는 신학교에 입학만 하면 바로 현장에 투입됩니다. 그러니 그들은 사역을 하고 있지만 사역의 전문가, 교육전문가라고 인정하기는 어렵습니다. 그러나 실제적으로 교회는, 교사는 그런 교육전도사들에게 열정만을 요구하는 것이 아니라 전문성도 함께 요구하고 있습니다. 교육전도사들도 자신의 사역에 대한 정체성을 갖기보다는 자신의 미래에 목회자가 되기 위한 경험과 실습의 장으로서 여기고 있거나, 학생 신분으로서 등록금 해결과 생활비 조달을 위한 사역 정도로 생각하는 경우도 많습니다.

둘째로는 교육전도사의 책임성과 위치가 애매합니다. 왜냐하면 교회 내에서 갖는 역할에 한계가 있기 때문입니다. 교회에서는 교육전도사들을 대우하고 인정할 때는 학생 신분으로 대우하고 인정하지만, 교회교육의 현장에 대한 책임을 물을 때는 교회의 교역자(전도사)로 책임을 묻게 됩니다. 즉 이는 학생으로 전도사의 사역을 감당하고 있는 교육전도사들의 책임성과 역할의 한계성을 잘 드러냅니다. 이러한 한계성은 교회의 전통적인 의식과 마인드도 있지만 교육전도사 사역의 한계성 때문이기도 합니다. 평일에는 신학교에서 공부하고 주일만 봉사하는 파트타임직(?)이기 때문에, 주일에 와서 잠시 일 보고 돌아가는, 그다지 중요하지도 않는 한 부서의 사람이라는 의식을 강하게 받고 있는 것입니다.

셋째는 부서의 교육이 수시로 바뀌게 됩니다. 이 때문에 교육의 연속성과 일관성을 유지하기가 어렵습니다. 교육전도사의 잦은 이동으로 교육전도사의 임기는 어느 때부터인가 자연스럽게 2-3년 정도로 굳어지고 있는 형편입니다. 신학교 졸업과 동시에 전임사역자로 임지를 옮기거나 사역의 위치를 바꾸게 되지요. 이러한 현상은 교육전도사가 한번 바뀌면 기존까지 진행되어 오던 많은 교육 프로그램이 바뀌는 현상을 초래하게 됩니다. 새로운 교육전도사의 신앙관이나 교육철학에 의해 많은 부분에서 변화가 불가피하고 수정에 수정을 거듭하는 순환이 시작되는 것입니다. 그러한 흐름 속에서 교회도, 교사들도 교육전도사를 '곧 떠날 사람', '학생이면서 전도사이니까 큰 기대도 안 하는 사역자'로 인식하고 있습니다. 학생들을 교육하는 것은 지속성이 있고 연속성이 있고 기다려야 하는 특성을 가지고 있습니다. 그런 현실에서 교육전도사가 자주 바뀌는 문제는 교회 학생들에게 많은 시행착오와 적응 문제를 반복 순환시키는 문제를 낳고 있습니다.

그동안 한국 교회에서는 아주 작은 예산으로 교회 교육을 어느 정도 진행시킬 수 있고, 신학생은 적은 시간과 노력으로 경제적 문제를 어느 정도 해결할 수 있다는 점에서 하나의 관행이나 습관처럼 40년 동안 교육전도사 제도가 시행되어 왔습니다. 주일에 하루, 또는 일주일에 1-2회 교회 출석하고, 공부 때문에 교사와 학생 심방은 거의 불가능한 그들. 교육전도사의 역할과 임무 수행능력을 전혀 교육받지 못하고 현장에서 일하면서 스스로 배워나가는 그들. 과연 이 교육전도사 제도를 그래도 유지해야 할까요?

교육전도사 제도에 대한 활로 찾기에 앞서서 교육전도사들의 내면을 들여다보고 싶지 않으세요? 유감스럽게도 교육전도사들에 대한 광범위한 조사와 통계는 찾아보기 어려웠습니다. 그만큼 현장에 대한 연구와 통계, 검토 없이 교육전도사 제도가 흘러왔다는 점을 여실히 드러내고 있는 것이지요. 다행히도 유일하게 한 가지 통계를 발견할 수 있었는데요. 7장 서두에서 말한, 저와 잘 알고 지내던 한 분의 동역자, 김성민 전도사님(현재는 목사님)이 쓴 장로회신학대학교 신학대학원 졸업논문이었습니다.

그분이 논문 작성을 위해 큰 목적을 가지고 조사하였던 '교육전도사 설문 분석'이 교육전도사의 한계와 미흡한 면에 대해 많은 점을 시사해 주었습니다. 그분은 자신의 논문 "교회교육 현장에서의 교육전도사 제도에 관한 한 연구" 내용 중에서 자신의 소속교단인 장로회신학대학교 학부와 신학대학원 학생들 중에서 교육전도사로 봉사하는 분들(응답자 369명)의 설문 내용을 이렇게 정리하고 분석하여 표로 정리해서 게재했습니다.[14]

이 설문 분석은 우선, 응답자(유효 응답자)가 369명이라는 점에서 신뢰성이 크구요. 통계 조사일자는 1998년 11월 중이라서 10년 전의 통계입니다. 그러나 지금 이 시점에서 교육전도사들에게 똑같은 설문지를 돌려도 10년의 이 표 분석과 거의 차이 없는 응답들과 항목별 분포도가 나올 것 같다고 저는 생각합니다. 자세한 항목과 비율과 분석은 여기에다 실어드리지 못합니다. 간단히 정리한 아래의 표를 보시면서 10년 전이나 다름없을 현재의 교육전도사의 정체성과 현실을 진단해 보시기 바랍니다.

저는 이 표를 보면서 세 가지 생각을 해 보았습니다. 이것은 간단하지 않은 복잡한 생각, 기쁨보다는 고뇌가 더 많은 생각들이었습니다.

---

14 김성민, 동일 논문, 113쪽.

	항목	빈도(%)
봉사 기간	2년	29.3
봉사 중 어려운 점	봉사시간 부족	30.6
봉사 만족도	어느 정도 만족	61.2
교육정책 결정권	담임(교육)목사	45.0
사례비	40만 원대	48.8
교육전도사 문제점	시간 부족	32.5
등록금, 생활비 준비	사례비 절대의존	47.2
교육 전임제 도입	적극찬성.	26.3
	어느 정도 찬성	43.1
사례비 평가	보통이다	33.9
교육전임제 도입 문제점	신학생들의 대책 문제	49.0
등록금 보조	매학기 절반	34.1
신학생 대책	생활비문제	40.7
교회참석 횟수	2회 정도(주일, 수요일)	38.2
신학생으로서 교사봉사	하겠다	39.6
	고려하겠다	30.9
봉사 정도	2개 이상의 봉사	22.0
전임제 도입시 졸업 후?	교육전임은 한시적	36.0
주중교사 만남		41.5
주중교사 심방		58.0
정기교사 심방	필요할 때 가끔씩	43.6
정기교사 교육		47.7
정기학생 심방		56.9
부정기 학생 심방		50.9
교육전도사 교육 수강 정도	전혀 받은 적 없다	74.3
교육전도사 역할 인지 방법	직접 봉사하면서	61.8
주중학생 심방	주일 외에는 없다	45.5
이전 교사 경력	5~6년 이상	45.8
학부모 상담	부모 요청 있을 때	26.6
교육사 제도	잘 알고 있다	39.6
	잘 모르고 관심 없음	35.8
학교 선생님 면담	전혀 없다	72.6
교회교육 관심분야	교사 교육	39.4
주일준비요일	토요일	33.1
주일준비 중 가장 관심분야(설교 제외)	교사 경건회	30.9
주일준비 소요시간	5시간 이하	28.5
교회교육 중 가장 우선 개혁 분야	교회에서의 교회교육에 대한 관심도	32.3

첫째는 한국 교회 교육은 껍질이 깨지는 아픔 정도가 아니라 그보다 더한 아픔과 고뇌가 필요하겠구나 하는 탄식입니다. 교육전도사의 현실적인 문제, 학교 공부에 매여서 시간 부족에 쩔쩔매는 교육전도사에게 사역을 맡겨 놓고 무관심, 무책임, 무지원으로 외면하고 있는 교회 현실. 담임목사님과 교회, 교단 측에서 아픔을 무릅쓰고 고통을 감당하면서까지 몸부림치고 노력하지 않고는 이 문제 해결의 실마리를 찾기가 어렵겠습니다. 교육전임 사역자들의 전문성 확보, 교육전임을 둘 수 없는 미자립교회들의 대안들, 현재 신학생들의 대우나 대책 문제 등, 풀어야 할 문제가 많을 것 같습니다.

둘째는 개 교회들도 교육전도사 제도의 한계성을 뚫을 수 있는 자구책을 만들기 위해서 머리 싸매고 연구하지 않으면 안 되겠구나 하는 생각입니다. 21세기의 사회는 전문화, 세분화, 조직화의 시대입니다. 교회도 교회교육도 교육전문가를, 교육 전임을 필요로 합니다. 그러기 위해서는 신학생 대책도 세워 주어야 하고, 그들을 어떻게 활용해야 할지도 고민해야 하고, 어떻게 교육전임을 양성해서 사역하게 할 것인지 고민해야 하겠습니다. 교회 측에서도 예산의 획기적인 절감 대책, 효율적인 예산 비율, 장기 계획 등 연구에 연구를 거듭하지 않으면 헛수고에 그치게 될 것 같습니다. 이름만 교육전임으로 사례비만 나갈 뿐이지 내용상으로는 교육전도사 제도의 모방판이 될 염려가 있습니다. 그러다가 다시 원점으로 돌아갈 위험도 생길 여지가 충분히 많이 있지요.

셋째는 교육전도사들의 뼈아픈 희생과 엄청난 양보가 없이는, 한국 교회 교육을 위하여 송두리째 희생하고 굶을 각오로 신학하겠다는 순교

정신 없이는 안 되겠구나 하는 생각입니다. 위 표에서 보시다시피 다들 교육전임, 교육전문가, 교육사 제도에 대해서 관심 있다고, 교육을 위해서는 찬성하고 동의한다고 응답하였습니다. 즉 명분에는 찬성입니다. 그러나 실제적으로는 신학생들의 생활비와 등록금 문제가 해결되는 사례비 대책이 없으면 이 명분은 어디까지나 탁상공론식 명분으로 그치게 될 것입니다. 이 이율배반적인 사고와 현실적인 장벽 앞에서 교육전도사들이 무엇을 선택하게 될까요? 교육전도사들이 자기 밥그릇을 비우고 굶어도 좋다는 그런 희생과 비움이 없이는, 지금까지 누려왔던 조금의 혜택을 깨끗이 포기할 수 없다면, 이 문제는 끝없이 진행되는 탁상공론이 되고 말 것입니다. 또한 교회들이 인정에 매여서 교육전도사님들에게 어느 날 갑자기 그렇게 야박하게 할 수 없다고 한다면 이 문제는 언제나 원점으로 돌아가는 다람쥐 쳇바퀴 놀음처럼 반복될 것입니다.

결국 교회학교의 부흥을 위해서는, 교육전도사 제도의 개선을 위해서는 모두가 진지하게 연구하고 활로를 찾으며 꾸준히 노력하면서 차근차근 한 단계씩 전진하고 전진하며 앞으로 나아갈 길만 남았습니다.

3. 교육 인턴 혹은 교육 레지던트

교육전도사 제도가 묵시적으로 세워지게 된 지 40년이 넘었는데도 교회교육은 조금도 변화하지 못하고 있는 이 현실. 염려도 되고 고민도 되는 답답한 현실입니다. 탈출구를 찾을 수 없어서 다람쥐 쳇바퀴 돌듯이 뱅뱅 도는, 뜨거운 감자 같은 교육전도사 제도. 사실 그동안 아무런 논의나 대안이나 연구가 없었던 것이 아닙니다. 다만 대부분 그런 논의들이 탁상공론에서 멈추어 버린 것이었습니다. 고양이 목에 방울 달자고 신나게 떠들고 야단법석이면서도 사실상 "누가, 언제, 어떻게"에 대해서는 더 이상 진전이 없는, 원칙론과 명분 위주의 논의였기 때문입니다.

기독교교육학과 교수님들이나 전공자들, 교단 교육정책 담당자들 모두가 '이대로는 안 된다'고 힘주어 말합니다. 현재의 파트타임 전도사(학생이면서 교육전도사) 제도는 바뀌어야 한다고 말합니다. 그리고 이런 대책들도 줄기차게 논의되어 논문으로 세미나로 발표되어 왔습니다. 그분들은 주로 '교육사' 제도에 대한 논의를, 주장을 많이 하는 입장이었습니다.

교육전도사에 대한 7장을 읽으시면서 여러분들도 어느 정도는 '이 제는 교육 인턴이냐, 혹은 교육 레지던트이냐' 라는 고민을 해 보기 시작 하셨을 것입니다. 인턴보다는 레지던트가 낫겠다고 생각하십니까? 더 나은 것은 전공의, 전문의사가 더 낫겠지요? 저 역시도 교육전문의를 더 좋아합니다. 저는 이 글에서 교육 전문가 제도에 대하여 현실적인 두 가 지 의견-교육사, 교육전임전도사-을 함께 나누어 보려고 합니다.

첫 번째는 교육사 제도입니다. 교육사(Director of Christian Education)라는 '교회교육 전문가' 제도는 20세기에 미국에서 시작되고 발전된 제도입니다. 잘 훈련된 기독교교육 전문인력으로 하여금 교회 내에서 책임과 행정적인 위치를 부여받고 교회교육의 모든 문제를 전문 적으로 담당하는 것입니다.

'교육사' 제도는 한국 교회의 여러 교단들 사이에서 1975년경부터 기독교교육학과 교수님들이나 전공자에 의해 논의가 시작되었고 여러 교단들은 지금 꾸준히 연구하며 노력하고 있는 것 같습니다. 그러나 아 직 대중적으로 공감을 얻으며 확산 과정에 있지는 못하고 지금도 도입 이 늦어지고 있는 형편입니다. 아쉬운 대로 요즘 많이 활용되고 있는 제 도가 교육 목사 제도인데요. 기독교교육을 전공한 분들이 목사 안수를 받고 교회교육을 전반적으로 돌보는 제도라고 할까요? 교육사 제도와 많이 유사하고 흡사한 데가 있긴 하지만 그러나 사역의 전문성을 발휘 하기엔 미흡한 점이 많습니다. 즉 교육 목사에게 교구를 맡긴다거나 교 육부서(청년부)를 맡기는 문제도 있구요.

제대로 된 교육사라면 두 가지 방향에서 전문성을 확인하고 사역을 하도록 해야 합니다. 즉 첫째는 자신의 전문영역 사역 분야를 결정할 필요가 있지요. 유치부인지, 아동부인지, 청소년분야인지, 성인훈련 분야인지, 자신의 주된 사역 분야 안에서 전문적으로 준비되고 사역할 수 있어야 합니다. 둘째로는 은사별로 자신의 특기를 확인할 수 있어야 합니다. 교육행정가인지, 프로그램개발 담당자인지, 교육 코디네이터인지, 아니면 전 분야의 자문 역할인지, 교수학습 전문가인지를 자신이 확인하고 능력을 배양하여 전문성을 발휘할 수 있어야 합니다.

그래서 교육사 제도는 자신의 전문 사역분야에서 일하는 것이기 때문에 한 교회에 현재의 교육전도사들(부서들) 숫자만큼 많거나 적거나 할 수 있습니다. 자신의 주 사역분야를 담당하는 것이니까요. 그러면서도 유기적으로는 은사에 따라 전체 사역에서 자신의 전문성 분야를 가지고 팀목회처럼 사역공동체의 한 몸을 이루어갈 수 있습니다. 한 교회에서 프로그램 개발 담당자, 교육행정가, 교육 코디네이터 등 다양한 은사가 한 몸을 이루어가는 것이지요. 교육사 제도는 이처럼 잘만 활용하면 큰 유익을 얻을 수 있습니다.

기독교교육자들이나 교단 교육 정책 관계자들은 교육사 제도를 논의하면서 꼭 거론하는 것이 기독교교육학 전공자, 또는 관련과목을 어느 정도 이수한 교역자라는 교육사 요건을 말합니다. 소정의 기독교교육 이론에 대한 교육은 필수적이고, 기초적인 대책이라는 것은 저도 물론 동의하고 찬성하는 바입니다. 그러나 교회교육의 현장에서는 그런 소정의 기독교교육학 교육과정을 이수했느냐 안 했느냐가 교육의 전문성 부분에서 절대적으로 그렇게 중요한 문제는 아닌 것 같습니다. 사실 기독교교육이라는 학문을 전공했다고 해서 교육에 관련된 모든 은사들이 다 주어진 것은 아니거든요.

기독교교육이 현장을 중시하는 분야이다 보니 오히려 은사가 있고 열정 있는 분들이 교육사가 되는 것이 좋을 것 같습니다. 교육사를 만드는데 필요한 교육과정과 교육시간이 중요한 것이 아니라 교육사로서의 전문성에 대한 사역 준비와 열정이 준비되어 있는지가 더 중요한 요건이 되어야 한다고 생각합니다. 그래서 교육사 도입의 시기, 잘 정착될 수 있는 제도의 준비성, 향후 대책, 보완 대책 이런 행정적인 논의와 방법도 중요하지만 교육사를 선발하고 교육시키고 인준하는 절차와 규칙에서 꼭 전공자라는 학문성에만 초점을 두지 말기를 바랍니다.

둘째는 교육전임 전도사(Full time worker) 제도의 도입을 생각해 볼 수 있습니다. 교육전도사보다는 한 단계 더 전문성을 확보할 수 있는 제도로 교육사와 교육전도사 사이의 중간에 있는 사역자라고 보는 편이 맞을 것입니다. 학생 전도사가 신학생으로서의 시간 부족과 경험 부족으로 인한 전문성 확보가 어려운 지경이었다면 교육전임 전도사는 신학교 졸업 후 다소 여유로운 시간과 그동안의 학생 전도사의 경험을 바탕으로 하여 자기 담당 분야에서 열정과 전문성을 확보할 수 있습니다.

교육전임 전도사는 일주일 내내 해당 사역 분야를 위해 출근과 사역을 전담하는 전임 사역자와 일주일의 절반 정도만 사역하는 준전임 사역자 두 종류의 사역의 형태가 있을 수 있습니다. 어느 것이든 시간 부족과 경험 부족의 한계를 보완할 수 있는 제도이긴 하지만 아직도 확고한 전문성을 확보했다고 보기는 어려운 형편입니다.

신분상의 보장도 조금은 어려운 형편일 수 있습니다. 지금 한국 교회 형편에서 교육전임을 어떻게 교회가 대우하며 어느 위치에 놓게 될지 잘 모릅니다. 교육전도사도 아니고, 교육목사도 아니고, 교구 목사도 아닌 위치에 있기 때문에 불안정한 상태일 수 있습니다. 그래서 안정된 사역을 위하여 교구목사로 전환하거나 일시적으로 머물러 있겠다고 하는 한계점이 생길 수 있습니다. 사례비 문제, 교인들의 의식, 교회 담임 목사님과 당회에서의 사역과 임기 보장 문제 등, 교육전임전도사 제도도 교육사 제도 못지않게 보완해야 할 점이 많습니다.

저는 현실적으로 교육사 제도는 교회 부담이 만만치 않을 것이라고 생각합니다. 여러 명의 교육사를 임명했을 경우 비용 부담이 커집니다. 그러면 결국 이러한 교육사 제도는 대형교회들만 시행할 수밖에 없고, 재정적으로 넉넉지 못하거나 교인 규모가 크지 않은 중소형 교회에서는 엄두도 내지 못하고 그전의 교육전도사 제도만 답습할 수밖에 없습니다. 좋다는 것에는 공감하지만 현실적인 도입은 무리가 많이 따른다는 것이지요.

저는 교육전임 전도사(교육전문 전도사) 제도가 시행되는 것이 더 수월할 것이라고 생각합니다. 여러 명의 교육전임 전도사(전문 사역자)가 사역분야를 맡고, 한 명의 교육사(교육목사)가 전체 디렉터를 맡는 편이 낫지 않을까요? 현재의 교육전도사보다는 조금 더 나은 교육의 전문성을 확보할 수 있지 않을까요? 교회 측에서도 현재보다 조금 더 예산이 지출될 수 있고, 교역자 규모도 현재보다 조금 더 늘어날 수 있습니다. 교육전임 전도사는 전임이든 준전임이든 교회 사정과 본인 형편에 맞게 결정하면 되구요. 교회는 목회자로서의 신분 보장(목사 안수, 사역의 위치 보장)과 생활 보장(어느 정도 임기를 지나면 충분한 사례와 사택 제공 등)을 해 주는 것입니다.

교단측 교육부에서나 교수님들이나 교육 전문가들이 "교육전문가 도입, 교육사 제도" 아무리 많이 힘주어 주장해도 선뜻 도입되지 못하는 것이 바로 돈 문제가 아닐까 하는 생각도 들었습니다. 이건 순전히 제 생각과 견해에 불과합니다. 교단이 개 교회들에게 적극적인 도입 권유나 제도를 통한 규칙 준수를 요구하지 못하는 이유가 혹시 많은 예산 소요를 감당해야 할 교회 사정을 감안하기 때문이 아닐까요?

대형 교회나 교회교육에 지대한 관심을 갖고 출혈을 기꺼이 담당하려는 교회들은 재정상 큰 문제로 여기지 않겠지만 중소형 교회나 미자립교회는 시행에 큰 부담을 가지게 될 것입니다. 교육 목사, 교육전임 등 전문 인력을 청빙하는 경우, 교육전도사보다 더 많은 예산이 지출되어야 하고, 현재의 교육전도사들인 신학생들에 대한 대책도 결국 예산과 관련되어 있습니다. 이렇게 되면 막대한 비용이 들어갈 텐데 이것에 대해 많은 교회들과 목회자들이 얼마나 공감하고 필요성을 절감하느냐의 문제일 것입니다.

공감하지 못할 대책과 규칙과 조례는 개 교회에서 실행이 전혀 안 되고 허공으로 사라져 버리는 대안과 정책이 되어 버리지요. 그렇기 때문에 교단 총회 측에서 쉽게 강행을 하기도 어렵습니다. 교육전문 전도사들에게 소정의 교육과 훈련을 받게 하는 교육의 문제는 총회 교육부 측에서나 신학교에서 충분한 노하우와 방법이 있을 것입니다. 그러나 현재의 신학생들을 무임교사로 둘 것인가 유급교사로 활용할 것인가의 문제도 결국 돈을 갖고 풀어야 되기 때문에 어려운 문제입니다. 교회는 무조건 예산이 없으니 시행이 어렵다고 거절하지 말고 예산을 꼼꼼히 점검하시든지 다른 대책을 강구하는 자구 노력도 필요합니다.

총회 측의 결단과 시행제도 마련, 개 교회에서의 원칙 준수와 실행 의지, 현재 신학생들의 자기희생이 없으면 이 문제, '교육의 전문성 확보'는 풀 수 없는 난제입니다. 여기에서 가장 중심적인 열쇠를 가진 분은 바로 교회의 담임목사님입니다. 교육을 전문성 있게 개혁하느냐, 그대로 안주하다가 서구 유럽 교회들처럼 되느냐의 방향타는 교회의 선장이신 담임목사님 마인드에 달려 있습니다. 담임목사님이 하고자 하신다면 반드시 방법을 찾으려고 하실 것입니다. 지혜로운 대안 마련은 담임목사님의 실행의지에 달려 있습니다. 아무리 총회가 제도를 정하고 시행령을 발표해도 교회가 수용하지 않으면 아무 소용이 없습니다.

그 다음은 교육전도사들에게 달려 있습니다. 저 자신도 오랫동안 교육 현장에서 교육전도사로서 경제적 어려움을 많이 겪어 봤기 때문에 교육전도사들을 향하여 쓴소리를 하기에는 마음도 아프고 어려움에 대한 공감대도 있습니다. 그럼에도 불구하고 이런 쓴소리, 돌 맞을 소리를 하는 이유는 '교회가 나를 위하여 존재하는 것이 아니라 내가 교회를 위하여 존재하는 종'이라는 의식 때문입니다. 만일 교단 총회가 결정을 내리고, 신학생 전도사들도 결단하고 희생한다면 더 빨리 문제를 해결할 수 있습니다. 그렇지 않으면 10년이 가도, 50년이 가도 이 문제는 풀어지지 못할 것 같습니다.

교육전도사의 희생이 필요하다면 한국 교회를 위하여 자기희생을 하겠다는 결단을 보여 줄 수 있었으면 좋겠습니다. 교회교육의 개선과 유익을 위해서라면 교육전도사 직을 내려놓고 앞으로 유급교사이든 무급교사이든 봉사하겠다는 마음으로 결단했으면 좋겠습니다. 현재의 교육전도사 제도에 편승하여 신대원에만 입학하면 어디 교회에 가서 등록금과 사례비를 받아서 대충 편하게 대학원 시절을 보내려고 하는 자세에서 자비량으로 공부하고 사역한다는 마음으로 바울의 뒤를 따르는 초심으로 돌아갔으면 좋겠습니다. 교역자들은 하나님의 종입니다. 또한 교회를 섬기는 종입니다.

4. 열정의 땅에서 높이 비상하라!

경제적 어려움에도 불구하고 제가 이 길을 줄기차게 걸어올 수 있었던 이유는 전문 사역자로서의 정체성과 자부심과 열정 때문이었습니다. 저에게 왜 심방 전임으로 나가지 않느냐고 물어보시는 분들도 많았구요. 물어보지 않아도 뒤에서 의아하게 생각하는 분들의 궁금한 시선도 많이 느꼈고, 제 나이가 많아질수록 그런 의심(?)은 더해지기만 했지요. 교구 심방 같은 성인사역을 하면서 조금은 경제적으로 편하게 생활하지 않는 이유가 뭐냐구요? 그건 전문사역자로서의 길 때문이었지요. 남들이 보편적으로 다 가는 넓은 길, 대로를 가지 않고 외길로 좁은 길을 가고 싶은 열정이었습니다. 또한 많은 분들이 그동안의 제 아동부 사역의 부흥의 비결, 많은 창의적인 프로그램 개발의 비결을 물어보시곤 하지요. 그럴 때마다 제 대답은 간단하게 '열정'이라고 합니다.

열정!! 열정이 없으면 주님 안에서의 나는 아무런 의미가 없습니다. 저는 열정을 두 가지 분야에서 생각합니다. 첫째는 내가 믿고 따르고 고백하는 주님에 대한 사랑의 열정, 즉 복음에 대한 열정입니다. 둘째는 내가 헌신하고 섬기고 주님 안에서 풍성한 삶을 누리게 만들어 주어야 할 사역에 대한 열정입니다. 이 두 가지 열정이 없다면, 또는 열정이 빈약하여 가느다란 나무처럼 어설프다면 그 사역은 안개와 같고 바람에 불려가는 거와 같은 사역이 될 것입니다. 주님에 대한 열정과 사역에 대한 열정이 있다면 나머지 두 개의 화두(영성, 전문성)는 열정 안에서 다 해결될 수 있습니다.

많은 목회 전략 입안자나 목회자 세미나를 주도하는 분들이 소리 높여 외치는 두 날개는 '영성과 전문성' 입니다. 열정이 없으면 영성도 전문성도 그 영혼 안에 담을 수 없습니다. 개개인의 상황이나 교회 형편이나 주변 상황은 열정만 분명하면 다 뛰어넘을 수 있습니다. 주님과 복음에 대해 분명하게 고백하고 확신하고 그 사랑 안에, 그 은혜 안에 매일 새로워지는 감동과 감격(갈 2:20, 고후 3:17)이 있는 사람은 복음에 대한 놀라운 열정을 가지게 됩니다. 또한 그 은혜와 감격을 사역의 현장 속에서 쏟으려고 하는 교역자들에게는 사역에 대한 놀라운 열정이 있습니다.

새로운 것, 신선한 것, 눈에 확 뜨이는 것, 창의력과 기획력, 이 능력과 은사들의 배경에는 그러한 열정들이 있습니다. 열정 없으면 은사도 발휘되지 못합니다. 열정이 있으면 은사가 부족해도 뛰어난 능력을 발휘할 수 있습니다. 5%의 능력과 은사를 가지고도 놀라운 부흥과 성장을 가져올 수 있습니다. 교회학교는 은사로, 프로그램으로 부흥되는 것이 아닙니다. 열정 있는 교역자, 열정 있는 교사들로 인하여 교회학교는 사랑이 넘치고 행복이 넘치는 은혜의 동산이 되어갑니다. 그 안에 예수님이 있고, 복음이 있고, 생명이 싹트고 자라납니다. 그 복음의 능력과 열매를 보고 모두 기뻐하고 행복하게 되는 것입니다. 그래서 사역자의 열정은 자신도 교회도 사역부서도 다 함께 행복하게 합니다.

많은 교육전도사님들의 첫 번째 하소연은 "아, 시간 없어. 시간만 좀 넉넉하다면…." 그러나 이것은 교육전도사들만이 아니라 대부분의 많은 사람들이 죽을 때까지 한 평생을 입에 달고 다니는 말이기도 합니다. 열정이 있으면 열정을 쏟을 시간을 만들어 내게 됩니다. 뜻이 있으면 길이 있고, 마음이 있으면 시간을 내게 되어 있습니다. 시간은 내게 다가와서 기다리는 것이 아니라 내가 그 시간을 붙들고 '나의 시간'으로 만들어 재창조해야 하는 것입니다.

저 역시 살면서 시간의 부족함을 많이 느끼며 살았지요. 공부하면서 사역했고 연구 활동도 했구요. 정말 한 시간 한 시간을 허술히 보낼 수 없었답니다. 그래서 전철 안에서 기도했고, 전철 안에서 서서 성경을 읽기도 했을 만큼 시간을 아껴 쓰고 자투리 시간을 활용하는 방법을 터득하게 되었습니다. 학교에서도 강의가 없는 시간에는 휴게실에서 교사에게 어린이에게 엽서나 편지를 쓰기도 하고 전화심방도 했습니다. 시간은 부족한데 챙겨야 할 사람이나 일이 많다 보니 자연스럽게 메모하는 습관이 들었지요. 할 일과 챙겨야 할 사람을 놓치지 않기 위해서 수시로 생각나는 대로 적고 체크하면서 지냈습니다.

교육전도사님들이 수업과 레포트와 시험만 해도 벅찬데 사역까지 감당해야 하니 얼마나 시간에 쫓기는지 충분히 이해합니다. 그러나 혹시 짜투리 시간을 낭비하지는 않는지요? 허술하게 새어나가는 시간은 없는지요? 저는 여러분들이 시간의 집중도, 장소의 집중도를 높여 가셨으면 좋겠습니다. 공부할 때 공부하고, 쉴 때 쉬고, 대화할 때 대화하고, 도서관에서는 오직 그 일에 집중하고, 집에서는 사역준비와 가정에 충실하고, 시간의 집중도를 높이면 얼마든지 시간을 '나만의 시간'으로 만들 수 있습니다.

열정은 시간을 관리하는 것으로 표현됩니다. 시간 관리에서 원칙을 지켜 나간다는 것은 자신과의 무서운 싸움이 될 수 있습니다. 왜 그렇게 급한 일들이 갑자기 많이 생기는지 작심삼일이 되기 쉬운 것이 시간 관리입니다. 자신과 사역을 위해서 깊이 기도할 시간을 정기적으로 만들어 놓고 기도해 보십시오. 가족이나 친구나 공부나 그 무엇으로도 침범당하지 않을 영역을 굳게 설정하시고 한 번 지켜보십시오. 기도하고 성경 읽고 묵상하고, 하루에 30분 정도의 이런 시간을 꾸준히 갖는다는 것도 무척 어려운 씨름입니다. 그러나 어렵지만 꾸준히 하다 보면 조금씩 성취되어 가는 것이 있어서 만족감과 자신감을 얻게 될 것입니다.

교육전도사님들이여, 학교 공부가 너무 바쁘다고, 혹시 부장님이나 교사에게 심방도 다 일임해 버리고 주일날 한 번 가서 설교만 하고 오시지 않나요? 주일 하루 봉사하고, 그를 위해 몇 시간 준비한 것으로 할 일 다 한 것처럼 생각하지 않으세요? 혹시 자신이 꽤 쓸 만한 교역자처럼 자화자찬에 빠져서 은근히 흐뭇한 미소를 짓지 않으시나요? 주일 하루 사역의 대가, 교역자라는 이름으로 인해 생활비와 등록금이 해결되는 고급 알바가 아니신가요? 혹시 교인들이 우리 등 뒤에서 이렇게 수군거리지는 않을까요?

또한 일보다는 사람, 일보다는 관계라고 하면서 교사들 비위맞추기에 초점을 두고 있지는 않나요? 문제투성이 교사들을 바르게 가르치고 감화시킬 생각은 안 하고, 교사들과 충돌하지 않으려고 몸 사리면서 세월 가기만 기다리는 분은 안 계신가요? 부서의 학생들을 위해 전력투구하면서 사역하기보다는 '사람 좋은 전도사님'이라는 평가에 만족하시며 살지는 않으신가요?

교육전도사님들이여, 우리가 하나님 앞과 교회 앞에서 어떻게 사역을 하고 있느냐를 돌아보기를 바랍니다. 담임목사님과 교인들이 여러분에게 감동받을 정도로 사역을 했을까요? 여러분의 열정과 헌신에 비해 적은 사례비라고 미안해서 죄송해서 고개를 못 들 정도로 우리의 열정을 보여 주었는지 돌아보기를 바랍니다.

열정은 헌신을 낳고, 헌신은 창의력과 사랑을 낳게 됩니다. 교육전도사님이 열정으로 미쳐 있으면 설교든지 프로그램이든지 하나님이 공급하시는 놀라운 지혜와 능력이 함께 하십니다. 사역에 대한 열정에서는 창의력도 나오게 되어 있습니다. 창의력이 은사가 아니라 사랑하기 때문에 발휘되는 것입니다. 남의 것을 그대로 모방하는 설교나 프로그램은 요리로 비유하면 외식이라고 볼 수 있습니다. 외식이 더 맛좋고 영양가가 좋을 수 있습니다. 그러나 외식에 질리면 자기 집 밥, 소박한 가정식 백반, 요리 솜씨가 탁월하지 않아도 소박하고 애정이 깃든 가정요리를 더 그리워합니다. 여러분도 잘 아시지요? 가정 요리가 더 맛있고 영양가가 높을 수가 있는 것은 바로 만드는 사람의 애정과 손맛 때문이랍니다.

열정이 있으면 자기와 만나는 사람들과 주어진 일에도 대충대충 적당히 살기가 어렵습니다. 오히려 대충대충 설렁설렁 산다는 것이 더 어렵고 고통스럽습니다. 주님이 자신을 위해 주신 십자가의 고통과 은혜를 가슴깊이 절감하고 감사해 본 사람은 열정이 자신의 가슴 속에서 용솟음치는데, 어찌 자신의 일을 대충대충하고 살겠습니까?

열정 있는 사역자는 자신의 사역에 최선을 다해서 드려지다 보면 전문가로 세워집니다. 열정을 가진 사역자는 더 많이 연구하고, 더 많이 기도하고, 더 많이 사역에 미치게 되지요. 그러다 보면 연구하지 않고 노력하지 않는 교육전도사들보다 더 열매가 많이 맺히고 부흥도 하게 되는 것입니다. 그러면 사역자로서의 보람과 은혜를 더 많이 누리게 되고, 다시 더 연구하고 노력하게 되는 좋은 의미의 순환이 계속되게 됩니다. 그래서 전문성은 열정의 땅에서 자라는 나무가 됩니다.

복음의 열정은 사역자의 영성을 키우는 땅이 되고 영성은 열정의 땅에서 자라는 나무가 됩니다. 더 많이 기도하고, 하나님의 은혜를 사모하고 갈구하는, 은혜에 목마른 사역자가 되면 그의 영성은 더 깊고 넓어집니다. 그래서 저는 교육전도사의 전문성과 영성을 말하기 이전에 복음에 대한 열정을 더 먼저 말하고 강조하는 것입니다. 자신이 죄인이었으며 자신이 십자가의 피로 구원받았으며, 이제 자신이 그리스도 안에서 살고 있는 새 피조물이라는 확신이 있습니까? 그 확신이 지식이 아니고 경험되어지는 삶을 살고 계십니까? 그런 고백이 있는 분들이 복음에 대한 열정과 사역에 대한 열정으로 삶을 송두리째 바쳐서 사역자의 길을 가는 것입니다.

열정과 헌신도는 하나님 앞에 부끄러울 것이 없게 만듭니다. 최선을 다한 열정은 교육전도사가 교사들 앞에서도 떳떳하게 설 수 있는 영적 권위를 만들어 줍니다. 교육전도사의 영적 권위가 뭐가 있겠습니까? 아직 어린 애송이 전도사, 풋사과 같은 새내기 전도사라고 교사들이 알고 있는데요. 나이 어리고 부족해도 사역에 최선을 다하는 열정 때문에 영적 권위를 세우게 되고, 과연 교역자답다고 존경과 인정을 받게 되는 것이지요.

제가 그동안 사역했던 교회에서 부흥과 성장을 가져온 원인을 저는 두 가지로 스스로 진단합니다. 저는 사역(일)에 대한 열정과 사람에 대한 열정에 온전히 집중했습니다. 아동부 설교와 전도, 프로그램이나 행사를 하게 되면 길 가면서도 생각에 사로 잡힐 만큼 집중했습니다. 15년이 넘는 사역 경험이 있음에도 불구하고 그 경험에 익숙해져서 대충 대충 준비하고 대충 대충 진행하지 않습니다. 치밀하게 생각하고 정검하며 마음속에서 시뮬레이션도 해 보곤 합니다.

성경학교 기간에는 준비기간 한 달여를 온전히 집중하고 기도하면서 보냅니다. 사람 만나는 것도 줄이고 쓸데없는 외출도 자제하고 오직 아동부 어린이와 교사와 전도와 프로그램만 생각합니다. 하나님은 은사가 뛰어난 사람에게 부흥을 주시는 것이 아니라 우직하고 충성스럽게 하나님을 의지하며 사역에 집중하여 올인하는 사람에게 부흥의 기쁨을 주십니다. 철저한 준비와 점검, 착오없는 진행으로 프로그램이 성공적이고 좋은 성과가 뒤 따라올 때 교사들은 지도자를 신뢰하고 영적 권위와 사역자 위치에 존경심을 갖게 됩니다.

언젠가는 이런 일도 있었습니다. 토요일이었는데 교회에서 할 일을 다 마치고 집에 도착하니 8시경, 저녁을 먹고 쉬고 있는데 한 교사가 전화를 했습니다. 자기 반 아이가 오후에 학교에서 다리를 심하게 다쳐 병원에 입원했는데 수술을 해야 할 정도라고 했습니다. 아, 집에 온지 이제 겨우 한 시간 인데…. '내가 오늘밤에 못가면 내일은 아동부와 교회

행사 때문에 밤늦거나 병원에 갈 것 같고, 그러면 이미 수술도 다 끝났을 테고….'

저는 다시 교회를 향해 출발했습니다. 그 아이가 내 아이라면 어찌 시간을 지체하고 몸의 피곤을 이유 삼을 수 있겠습니까? 집에서 교회까지(교회근방 병원까지) 1시간 반, 문병하고 상황을 살피고 위로해 주고 다시 집으로 돌아오는 시간이 1시간 반. 집에 오니 12시가 다 된 한밤중. 몸은 녹초가 되어 너무너무 피곤하여 파김치 같았지만 마음은 홀가분했습니다. '내 몸이 이렇게 힘들어도 가서 얼굴 보고 돌아오니 좋다. 집에서 그냥 있었으면 부담스러웠을 텐데 가서 보고 오기를 정말 잘했어.' 집에서 교회까지 1회 왕복에 3시간인데 그날은 교회까지 두 번 왕복, 6시간. 그것도 집에 도착하여 1시간 만에 다시 교회로 왔다가 한밤중에 다시 돌아간 것을 안 교사들은 저를 존경의 시선으로 바라보더군요.

한 번은 밤 11시에 교회에서 전화가 걸려왔습니다. 우리 부서 남자 선생님 한 분이 장출혈로 인하여 응급 수술을 받는다는 연락이었습니다. 그런데 그분 직장도, 실려 간 병원도 서울이 아닌 외곽도시였습니다. 늦은 밤 그 시간에는 대중교통도 시외버스도 끊긴 상황. 저는 잠시 고민하다가 외출 준비를 하고 택시를 타러 나갔습니다. 집에 있는 돈을 천 원짜리 백 원짜리 동전까지 총동원을 하였지요.

서울의 경계선을 지나 그 도시의 그 병원까지 찾아가는 길, 택시의 요금계는 쑥쑥 올라가고 제 가슴은 두근두근. 제 생활비 중 한 달 식비가 그날 밤 속절없이 시외 택시비로 다 소진되어 가는 상황이었거든요. 밤 12시가 넘은 시간이라 할증료도 포함되었구요. 하지만 고통스러운 신음소리를 내고 계실 그 선생님, 수술실에 들어가시는 선생님을 배웅

해 주고 지켜 주고 싶은 마음에 그 다음날 밝은 낮까지 기다릴 수 없었습니다. 힘들어 하실 그 선생님을 모른 체하고 나 혼자 집에 돌아와 태평스럽게 편하게 잠을 청할 수 없었습니다.

열정은 사랑의 힘을 가집니다. 열정은 전문성과 영성의 토양입니다. 교육전도사 여러분, 그대 앞의 길은 험난합니다. 외롭고 힘듭니다. 그러나 그 길은 기쁨과 보람의 길이 될 수 있습니다. 잘 섬기고 잘 돕고 서로가 행복해지려면 우선 먼저 복음에 대한 열정, 구원의 확신을 새롭게 하십시오. 그 열정을 사역에 대한 열정으로 가꾸십시오. 열정 속에서 전문성과 영성의 날개를 펴고 높이 비상하시기를 바랍니다. 그래서 황무지에 장미꽃을 피우는 생명력 있는 사역을 펼칠 수 있기를 바랍니다.

제8장
교회학교는 동네구? 지역구?

교단마다 노회가 있고 총회도 있지만 교회들의 활동과 움직임을 보면 대부분이 개별적으로 움직입니다. 교회 뒤에 노회가 있고 총회가 있다는 것을 거의 의식하지 못하고 있습니다. 연합해서 하는 행사라고 하면 대부분 교사 강습회나 노회 대회 정도가 아닐까요?

국회의원 선거구도 광범위한 지역을 포괄하는데 유독 교회만은 바로 옆 교회에서 무엇을 하고 있는지, 어떻게 움직이고 있는지 캄캄하게 모를 때도 많습니다. 교회학교는 더욱더 그런 현상이 벌어집니다. 세상은 지구촌 한 마을 글로벌화 시대로 가는데 교회는 아직도 여전히 개 교회주의에 머물러 있습니다. 교회가 있는 지역의 상황조차도 잘 모르는 폐쇄사회처럼 '우리끼리만, 우리 교회끼리만'의 마인드가 여전히 대세입니다.

각 교회별로는 다양한 프로그램이 여러 가지 방향에서 활발하게 전개되고 있는데 비해, 연합 행사는 프로그램도 다양하지 않고 참석 인원도 갈수록 줄어드는 것을 현장에서 볼 수 있습니다. 그 연합 행사도 대부분은 노회 산하의 교회학교 연합회가 주도하는 행사들이지요. 시대는 놀라운 속도로 변화되고 있는데 비해, 교회학교 연합회의 활동은 몇 십년 전이나 지금이나 별로 큰 변화의 차이와 속도감을 느끼기 어렵습니다.

제가 다음에 펼쳐 보일 몇 가지 의견들이 시행되기 위해서는 지금보다는 강화된 연합회 활동이 필요합니다. 그러기 위해서는 교회학교 연합회에도 상근 직원이 필요할 거라고 생각됩니다. 그리고 그 상근 직원이 평신도여도 좋겠지만 가능하다면 교회학교 경험이 많은 교역자가 한 분 있어서 많은 아이디어를 내고 교회와 연합회의 중간 역할을 감당했으면 하구요. 사역과 신학을 겸비한 교역자가 연합회마다 봉사를 하게 된다면 좋을 것 같습니다.

1. 여기 사람 좀 보내 주세요!

소위 교인 규모가 큰 교회들이나 중형교회들은 어느 정도 안정이 되면 꼭 외부적으로 선교헌금을, 국내 농어촌교회나 개척교회에 헌금을 지원합니다. 그래서 받은 사랑과 은혜를 나누는 삶을 실천하지요. 많은 농어촌교회나 신생 개척교회들도 당장은 현실적으로 외부 지원 헌금이 급하게 필요합니다. 그러나 교회 존립과 성장의 기반을 형성하기 위해서는 인적 자원의 부족도 급한 사항일 거라고 생각합니다. 여러 미자립교회 목회자들을 만나서 나눈 이야기 중에는 교회를 유지하기 위한 헌금과 더불어 요소 요소에서 평신도 지도자 역할을 해 줄 인적 자원이 채워지는 것을 중요한 기도제목으로 갖고 있었습니다.

도시 교회나 대형 교회, 중형 교회들도 이젠 농어촌이나 도시, 외곽 위성도시의 개척교회나 미자립교회를 지원하는 방법의 형태를 고려해 볼 필요가 있습니다. 미자립교회들에게 매월 적금처럼 일정 액수를 지원하는 것도 좋지만 협력목회나 형제교회와 같은 개념으로 필요한 물품들과 인적 자원을 지원하고 돕는 체재로 갔으면 좋겠습니다.

도울 수 있는 인적 자원은 얼마든지 많습니다. 중형 교회 이상이면 스스로 봉사하기를 부담스러워하든지, 헌신도가 약해서 주춤하고 있는 성도들, 잉여봉사 인력도 은근히 숨어서 존재하는 경우도 많습니다. 농어촌 교회나 도시의 개척 교회, 미자립 교회에서는 일꾼 한 사람이 없어서 그런 일꾼 한 명 보내달라고 애타게 기도하는 경우도 많습니다. 미자립교회 목회자들의 애타는 호소, "돈도 없고 사람도 없다"는 호소를 우리 교회의 문제가 아니라고 외면할 수 있을까요?

연약한 그 교회도 우리와 한 형제, 한 몸입니다. 멀리 떨어져 있어도 한 몸이고 한 형제입니다. 그들이 약할 때에 도와주고 지지해 주고 그들의 성장을 주님의 심정으로 기뻐하며 즐거워해야 함이 마땅하지 않을까요? 후원금이나 지원금을 매달 일정액을 보내고 그저 할 일 다 해 준 것같이 잊어버리고 관심에서 멀어지지는 않았는지요? 작은 교회에서는 사람이 필요합니다. 피아노 반주자, 중창단 지휘자, 컴퓨터를 다룰 수 있는 분, 교사 한 명이 아쉽고 절실한 경우가 많지요. 큰 교회에서 작은 교회를 도울 수 있는 길은 많습니다. 매 주마다 일정한 날에 전도요원을 파송해 준다거나 공부방이나 급식 프로그램에 도우미를 파송해 주면서, 교회 성장을 위한 밑거름 역할을 담당해 줄 사람을 지원해 주면 좋지 않을까요?

작은 규모의 농어촌 교회에서는 노인들에게 컴퓨터 사용법을 재미있게 가르쳐 주는 성인교사들이나 악기와 소일거리를 가르쳐 주는 교사들도 필요합니다. 한때는 농어촌 봉사라고 하면 이미용 봉사와 침술이나 의료봉사를 하고 오는 팀도 많았습니다. 그냥 일방적으로 베풀어 주는 복지 차원의, 수혜 차원의 봉사도 좋지만 좀 더 장기적인 안목에서는 꾸준히 농어촌교회 교인들에게 교육 차원의 봉사를 베풀어 주는 것이 좋을 것 같습니다. 꾸준히 만나면서 복음을 자세하게 깊게 전할 수도 있고, 그 지역 교회에 호의적인 접근이 쉬워지도록 하는 유익이 있을 것 같습니다.

제가 아는 어느 교회 여전도회 집사님 몇 분이 농촌의 노인들에게 비즈공예를 몇 달 간 가르쳐 주었는데 크게 호평을 받았습니다. 노인들이 자신의 작품으로 자손들에게 선물을 해서 호평을 받기도 했고, 자신들도 원하는 것을 마음껏 창작해 볼 수 있는 놀이감 같은 공예였기 때문입니다. 특히 농한기 때, 긴긴 겨울 동안 노인들의 소일거리를 건설적으로 만들어 주는 방법도 좋은 아이디어일 것입니다.

미자립 교회들은 교회의 사명과 존재를 알리기 위하여 외부적인 프로그램을 진행할 수밖에 없습니다. 그 일에는 일을 진행할 인적 자원이 필요합니다. 현재 국내 선교를 담당하여 미자립 교회나 개척 교회를 지원하고 있는 교회에서는 이런 분야의 인적 자원을 지원하는 시스템을 더 활성화해 주시기를 바랍니다. 그러기 위해서는 지원하고 있는 미자립 교회들과 더욱 밀접한 교제를 갖고 인적 자원이 필요한 부분을 적극적으로 도왔으면 좋겠습니다.

교회 재정 담당이 매월마다 일정 액수의 헌금을 미자립교회에 지원하고, 교회 주보에 올려지는 이름을 보고 '아, ○○교회를 우리가 돕고 있구나!' 하는 인식 정도로 알려져 있고 그런 정도라면 어떻게 형제 교회라고 할 수 있겠습니까? 교인들 중에서 봉사에 대해 아직은 잠자고 있는 교인, 교회의 봉사 분야에서 한 발 물러나 있는 관망하는 교인들의 정신을 깨우십시오. 그들을 미자립 교회 지원으로 이끌어 보십시오. 자신의 교회보다 약한 교회를 몸으로 시간으로 돕고 은사로 돕는 다양한 지원, 인적 자원의 지원 시스템에 더 많은 교회들이 연구하고 창의적인 접근을 하기를 바랍니다.

2. 파견교사로 임명합니다!

지금도 10년 전과 마찬가지로 같거나 비슷한 상황이 될 수 있습니다. 대부분의 교인들은 하나님의 일, 사역자라면 목회자, 아니면 선교사를 연상하곤 했습니다. 그리고 해외 오지에 나가는 선교사라고 하면 모두 존경과 감동의 시선으로 바라보았지요. "어떻게 그 험한 곳에를?" 고생을 각오하는 분들에게 바치는 경외감이었지요. 수많은 목회자들과 신학생들이 오직 주를 위한 길이라면 '해외선교사' 밖에는 없다고 비장한 마음으로 전 세계를 향하여 총 출동하다시피 했습니다. 국내에는 뜨거운 '해외선교' 열풍이 불었지요.

그러한 시간이 거의 10년을 흘러갔습니다. 해외선교사 파송, 해외선교사들이 귀국하여 선교 현장 보고, 그런 시간들에는 참석한 교인들이 많은 은혜와 감동을 받았습니다. 그럴 때 보면 국내에서 사역하는 목회자들은 무사안일주의에 빠진 게으른 종 같은 자조감을 느낄 때도 있었습니다. 해외선교사님들의 선교지 개척보고는 병사들의 목숨을 건 진지탈환 같은 비장감이 있었으니까요.

저는 그런 시기에, 해외선교 지상주의 시대에 묵묵히 교회교육 현장에서 사역해 왔습니다. 마음 한 편에서는 이런 불만과 아쉬움이 있었습니다. "다들 해외선교만 나가면 국내는 어떻게 하라는 말이냐? 농어촌 교회에서 자라는 아이들은 선교대상이 아니냐? 왜 해외선교만 그토록 대접받고 영웅처럼 떠받들고, 우대받는 거냐? 국내에서 자라나는 수많은 생명들과 영혼은 소중하지 않다는 거냐? 끊임없이 해외선교사로 나가고 지원하려면 그 못자리, 모판은 누가 책임지고 키워야 하는 건데? 왜 해외선교만 존중받고, 기독교교육은 천대받아야 하는 거냐?"

그런 의미에서 해외선교 사역 못지않게 국내 전도, 국내 선교를 통해 국내에서 계속적으로 훈련되고 파송되어지는 제자를 만들어 내는 일은 중요합니다. 저는 앞으로 대형 교회 교회학교 교사들이 국내 단기 선교사로 농어촌이나 도시 미자립교회(개척 교회 포함)들로 파견교사를 나갔으면 하는 생각이 있습니다. 해외선교사들 중에는 장기 체류 선교사도 있고 순회 선교사도 있고 단기 선교사도 있지 않습니까? 마찬가지로 국내도 선교지가 많이 있습니다. 특히 농어촌이나 도시 개척 교회들의 교회학교 형편은 해외 선교지만큼이나 열악하기 그지없습니다. 어린이들을 전도해 놓아도 반겨 주는 교사가 없고, 어린이들 인원도 적어 썰렁하기만 하니, 정착이 되지 않고 금방 떠나 버리고 안 다니겠다는 결별 선언을 하게 됩니다.

저는 이렇게 했으면 좋겠습니다. 대형 교회든 중형 교회든 관계없이 농어촌이나 미자립 교회를 돕는 교회들은 이런 생각을 해 보시면 어떨까요? 이제부터는 지원금만 송금하지 말고, 헌금 외에 교회학교(유아유치부에서 아동부, 중고등부, 청년부, 노년부에 이르기까지 다 포함됩니다.) 교사를 파견하는 제도를 시행해 보았으면 좋겠습니다. 기간은 1년 이고, 1년이 끝나면 다른 교사가 다시 그 교사의 임무를 이어받아 1년씩 지속하는 방법은 어떻겠습니까? 그 파견교사에게는 교회에서 선교사 개념으로 일정한 액수의 활동비와 교통비를 제공하는 것도 좋을 것 같 습니다.

제가 아는 어느 교회에서는 교사 6년을 봉사하고 나면 1년을 안식년 으로 쉬면서 재교육 프로그램에 참여하거나 쉬는 경우도 보았습니다. 봉사의 직분을 내려놓고 평안한 안식을 누리는 안식년 교사도 나름대로 유익은 있겠지요. 쉬면서 자신을 돌아보거나 새로운 사역 분야를 찾을 수도 있겠지요. 그러나 한편 새로운 충전과 새로운 환경에서의 재헌신 을 원한다면 이러한 안식년 교사를 파견 교사로(국내 선교사로) 파송해 보는 것은 어떨까요? 소속 교회가 돕고 있는 농어촌이나 도시 미자립교 회로 파송 받는다면 그런 교회와 본 교회는 형제 교회같이 되겠지요.

더 구체적으로 생각해 본다면 만약 지원하고 있는 농어촌 교회나 미 자립 교회에 홀로 가기 어색하다면 2-3명이 팀워크를 이루어서 파견교 사로 나갈 수도 있겠지요. 찬양이나 율동 담당 교사와 반 담임교사 담당 으로 함께 나가면 훨씬 편하게 어울리면서 봉사할 수 있을 것입니다. 이 파견교사들은 가지고 있는 재능과 은사에 따라 토요일이나 주일날 어린 이 문화센터나 특기교실을 열어 어린이(학생) 전도와 양육에 깊이 봉사 하게 될 것입니다. 이 파견교사들은 1년 동안 토요일이나 주일날은 지원 교회에서 봉사하게 됩니다. 그리고 수요일이나 금요일은 본 교회에서 예배드리며 본 교회 성도들과 교제하며 소속 교회 교인으로서의 정체성 을 여전히 유지할 수 있습니다.

지원해야 할 교회가 본 교회와 지역적으로 멀리 떨어진 농어촌 교회인 경우에는 한 가족이 파견교사나 국내 선교사로 파송될 수 있습니다. 엄마는 엄마대로 교회학교 교사와 주일 오후에는 여성 소그룹인도를 하고, 아빠는 성가대나 남선교회 그룹모임을 인도할 수도 있고 노인반이나 목회자가 원하는 사역을 주일 하루 동안 담당할 수 있습니다. 아이들은 소속 교회학교의 정기적인 고정 출석자가 되어 주말이나 주일날 전도를 담당하면 됩니다. 이럴 경우에는 한 가족이 함께 파송되기 때문에, 또 지역적으로 멀기 때문에 지원을 받는 교회에서는 작은 숙소를 마련해 줄 수 있었으면 좋겠습니다. 주말(토요일)에 내려와서 일박할 수 있는 방 한 칸 정도를 교회 사택이나 교회 옆방에 마련할 수 있으면 좋겠지요? 그래야 토요일에 미리 내려와서 일박을 하면서 주일 사역을 담당할 수 있구요. 주일 밤 바로 올라오거나 주일 밤까지 쉴 수도 있으니까요.

본 교회에서는 몇 가지 사항을 확실하게 해 주는 것이 필요합니다. 첫째는 교회적으로 그들의 위치를 분명하게 해 주는 국내 파송 선교사(파견 교사)의 임명장이나 파송식이 필요하지요. 그래야만 그들도 자신의 소명을 분명히 알고 본 교회를 대표하여 책임감 있게 약한 교회들을 도울 수 있겠지요. 둘째는 이들의 사역 경비를 지원하는 것입니다. 이들이 미자립교회 측에 작은 경비나 소모품을 일일이 다 청구하여 사역에 필요한 물품을 조달하기에는 우선 인간적으로 미안하고 죄송한 마음이 있습니다. 또 사역에 필요한 자료들과 책을 구입하여 연구할 필요성도 있을 것입니다. 장거리나 단거리나 이동에는 교통비도 필요하구요. 그래서 이들을 위한 경비를 일정액수 지원하는 것이 필요합니다. 이들을 위한 사역경비를 교회 예산의 국내 선교 비용에서 지출할 수도 있고, 교회학교에서 파송 선교사 형식으로 일부분을 지원할 수도 있겠지요. 세 번째는 이들을 관리하고 중간 역할을 해 줄 관리자가 한 명 정도는 필요할 것 같습니다. 국내선교부장이나 장로님 한 분이 파송 선교사들의 애로사항, 지원해야 할 것들, 지원하는 교회 상황 점검 등을 맡아 주시면 좋을 것 같습니다.

또한 파송 선교사(파견 교사)들은 그들 나름대로의 조심스러운 행보와 원칙을 지켜 주어야 할 것입니다. 첫째는 돕는 교회에 유익과 덕이 되어야 함은 물론 자기가 1년을 봉사하고 난 후 다음 사람에게 잘 인계해 주고 떠날 수 있는, 평신도 사역자로서의 자세와 마인드가 잘 갖추어져 있어야 합니다. 둘째는 주말이나 주일은 지원교회에서 예배드리며 사역을 충실하게 감당하시면서도 수요일이나 금요일이나 주중 평일의 본 교회 예배나 행사에는 적극 참석해야 합니다. 본 교회 교인으로서의 일치감을 꾸준히 유지해야 할 의무가 있습니다. 그래야 1년 후 복귀해도 전혀 어색하지 않게 다시 본 교회 성도로 돌아올 수 있습니다. 세 번째는 지원교회와 본 교회 사이에 교량 역할을 훌륭하게 해 낼 수 있어야 합니다. 양쪽 교회 간에 덕이 되지 못하는 이야기를 누설하거나 교회 간에 신뢰와 화목이 깨지게 하는 말들과 행동을 해서는 안 됩니다. 네 번째는 본 교회의 남는 자료들과 물품을 잘 활용하여 지원교회에 공급해 주거나 기도제목이나 필요한 물품을 서로 나누고 공유할 수 있도록 중간 역할을 잘 해 주면 서로가 아주 유익한 제도라고 생각합니다.

이런 방식으로 미자립 교회들을 돕는 것에 대해서 어떻게 생각하시는지요? 작은 교회, 연약한 교회들이 어느 정도 규모를 갖추고 경제적인 자립과 교인 규모가 안정될 때까지 몇 년간 이런 지원을 꾸준히 해 준다면 좋을 것 같지 않으세요? 미자립 교회의 안정에 기여한 공로가 얼마나 크겠습니까? 이 땅에 교회들이 잘 세워지고 튼튼히 세워지는 것은 하나님 나라의 확장입니다. 내 교회만 커지고 내 교회만 안정되면, 내 교회만 잘하면 된다는 편협한 '교회區'에서 벗어나기를 바랍니다. 교회가 있는 곳은 다 한 몸이고 한 형제로 보는 '지역區'로, 다시 온 세상을 하나의 '하나님의 나라' 교구로 보는 '세계區'로 교회의 사역과 존재의 범위를 넓혀 갔으면 좋겠습니다.

3. 작은 교회의 Our Way

그러나 유감스럽게도 인적 자원의 지원이 전혀 닿을 수 없는 교회들은 어찌해야 할까요? 도시교회나 지원해 주는 교회가 없이 단독으로 홀로서기를 해야 하는 교회들도 우리들의 시선의 사각지대에 있을 수도 있습니다. 그런 교회들을 생각하면 마음이 아프지요. 마음 같아선 대한민국에서 외롭게 사역을 펼쳐 나가는 그런 교회들이 한 교회도 없기를 바라는 마음이 간절합니다. 그런 교회들은 어쩔 수 없이 스스로 방법을 모색하고 자구책(自救策)을 마련할 수밖에 없으실 겁니다.

저는 그런 교회 목회자님들에게 우선 제일 먼저 고정관념을 과감히 깨고 시야를 넓히라는 말씀을 드리고 싶습니다. 제가 이 글에서는 교회학교 부분에만 중점을 둘 수밖에 없는 한계도 있습니다. 교회학교 구성과 운영에 대해서만 간략하게 말씀 드려 볼게요. 대부분 보통의 목회자들이 갖는 교회학교에 대한 고정관념은 대강 이런 것입니다. 첫째, 성인과 교회학교는 확실하게 분리되어야 한다. 둘째, 교회학교도 아동부, 청소년부 등 학령(연령)에 따라 나누어지는 것이 좋다. 셋째, 교사와 교육전도사가 필요하다. 넷째, 학생들도 다른 기존 교회들처럼 주일 오전 예배를 드려야 한다, 등등.

이러한 고정관념에서 벗어나지 않으면 작은 교회 목회자님들은 고전을 면하기 어렵습니다. 제한된 시간과 제한된 공간에서, 제한된 인적 자원(목회자, 사모님)으로 아무리 잘 해 보려고 몸부림 쳐봐도 돌파구가 보이지 않아서 힘들어하지요. 목회자님들이 이만하면 됐다고 생각하는 정도의 교육 공간, 충분한 교육 시간, 다양한 교육 자재와 방법, 여러 명의 교사와 교육전도사가 확보되려면 앞으로 몇 년을 더 기다리면 될까요? 교회학교의 안정된 시스템이 금방 쉽게 이루어지는 것이 아니잖습니까? 그때까지 어떻게 현상을 유지하면서 여유 있게 기다리고 안정될 때를 대비해야 할지 목회자들의 고민이 여기에 있습니다.

제가 고정관념에서 탈피하라는 말씀을 드렸는데요. 고정관념을 깨고 보면, 완전하거나 안전한 제도는 아니지만 교회학교를 유지할 수 있는 방법은 만들어 볼 수 있습니다. 우선 예배시간은 주일 오전이어야 한다는 고정관념을 깨고 교회학교를 만들어 가십시오. 주일 대예배 시간에 예배를 성인들과 함께 드리는 간세대적 예배를 드리는 것이 좋습니다. 그리고 점심 식사 후 한가한 시간에 교회학교 2부 모임을 성서학습 시간으로 운영해 보면 어떻겠습니까? 이때는 교사가 부족하기 때문에 아동부, 중고등부 등 연령별로 나눌 수가 없지요? 또 학생들도 그렇게 많지 않으니까 전학년 시스템으로 통합 교육을 실시하는 것입니다.

사모님 혼자서, 또는 목회자 혼자서 여러 명의 다양한 연령층의 학생을 상대해야 하기 때문에 교재를 놓고 차근차근 단계를 밟으면서 진행하기는 어렵습니다. 이럴 때는 주제별 교재보다는 성경 권별 교재가 훨씬 진행이 수월합니다. 이야기식으로 성경을 연속성 있게 들려 줄 수 있기 때문입니다. 시중에는 이러한 성경 권별 교재가 다수 나와 있거든요. 어떤 면에서는 주제별 교재보다는 권별 교재가 어린 학생들에게는 성경의 인물과 사건과 스토리에 대해서 일관성 있는 교육이 되는 장점이 있습니다. 어떤 활동과 단계별 심화 활동과 학습, 이런 것을 충분히 못한다고 아쉬워하지 마십시오. 성경 자체를 즐거워할 수 있고 이해할 수 있는 스토리 위주의 성경 교육 방법이 훨씬 나을 수 있습니다.

만약 사모님이나 목회자님이 혼자서, 재밌게 성경 구연을 하지 못한다고 자신이 없으면 그때는 이렇게 한 번 해 보시지요. 교인들 중에서 할머니나 할아버지 교인들, 장로나 권사 중에서 한 분이라도 조금 나은 분이 있다면 이런 분들을 이야기 교사로 부탁할 수도 있구요. 또는 교회와 바로 인근의 가장 가까운 곳 아주 작은 교회와 연합 교육을 시도해 보세요. 주일 오후마다 두세 개 교회의 교회학교 연합 모임을 갖는 것입니다.

요즘은 벽지의 농어촌 지역에서도 차량을 소유하고 있는 교회들도 많지요? 주일 오후에 두세 교회들의 학생들이 모두 함께 모이는 연합 모임을 가집니다. 서로 공평하게 주별로 모임 장소를 순회해도 좋을 것입니다. 이렇게 돌아가면서 모임 장소에 연합 모임 형태로 모이고, 성서학습이나 활동을 함께하는 것이지요. 이때 성서학습 준비나 이야기 교사를 교회별로 교사들이 순번제로 담당하면 어떨까요? 작은 교회 목회자님이나 사모님들이 매주 해야 할 일들이 많은데 주일 오후마다 어린이 몇 명을 두고 성경을 가르치는 것도 사역적인 부담이거든요. 이렇게 순번제로 가르치는 교사를 담당하면 조금은 쉴 수도 있고 다음 번 교육을 위한 여유를 가질 수 있을 것 같습니다.

어린이와 학생들이 자기 교회에서 썰렁하게 몇 명만 모여 있는 것보다 이런 것이 더 낫지 않을까요? 차량으로 이동하면서 모임을 갖지만 매주마다 모이는 연합 모임을 통해서 또 하나의 연합 교회학교가 생기는 것입니다. 여러 명이 모이기 때문에 분위기도 훈훈해지겠지요? 함께 간식 먹고 성경 이야기를 듣고 친교를 나누는 시간을 갖습니다. 두세 개교회의 교회학교의 연합 모임이기 때문에 찬양이나 율동에 관심 있는 젊은 교사라도 한 명 있다면 함께 찬양도 배울 수도 있구요. 순회하는 교회마다 간식을 마련해 주기도 하면 더 정겨울 것이고, 한 교회에서 매주 목회자님이나 사모님이 적은 인원을 놓고 절절 매는 것보다 나을 것 같습니다.

한 달에 한 번 정도는 연합 모임에서 생일잔치나 함께 어울려 운동을 할 수도 있겠지요? 주기도문, 사도신경 암송대회나 성경요절 암송대회를 열어서 학생들의 활동성과 참여성을 길러 줄 기회를 마련해 주어도 좋지요. 교사들이 많지 않기 때문에 언니 오빠가 자연스럽게 보조교사 역할을 담당해 줄 때도 많을 것입니다. 그러한 면이 오히려 관계중심교육의 측면에서는 더 크게 유익한 점이라고 볼 수 있습니다.

"내 교회에서 내 아이들을 내가 책임진다"는 일반적인 교회교육의 틀을 깨고 보면 이와 같은 방법이 생깁니다. 순회하는 지역별 연합 교회학교 모임을 통해서 학생들은 예배나 성경공부의 모형과 틀을 익히게 될 것입니다. 이러한 연합 모임이 모든 것이 다 갖춰진 기존의 안정된 교회들의 교회교육보다 질적으로 양적으로 부족하다고 아쉬워하지 마십시오. 기독교교육은 성경에 대한 인지의 분량이 많다고, 체계적으로 단계를 밟았다고 해서 질적으로 우수하다고 말할 수는 없습니다.

기독교교육은 인지의 분량보다 경험의 분량이 더 중요합니다. 어린 학생들이 교회라는 분위기 속에서 하나님을 어떻게 이미지화 하느냐, 예수 그리스도의 구속의 사랑을 어떻게 느끼고 받아들이고 있느냐는 교육의 명제는 교육 환경에 좌우되는 것만이 아닙니다. 기독교교육은 사람이 주도하는 교육을 뛰어넘어 성령님이 역사하시는 시간과 공간에서 이루어집니다. 성령님은 언제나 어디에서나 하나님이 역사하시는 뜻에 따라 어린이들과 노인들까지 교육시키는 분이십니다.

4. 네트워크 프로젝트, 씨줄과 날줄

　　다음은 지역적으로 함께 연합해서 교회학교들이 서로 도움 받을 수 있는, 협력 체제에 대한 프로젝트를 하나 소개하고 싶습니다. 이 일은 지역 안에서 어느 한 교회가 전담해서 이 일에 주력하기에는 한계가 생길 것 같습니다. 오히려 노회 안의 교회학교 연합회가 이 일을 담당한다면 아주 좋을 것이라고 생각합니다. 이미 기존의 체계들도 만들어져 있고 연합회 운영의 노하우도 충분하니까요. 이런 네트워크 작업을 전담할 평신도 사역자나 지도 교역자가 지속적으로 관리하고 소통하게 하면 아주 유용할 것이라고 생각됩니다.

　　지역 안에서 서로 돕고 서로 통용할 수 있는 교육 자원의 네트워크는 크게 두 가지로 나누어 볼 수 있습니다. 첫째는 인적 자원의 네트워크이고, 둘째는 기자재 자원의 네트워크입니다. 첫째로 교육 인적 자원은 이렇게 만들어 가면 됩니다. 교회가 속한 노회의 지역 안에서 유능한 재능이나 특기를 가진 교사를 연합회 네트워크 프로그램에 인적 자원으로 등록시켜 놓는 것입니다. 연극지도, 찬양 콘서트, 율동, 글짓기, 음악가, 환경장식, 매직 풍선 만들기 이외에도 어린이 부서뿐만 아니라 청소년부 교육에도 유용하게 활용할 수 있는 특강 강사진들을 찾으면 많이 발견할 수 있을 것입니다. 지역 안에서 어느 한 교회 소속이지만 대외활동을 할 수 있고, 순회공연을 해 줄 만한 단체 팀도 네트워크에 등록하고 활용해 보세요. 인형극단, 찬양단, 연극단 등의 활동이 아주 수준급의 전문적인 공연 그룹이 아니어도 좋습니다. 그만 못해도 어느 정도 공연이 가능한 준전문인 정도만 되어도 괜찮습니다.

둘째는 교육기자재 네트워크 작업입니다. 규모가 작은 교회에서는 구입하기가 부담스러운 여러 교육 기자재들이 있습니다. 1년에 몇 차례 사용하고 마는 자재, 큰 교회에서도 구입해 놓고 자주 사용하지 못하고 창고에 보관되어 있는 덩치 크고 비싼 기자재가 많이 있습니다. 이러한 기자재를 연합회 안에 기자재 네트워크 프로젝트 안에 등록시켜 놓고 여러 교회들이 빌려 쓰면서 활용하자는 목적입니다.

자주 사용 안 하면서도 행사 때면 꼭 필요하고, 없으면 정말 아쉬운 기자재가 있지요. 야외용 대형 천막, 인형극 무대 장치, 인형극 인물 인형들, 전도용 인형들, 슬라이드 영사기, 지금은 많이 사용하지 않지만 가끔씩은 필요한 OHP 장치, 연극 공연이나 뮤지컬 공연에 필요한 계단식 강단(이동용), 대형 무대 배경판(대형 병풍식으로, 또는 블라인드 커튼 식으로 된), 높낮이 조절 가능한 이동식 무대, 야외용 영화 영사막, 야외에서 사용하는 대형 전선 두루마리들, 야외용 대형 석유(가스)버너, 야외용 취사도구 등...

작은 교회들이 한 번씩 대형 행사를 치를 때면 "아, 이게 있었으면…"하고 아쉬워하고 끝내는 무리함을 감수하면서 구입해 놓고, 1년에 한두 번 사용하고 마는 경우도 많은 것 같습니다. 이런 것들이 다 개교회주의에서 비롯된 예산 낭비라고 생각됩니다. 기껏 서로 빌려온다고 해도, 교역자들의 친분관계에 의해서 서로 빌려 주고 빌려 쓰는 정도에 그칩니다. 이것은 진정한 의미에서 지역 교회 안의 네트워크 프로젝트라고 할 수가 없지요.

노회 연합회에서 이 네트워크 프로젝트를 담당한 분은 서로 연결해 주는 일, 소개해 주는 일을 담당하는 것입니다. 노회 안에서 또는 인접한 다른 노회까지도 서로 필요한 인적 자원을 소개하고 연결해 주고 정보를 끊임없이 관리하는 일을 담당합니다. 이렇게 하면 규모가 작은 교회에서도 자체적으로 교사들을 통해서 하기 어려운 경우에 큰 도움을 받을 수 있습니다. 특강 강사들, 전문인들, 공연팀을 소개받을 수 있기 때문에 원하는 프로그램을 도와줄 사람이 없어서 못하겠다고 포기하는 일은 줄어들 것 같습니다.

규모가 작은 교회든지 규모가 안정된 교회든지 노회 안에 이러한 네트워크 작업이 원활하게 운영이 되고 있다면 큰 도움이 될 거라고 생각합니다. 노회 연합회 안에 네트워크 작업 담당자만 한 명 두고, 많은 정보들을 공유하고 활발하게 이용하기만 한다면 말입니다. 인적 자원 면에서도 바로 인근 교회에서 인적 자원을 빌려 올 수 있는데도 불구하고 그 정보를 몰라서 아예 포기하는 경우도 있지 않습니까? 쓸데없이 먼 곳에서 그런 인적 자원을 모셔 오거나 많은 사례비를 지출하는 경우도 많은 것 같습니다. 좋은 특강 강사나 세미나 강사진도 네트워크에 등록을 시켜 놓으면 좋구요.

전도 축제나 찬양 축제를 할 때도 아주 수준급의 전문가가 아니더라도 지역 교회 안의 인형극단이나 연극 공연팀을 초청해서 공연할 수도 있구요. 네트워크에 등록된 특기 재능교사를 초청해서 강의나 특강과 특별 이벤트를 진행할 수도 있을 것입니다. 그리고 교육기자재도 필요한 물품이 어느 교회에 있는지 노회 연합회 네트워크를 통해서 정보를 얻고 연합회의 중재 아래 대여해서 쓰고 돌려 주는 제도가 항상 운영된다면 좋을 것입니다.

무엇보다도 이제는 개 교회주의에서 벗어나 교회들이 연합 전선, 연합 활동을 해야 한다는 생각을 많이 해 봅니다. 작은 교회들도 예산 낭비와 인적 자원 부족의 현상을 메울 수 있고, 가진 교회들은 한 형제자매 교회들과의 나눔을 통해서 진정한 연합의 기쁨을 누릴 수 있을 것 같습니다. 이런 모습이 그리스도의 한 몸을 이룬 교회로서의 아름다운 모습이겠지요? 이러한 네트워크 활동을 노회 교회학교 연합회가 주도한다면 교회들의 호응이 있겠지요? 물품 관리, 인적 자원 관리, 대여나 초청의 중재 역할을 맡아서 진행해 준다면 제공하는 교회나 제공받는 교회들이 서로가 책임감 있게 공유하고 통용할 수 있을 것 같습니다.

5. 독창이 아닌 합창, 연합 행사

노회 안에서 교회학교 연합 활동은 비용적으로 장소적으로 모든 면에서 큰 유익이 있습니다. 이 혜택은 대부분 규모가 작은 교회들이 더 많이 누릴 수 있을 것으로 보여지는데요. 작은 교회에서 단독으로 개최하기에는 다소 무리이고 엄두가 안 나는 것을 몇 교회가 연합하면 진행할 수 있습니다. 아직도 한국의 많은 교회들, 목회자들이 개 교회주의에 빠져서 연합 사업과 연합 행사를 꺼려하고 부담을 많이 가집니다. 혹시 연합행사를 하다가 마음의 상처를 받을까 봐, 상처를 받아서 두려운 것이 아닐까요? 작은 교회로서의 열등감, 소외당한다는 느낌, 공평치 못하다고 생각되는 진행과 준비 등이 느껴진다면 연합 행사가 부담스러울 수도 있을 것입니다.

노회 측에서 주최하는 연합 행사나, 지역 내에서 마음이 맞는 교회들이 하는 교회 연합 행사로는 이러한 것들이 있습니다. 교회학교 부서별 연합 수련회, 자연과 역사 현장 체험 학습, 연합 여름성경학교, 도시농촌(都市 農村)간 연합 행사로서 도시나 농촌 문화체험과 숙박체험, 연합 체육대회, 연합 성경퀴즈대회나 암송대회, 연합 교사대학 같은 종류의 행사들을 진행할 수 있습니다.

단순히 친목과 회식을 위한 연합 행사라면, 하루 정도면 행사가 대충 끝나고 특별한 의미 부여를 하지 않기 때문에 그러한 연합 행사는 크게 문제되지는 않겠지요? 그런데 교육과 결부되는 연합 행사, 즉 수련회나 성경학교는 교회들이 조금 예민하게 되는 것 같습니다. 저도 한 번은 노회의 연합 교사대학과 연합 성경학교에 강사로 활동을 해 보았습니다. 거기서 지켜본 결과 예민해질 수 있는 여러 조건들이 발견되더군요. 그러나 조금씩 아쉬운 부분들은 믿음 안에서 초월하는 용납과 양보들이 있었으면 좋겠다는 생각도 들었구요. 주최 측에서는 신중한 고려와 배려가 좀 더 있었더라면 하는 생각도 들었습니다.

참석한 작은 교회들의 목회자들이 민감한 부분은 분위기의 문제였습니다. 그 분위기는 참석 인원으로 인한 문제이기도 했지요. 교사들의 연합 행사인 교사 강습회나 교사대학의 경우는 크게 문제가 되지 않았습니다. 그러나 어린이들과 중고등부나 청년들의 연합 성경학교나 수련회의 경우에는 예민한 분위기로 작용을 하더군요. 참석 인원으로 인한 분위기 문제는 은근히 소리 없이 주도권을 잡는 교회와 주도권을 못 잡은 교회 간의 격차가 벌어지고 있는 현상 때문이었지요. 예를 들어 참석 인원이 많은 대형 교회가 한 둘이고 나머지 교회가 참석 인원이 적을 경우, 참여 인원이 많은 교회가 분위기와 모임의 주도권을 가지고 큰 소리로 떠들고 함께 뭉쳐 다니게 되었지요. 자연히 참석 인원이 적은 교회는 들러리처럼 소외되거나 조용히 겉도는 모습들이 드러나게 되었지요.

그래서 저는 어린이, 학생들을 대상으로 하는 연합 행사라면 인원을 생각해서 진행하는 것이 좋지 않을까 하는 생각도 들었습니다. 가능하면 참여인원이 비슷한 그룹끼리(교회끼리) 연합하는 것이 좋지 않을까요? 대형 교회와 소형 교회가 함께 어울리기에는 그런 감정의 문제가 미묘하게 작용을 하는데 이 감정을 충분히 이해할 수 있습니다.

그러나 언제까지나 그런 열등감과 소외감을 배려하면서 지내야 할까요? 저는 최종적으로는 그런 차이의 장벽조차도 훌쩍 뛰어넘을 수 있는 '복음 안에서의 자유'와 '그리스도 안에서 하나'라는 복음의 능력이 물이 바다를 덮듯이 큰 교회, 작은 교회라는 장벽을 덮어 버릴 날을 소망합니다.

한국 교회는 이제 전 세계로 복음을 전파하는 선교 강국, 선교 대국이 되었습니다. 이제 우리는 교회학교 학생들에게 세계화, 선진화를 외치고 있습니다. 그런데도 아직 우리의 의식 깊은 곳에서는 대한민국이라는 나라, 개 교회주의의 벽 안에서만 살고 있지 않나요? 개 교회주의를 뛰어넘어 지역교회들의 연합으로 넓은 마당으로 나아가야 하지 않을까요? 초교파 초교단의 연합 행사까지도 자유로이 참석할 수 있고 그 작고 모난 장벽들을 뛰어넘어야 하지 않을까요?

세계화를 외치면서도 지역 연합 행사, 교단 연합 행사에 그런 부담과 거부감을 가진다면 우리 옆에서, 우리 뒤에서 따라오는 젊은 학생들에게 무엇을 가르칠 수 있습니까? 작은 교회, 큰 교회라는 의식에서 탈피하여 그리스도 안에서 한 몸이라는 교회관을 가지고 연합 모임과 행사들이 활성화되기를 기대합니다. 그래야만 그리스도 안에서 모든 다양성이 하나가 되는 진정한 연합을 가르칠 수 있고 보여 줄 수 있습니다. 그런 모습을 보고 자라고 경험한 학생들과 어린이들이 세계화를 자연스럽게 편안하게 받아들이게 될 것입니다.

제9장
교육 행정을 실종 신고합니다

여러분들의 교회학교를 한 번 자세히 들여다보시겠어요? 비교적 체계적인 교육 행정이 자리 잡고 있다는 생각이 드시는지요? 일관성 있는 교육 방침과 행정이 꾸준히 지속되는 교회학교의 전통을 발견하셨나요? "우리 교회 교회학교는 체계적인 행정력이 있어서 참 든든해. 우리들이 참 편안해."라는 느낌을 받으신 적이 있으신가요? 그런 자부심과 편안함을 누려 보셨다면 여러분들은 참 행복한 교사들입니다.

저는 한국의 교회학교 대부분이 행정력이 대단히 미약하다고 생각하고 있습니다. 20년 전이나 10년 전이나 지금이나 마찬가지로 행정력이 부재중입니다. 쉽게 말해서 교회학교에 가면 학생과 교사만 있고 행정은 안 보입니다. 왜 그럴까요?

아마도 첫 번째는 한국인의 전통적인 사고방식 때문일지도 모릅니다. 예전부터 오랫동안 우리 나라 민족성은 체계적이고 조직적인 사람을 '깐깐하다, 고지식하다, 융통성 없다'는 등으로 약간의 비하와 질시가 섞인 평가를 해 왔습니다. 둘째는 담임목사님들의 목회 마인드 때문이기도 할 것입니다. 우리 나라에 복음이 전파된 이래 '하나님의 사랑과 은혜'라는 관점의 신앙은 교인들에게 복음에 대한 열정을 뜨겁게 만들었지요. 여기에 담임목사님들도 교인들을 편안하게 해 주기 위해 뭐든지 '사랑과 은혜'라는 관점과 마인드로 '대충대충 편하게' 교회를 이끌어 온 것도 한 몫 했을 것입니다. 셋째는 복음 안에서 행정적(경영적)인 마인드와 사역을 잘 조화시켜 담당해 줄 평신도 사역자와 전문가가 부족했기 때문일 것입니다.

교회 행정은 행정 자체로는 세상의 행정과 다를 바 없고 행정력 자체로는 아무 의미가 없습니다. 그러나 복음을 더 효과적으로 전하고 교회 안의 생명을 더 잘 양육하기 위한 도구로 행정이 반드시 필요합니다.

최근에 점점 다행스럽게도 많은 교회들, 특히 의식 있는 교회들에서 교육행정에 대한 필요성을 절감하고 있는 모습들이 종종 눈에 띄고 있습니다.

1. 교육 정책 부재중!

저는 이 부분에서 교육 정책에 대한 것을 이야기할 것입니다. 그중에서도 부재중인, 없는 것들을 말씀드리겠는데요. 없는 것을 확인하면서 무엇이 있어야 될지를 역으로 이해하실 수 있으실 거라고 생각합니다.

한 교회의 담임목사님은 교회의 목적과 방향성에 대해서 확고한 비전을 제시합니다. 또 교회가 추진해 나가는 프로그램들을 통해서 교인들을 어떻게 훈련하고 양육할지, 어떤 교인들로 성장시킬지 마인드가 있습니다. 교회마다 그 과정이나 목적을 뚜렷이 명문화하기도 하고, 묵시적으로 마음에만 담고 있을 수도 있습니다. 명문화이든 묵시적이든 교인들은 어느 정도의 시간이 흐르면 교회가 원하는 교인상을 알고 거기에 순응하게 됩니다.

① 교육 방침과 교육 목적이 문서화되어 있지 않습니다

교회학교에 사람만 있고(교사와 학생) 교육 방침은 없습니다. 교회학교 학생들에게 제시하는 교회가 정한 교육 방향이나 목적, 지향점이 분명하지 못합니다. 그저 교육전도사에게, 부장에게, 교사들에게 어린 학생들을 위탁했을 뿐입니다. 교회가 '무엇을 어떻게 가르치라, 어떤 학생, 어떤 청년의 모습이 될 때까지 어떤 방침으로 교육시켜라.'라는 부탁은 없습니다. 그저 '충성하라, 사랑하라, 부흥시키라'는 것이 교회와 당회의 부탁인 것입니다.

한편 여러 교회들 중에는 '교회학교 교육 방침'이나 '교회학교 운영규칙' 등의 명목으로 내용을 정리해 놓은 경우를 보기도 했습니다. 그런데 대부분은 표현이 불분명하고 뜬 구름 잡는 표현으로 되어 있는 경우가 많았습니다. 서로 남의 교회 것을 모방하여 형식적으로 '우리 교회에는 이런 것이 있다!'라고 만들어 놓은 느낌이 들었습니다. 한 번 만들어 놓은 교회학교 운영규칙이나 틀을 현실에 맞게 재개정하거나 변경시키지 못하고 그저 교회 홈페이지 한 편에 사문화(死文化)되어 있는 경우도 많더군요. 처음 만들어 놓은 1980년대의 기록 그대로 구석진 곳에 쳐 박혀 있는 듯한 교육 방침과 운영규칙을 볼 때 씁쓸한 마음을 금하기 어려웠습니다. 마치 헌 책방의 먼지 나는 고문서처럼 그 당시의 현실만 반영한 채 방치되어 있는 경우도 있었습니다.

교육방침은, 교육 목적은 구체적이고 현실적이고 실현가능성이 있으며 미래 지향적으로 누구나 이해할 수 있게 표현되어야 합니다. 그 교회의 전반적인 방향성에 보조를 맞추어 구체적인 목적과 목표를 설정해야 합니다. 하나님 안에서, 복음 안에서, 이 사회와 역사 속에서 어떻게 생각하고 어떻게 행동하는 신앙인을 만들겠다는 표현이 구체적으로 명기되어야 합니다. 또 그것을 위해 충분히 이해하고 앞을 보고 나아갈 수 있도록 현실적인 면도 있어야 합니다. 어떻게 실천해 나겠다는 실천 방향도 있어야 합니다. 실천 계획도, 검토와 재수정의 과정도 있어야 합니다. 그래야만 피부에 와 닿는 구체적인 교육 방침과 목적이 될 것입니다.

② 부서간의 교육적인 연결고리가 전혀 없습니다

교회학교 부서 간의 연속성 있는 커리큘럼이 형성되어야 할 필요가 있습니다. 몇 년 전에 서울 시내 대형 교회인 O교회의 자료 중에서 각 부서간 커리큘럼이 교육 정책으로 확정되어 시행중인 것을 보았습니다. 지금도 그렇게 시행 중인지는 모르겠지만 교육적으로 매우 좋은 제도인 것 같습니다. 그럼 부서 간 커리큘럼이 왜 필요한지를 설명 드려 볼까요?

예를 들어 한 어린이가 어려서부터 교회학교를 다니면 17년 간을 다니는 셈이거든요. 최소한 그 교회 교회학교를 7-10년을 다녔다고 생각해 봅시다. 이렇게 교회학교를 장기간 다니면 어느 정도는 신앙의 틀이 형성되고 신앙고백이 분명하게 정립된다고 보아야 하겠지요? 그런데 제가 오랫동안 사역하면서 보니, 교회학교를 오랫동안 다닌 학생이나 들어온 지 얼마 안 된 학생이나 큰 차이가 없었습니다. 저는 왜 그럴까 생각해 보았습니다. 이것은 교회학교 운영의 틀 자체가 교육전도사가 바뀌면, 부장이 바뀌면 모든 것이 바뀌어 버리는 제도 자체에서 원인을 찾을 수가 있구요. 또한 교회학교 부서 간 커리큘럼의 부재 때문일 것이라고 저는 생각했습니다.

현재 각 교회의 교회학교는 모두 각기 다른 소공화국 형태로 운영됩니다. 부서마다 교사들과 전도사들과의 의논 아래, 대부분은 전도사가 자기 소신껏 자기가 좋아하는 취향대로 중점적으로 교육을 시도합니다.

그러다가 몇 년 있으면 교육전도사나 부장은 다른 곳으로 떠나고, 새로운 전도사가 와서 또 자기 소신과 취향대로 교육을 시도합니다. 기도에 소신과 취향이 있는 전도사는 열심히 학생들에게 기도만 훈련시키고, 찬송에 재능 있는 전도사는 열심히 찬송만 가르치면서 지냅니다.

학생들 입장에서 보면 A부서에서 A취향의 교육을 받다가 B부서로 진급해서 올라갔는데, B부서 전도사님이 A취향이면 종전의 A부서와 다를 바 없이 A취향의 프로그램에 의해서 교육을 받습니다. 그런 식으로 보면 한 마디로 '교육의 편중 현상'이 생기는 것이지요. 매번 교육전도사들이 바뀔 때마다, 부서마다 전도사들이 소신껏 한다는 전제 아래 일정한 방향과 체계 없이 교육받게 됩니다. 교회학교에서 오랫동안 많은 것을 배운 것 같아도, 사실 그 내용을 살펴보면 많이 배운 것도 아니고 체계적으로 배워 온 것도 아닙니다. 어떻게 보면 혼합 잡탕밥처럼 뒤죽박죽이 되기가 쉽지요. 그래서 학생들이 교회학교 고등부까지 졸업했어도 신앙고백은 물론 삶의 목적과 교회 생활, 신앙생활을 너무 모르고 있는 경우가 많습니다.

이러한 '교육의 편중 현상'의 폐단을 없애기 위해서는 교회 자체적으로 각 부서 간의 연속성 있는 커리큘럼을 교육 정책으로 일관성 있게 추진하면 조금은 해소될 수 있습니다. 아주 좋은 예는 아니지만 여러분의 이해를 돕기 위해 예를 들면 이렇게 시도하면 되겠지요.

유치부 – 창조주 하나님, 찬송 생활의 기쁨(하나님을 경외하는 삶)
유년부 – 올바른 예배의 의미와 훈련
초등부 – 기도에 대한 이해와 기도훈련(사도신경, 주기도문 포함, 생
　　　　활 속의 기도)

소년부 – 성경의 가치와 존엄성, 친밀성 훈련, 성경읽기, 암송하기
　　　　의 생활화

중등부 – 예수님의 대속, 구원에 대한 확신, 의인된 삶의 발견

고등부 – 하나님 앞에서 자신의 존재가치의 존귀함 알기, 성결한
　　　　삶, 가치 선택

청년부 – 제자도, 인생의 목표와 비전, 헌신도,

각 부서 자체적인 프로그램은 얼마든지 교육전도사와 교사들이 소신껏 진행할 수 있도록 열어 둡니다. 그러나 해당 부서에서는 전도사가 소신껏 진행하는 프로그램 외에 반드시 자기 부서에서 꼭 교육되어야 할 이런 커리큘럼을 꼭 기억하고 시행해야 합니다. 해당 부서의 주제 커리큘럼에 맞는 내용의 수련회, 성경공부 등을 여러 차례 시행하고 그 교육과정을 충실히 이행할 수 있어야 합니다. 교육부는 연방정부의 헌법 같은 이런 커리큘럼의 틀을 가지고 각 부서의 커리큘럼 진행 여부를 확인하고 점검할 수 있어야 합니다.

③ 장단기 계획 수립과 실천이 부족합니다

한국 사람의 특기는 "빨리 빨리"라고 하지요. 그래서 "차근차근 천천히"하는 것은 답답해서 못 견뎌 하지요. 그러나 교육은 본래 속성이 "차근차근 천천히"입니다. 교육정책도 교육의 속성을 따라 천천히 갈 수밖에 없답니다. 저는 교육부 회의에서 성격 강하고 말발이 강한 부장이 많은 기득권을 차지하는 경우를 많이 보았습니다. 억지 부리고, 우기고, 또 우기고 고집 부리면 다른 분들이 서로의 편안함을 위해 양보하고 말지요.

연초에 이런 장면을 흔히 봅니다. 교육부 예산이 확정되고 나면 이 부서, 저 부서 부장님들이 서로 "우리 부서에서 이것은 올해 꼭 좀 해야 합니다. 우리 부서에서 이것을 올해 꼭 할 수 있게 도와주세요."라며 요구합니다. 서로 당위성을 설명하면서 줄다리기를 하는 것 같습니다. 어떤 시설과 환경, 비품 구입이나 차량 문제에 이르기까지 여러 가지로 부서간 의견 차이가 많이 생기지요. 이런 것은 급한 부서 순위로 몇 개년 장기 계획을 세워서 비품과 환경개선을 연차적으로 하기로 결정하면 되지 않을까요?

교육환경이나 여건을 개선하기 위해서는 장단기 대책을 세워야 합니다. 1년 안에 각 부서가 요구하는 것을 다 수용해 줄 수 없기 때문에 차근차근 계획을 세워 연차별로 시행하는 것이 좋습니다. 교육부 교실 여건 확보를 위한 3, 5, 7, 10년 계획, 교육부 환경개선과 기자재 물품 구입(강대상, 앰프 시설, 조명 시설 등)을 위한 장단기 계획, 교사 양성과 교육지도자(부장, 총무, 특기 전문가) 양성을 위한 인재 양성 5, 10년 계획 등.

그렇지 않은 교회도 많이 있겠지만 가끔 주변의 동역자들 이야기를 들어 보면 "우리 교회 이번 교사 대학을 위해 뭘 하지?"라고 정보 찾기에 정신없습니다. 주부들이 끼니때가 돌아오면 "오늘은 뭘 먹지?" 하는 것과 똑같은 현상입니다. 저는 그런 걸 보면 이런 생각이 들지요. '미리미리 장기 계획을 세워 놓고 조금씩만 바꾸면 되는데, 왜 그리 급하고 즉석 요리로 하나?' 교사대학을 기초 과정이나 심화 과정으로 3년이나 5년 계획을 미리 세워 놓았다면, 그 과목에 적합한 강사를 섭외하거나 교회 안에서 적임자를 찾으면 됩니다. 교사대학 시기가 되면 그때서야

"이번에 뭘 하지?" 하며 과목을 걱정하는 것은 장기 계획이 없다는 말, 커리큘럼이 없다는 말입니다. 그러다 보면 중복되는 강의에 교사들은 흥미를 잃고, 교사대학 해 봐야 '그 밥에 그 나물'이라는 말이 나오게 되는 거지요.

장기적인 계획과 대책 세우기는 의외로 쉽게 진행시킬 수 있습니다. 열심 있고 능력 많은 몇몇 사람들이 치밀하게 계획을 만들고 대중의 논의(회의)를 거쳐 확정하면 됩니다. 문제는 실천의 연속성이 보장되지 않는다는 점입니다. 어떤 지도자(임원)가 계획을 세웠다가도 1–2년 후 그 지도자가 다른 곳으로 가 버리면 그전 것은 다 사라집니다. 그리고 새 지도자에 의해 새로운 계획이 수립되는 되풀이 현상, 일명 다람쥐 쳇바퀴 현상이 계속 교회 안에서 되풀이되는 것입니다. 사람이 바뀌어도 한 번 결정된 것은 새 지도자에게 그대로 인계되어야 합니다. 원 계획대로 추진되도록 밀어 주고 약속되는, 실천의 연속성에 대한 마인드가 너무 많이 결여되어 있는 것이 더 큰 문제입니다. 즉 계획보다 실천이 더 어렵다는 것이지요.

④ 교육 평가와 분석에 대한 교육 정책이 없습니다

교회만큼 되돌아보고 평가하고 분석하는 것이 미약한 기관이 세상에 또 있을까요? 행사든 프로그램이든 회의이든 진행하고 나면 "모든 것이 다 주님의 은혜였다"라는 말 한 마디로 종결이 선언되고 마는 것이 교회입니다. 신앙적인 관점에서 보면 그런 말이 참으로 신앙고백적인 종결어가 됩니다.

그런데 한 번 생각해 볼까요? 하나님의 관점에서는 인간의 모든 부족한 것을 덮고도 남을 은혜와 사랑으로, 일을 떠나서 일과 관계없이 서로 사랑하고 용납하기를 바라십니다. 하지만 인간의 관점으로 보면 이런 생각을 해 보는 것이 좋지 않을까요? 하나님이 맡겨 주신 시간과 은사와 노력과 에너지를 잘 사용했는지를 청지기적 관점에서 돌아보는 노력, 혹시라도 헛되이 사용한 부분에 대해서는 다시 자기를 일깨우려는 노력의 과정이 필요하지 않을까요?

저는 그래서 평가나 모니터링의 과정을 도입할 것을 조심스럽게 건의합니다. 교회 교육에도 순환 싸이클이 적용되었으면 좋겠습니다. 〈계획 ⇨ 실행 ⇨ 평가 ⇨ 자료화(기록)⇨〉 이런 과정이 계속 순환된다면 분명히 교회 교육은 조금씩 발전되어 갈 것이라고 생각합니다. 교회나 교회학교들은 보통 계획과 실행 과정은 열심히 해 나가지만 평가와 자료화는 너무나도 많이 부족합니다.

일 년에 2회(상반기, 하반기)나 3회(상반기, 여름행사, 하반기) 등으로 시기를 정해서 교육 평가 모임을 신설하는 것을 제의해 봅니다. 자칫하면 비난이나 부정적인 평가에 그칠 염려가 있고, 상처받고 힘들어야 할 여파에 대한 두려움 때문에 부담감을 가질 수도 있는데요. 그 점만 과감히 뛰어넘어 시도한다면 교육 지도자들 자신에게나 교사들과 부서 자체의 내실에도 내적 성숙과 발전의 의미를 던져 주는 좋은 계기가 될 것입니다.

각 부서의 교육을 인원수의 증감으로만 평가하는 양적 평가의 문제점을 보완하기 위해서라도 이런 평가회는 시도해 보면 좋겠습니다. 교육에 대한 질적 성숙과 양적 성장의 균형 있는 평가를 해 볼 수 있지요. 또한 각 부서 교역자들, 부장과 교사들의 교육에 대한 진정한 이해를 도울 수 있다고 봅니다. 나아가서는 한국 교회의 교육의 방향을 알맹이 있는 교육의 질적 문제에 접근하기 위해서, 교육다운 교육을 위해서 노력할 수 있는 동기와 의욕을 불어 넣어 주는 계기가 될 수 있다고 봅니다.

1년 예산의 1/2 또는 1/3 정도로 막대한 예산이 소모되는 여름 성경학교나 여름 수련회를 마치고 나면 부서별로 교사들이 모여서 평가회를 하곤 하지요. 조목조목 여러 항목들을 다 펼쳐 놓고 객관적인 관점에서 평가하기보다는 몇 가지 이슈에만 몰입되어 서로 논쟁을 벌이거나 비난으로 상처를 주고받고 할 때도 있지요? 아예 교사 평가회인지 교사 위로회인지 모를 회식으로 끝내 버리고 마는 경우도 많이 있습니다. 교역자들도 진정한 평가와 모니터링을 모르는데, 교사들이 평가를 어떻게 해야 하는지를 배우지 않았는데 어찌 알겠습니까? 평가회는 있는데 깊이 있는 내용의 평가와 분석은 없는 이름뿐인 평가회. 이것은 부서만의 문제가 아니라 교회 문제, 교회 교육 전체의 문제이기도 합니다.

막대한 예산과 많은 인원의 교사들의 헌신, 많은 시간들, 열정. 이렇게 짧은 시간 내에 집중적으로 물적 자원, 인적 자원, 시간 자원이 총동원되어 집중투자가 됩니다. 그리고 며칠 간의 여름행사가 끝나면 그날 밤으로 "어제 내린 비"처럼 흔적도 없이 그냥 그렇게 한여름의 황홀한 축제로 마감이 되어 버립니다.

우리는 하나님 앞에서 차분하게 돌아보면서 점검해 봐야 하지 않을까요? 무엇을 점검하고 반성해 봐야 할까요? 저는 여름성경학교 전체 평가회를 한 번 열어 보는 것도 괜찮다고 생각합니다. 각 부서별 교사평가회와는 별개로 전체 교육부서 임원들이 모여서 목사님, 당회원들이 다 참석한 자리에서 각 부서 보고와 질의응답을 하도록 합니다.

순서는 이렇게 할 수 있습니다. 각 부서에서는 정해진 양식대로 프로그램 보고, 인원 보고, 회계 보고, 준비 일정, 교사 평가회 등의 내용을 유인물 자료로 준비해서 나눠줍니다. 부서별로 보고할 때는 자료에 나온 보고 사항들과 더불어 교육 목표에 부합한 교육을 어떻게 시도했고 결과는 어떠한지, 부서의 부흥과 성숙을 위해 어떤 노력을 했는지에 대한 것도 보고합니다. 그 다음에는 참석자들의 질의응답 순서를 가집니다. 이 순서가 모든 부서에서는 가슴 떨리는 무서운 순간이겠지요. 참석자들이 자유롭게 질문해도 되고 진행자가 준비한 항목별로 질문해도 될 것입니다.

예를 들어 예산 집행에 대해서 참석 인원에 합당한 예산 집행이었는지, 불필요한 예산 집행이 너무 많은 것은 아닌지, 전도비용 대비하여 간식비가 인원과 횟수에 비하여 지나치게 많은 것은 아닌지를 질문하고 확인하기도 하지요. 다른 질문으로는 간식이나 식사비에 비하여 프로그램 준비와 진행 비용이 너무 적은 비율이 아닌지, 인원수 증감 현황의 문제점은 없는지, 부서의 대상 학생을 위해 새롭게 창의성을 살린 시도는 무엇이었는지, 학생들의 반응은 기대한 만큼 표현되었는지 등을 질문할 수도 있습니다.

질의응답이 다 끝나면 다과를 나누면서 투표 시간을 가집니다. 모든 참석자들이 교육적인 노력과 시도와 결과가 좋았다고 생각하는 부서 한두 개를 적어 냅니다. 이 투표지를 모아서 우수 부서를 1등과 2등으로 선정하여 부서에 금일봉을 시상합니다. 시상을 받은 부서는 굉장한 명예와 자부심을 갖게 되지요. 이런 평가회를 한 번 시도해 본 적이 있는데 의외로 교육부 임원들과 부장들은 좋아했습니다. 이러한 평가회를 통해서 여름행사의 목적이 무엇인지, 어떻게 준비하고 노력하고 시도해야 하는지를 많이 배웠다고 만족해 했습니다.

다만 교육전도사님들은 반대와 불만이 많았습니다. 한 부서를 책임진 전도사로서 자신의 사역이 공개되고 평가받는 것에 대해 두려움도 부끄러움도 많았기 때문입니다. 저는 교육전도사들의 그런 감정을 이해하기도 하지만 이 감정을 뛰어넘기를 바랍니다. 교역자들은 자신의 사역에 대해서 하나님 앞에서나 사람 앞에서나 평가받고 저울질 당하고 부끄러움과 칭찬을 당하는 것에 대해서 책임지는 자세로 나아가야 합니다.

　　무겁고 힘들고 부끄럽고 민망함만 있는 것이 교역자의 삶은 아닙니다. 최선을 다해 진지하게 주님의 사역을 붙들고 나아가다 보면 사람들에게 칭찬과 인정을 받고 사역의 보람을 맘껏 누리며 감사할 수 있는 그 기쁨, 그 보람은 사역자만이 누려 볼 수 있는 특권이지요.

2. 교육 문서 관리 부재중!

저는 교회 사역자로 부름을 받기 이전에 일반 직장 생활도 오랫동안 해 보았고, 교회와 선교 단체에서 행정 간사로 사역을 해 보았습니다. 그래서 누구보다도 행정의 유익과 중요성을 잘 알고 있습니다. 행정은 불편하고 까다롭고 복잡한 것이 아니라 어떤 체계를 잡아서 어떻게 운용하느냐에 따라 모두가 편안하고 유익할 수 있다고 봅니다. 쉽게 말해서 행정은 물과 같은 것이지요. 행정이 물처럼 잘 흘러가면 모두가 행정의 존재를 있는 듯 없는 듯 못 느끼면서 편안하게 지냅니다. 그런데 행정이 잘 안 되면 길바닥 곳곳에서 얼음덩이를 만난 것 같은 불평이나 짜증이 생기게 되지요.

제가 일곱 교회에서 사역을 하면서 일곱 교회의 교회 행정, 교육 행정을 지켜보았습니다. 교회마다 많은 차이가 있었지요. 조금은 체계가 갖춰진 교회도 있었고, 어느 교회는 주보모음철도 없을 정도로 행정에 대한 인식이 전무한 교회도 있었답니다.

제가 어느 교회에 부임한 첫날, 총무 교사는 브리핑을 해 주었습니다. 교사들 연락처와 주소가 적힌 자료며, 아이들 명단과 신상 기록부까지 다 보여 주었구요. 어떻게 시간을 운영했는지, 교사회의나 교사들 신상명세까지 다 적은 서류를 준비했더군요. 제가 하루빨리 부서에 적응하고 사람 파악을 잘 하도록 도와주려는 의도였습니다. 그런데 놀라운 것은 그 총무만 그렇게 하는 것이 아니었습니다. 그 교회 총무들은 그런 행정 문서와 서류 관리에는 책임을 가진 존재였습니다.

　제가 사역한 어느 한 교회는 아예 행정이 없는 교회였습니다. 교육부의 모든 부서들은 회계나 총무, 서기 임원은 존재했지만 그들의 업무는 없다시피 했습니다. 아무도 감독하지 않고, 가르치지 않고, 관리하지 않고, 조정하거나 책임을 묻지도 않는, 무주공산의 교육행정이었기 때문입니다. 그 교회에서는 주보철은 물론 어린이 신상명세서도 없었습니다. 회계 장부를 담당 선생님이 기록하다 말았기 때문에 연말 이월금도 정확하게 산출이 안 된다고, 새해가 되자 새 회계 선생님에게 대충 아무렇게나 이월금을 건네주고 끝이었습니다. 물론 장부도 넘겨주지 않았고, 전년도에 관련된 어떤 문서도 보관되어 있지 않았습니다. 유일하게 제가 발견한 것은 교육계획서와 예산서 뿐, 행사자료나 회의 기록이나 아동부 일지는 존재하지도 않았지요.

　그러면 그 교회 교육부는 활성화되어서 많은 학생들이 신나게 교회 생활을 하고 있었을까요? 짐작이 가지 않으세요? 교육 부서들이 지리멸렬 다 시들어가는 형편이었습니다. 그 원인이 꼭 교육행정 부재 때문은 아니지만, 교육행정 부재와 교육부서의 미약함은 묘한 연관이 있어 보였습니다.

　교육 문서 관리를 위해서 제가 몇 가지 제안하고 싶은 것이 있습니다. 제 제안이 모든 교회들의 형편에 맞게 다 적용되기는 어려울지도 모른다는 생각도 듭니다. 그렇지만 제 이런 제안들이 각 교회에서 활용할 수 있는 조그만 힌트라도 되기를 바랍니다.

① 교회에 대한, 행정에 대한 역사의식을 갖는 것이 필요합니다

저는 사역하는 교회마다 서기나 총무교사를 통해서 제 부서의 행정 서류를 열심히 챙기고 보관합니다. 이것은 저만을 위해서가 아니라, 제 다음에 오게 될 새 교역자와 부서 발전을 위한 디딤돌이 되기를 바라는 마음에서였습니다. 교역자들이 갖는, '나만 어떻게 잘하고 대충하고 떠나면 그 다음은 어떻게 되든 모른다' 는 무책임한 의식이 싫었기 때문입니다. 나 한 사람의 사역의 흔적과 발자취는 '하나님의 나라와 사역' 이라는, '하나님의 역사' 라는 관점에서 보면 내 앞사람과 내 뒷사람과의 연결 선상에 있다고 생각합니다. 그래서 제 사역이 끝나면 제가 했던 사역의 발자취를 다음 사역자에게 인계하고 그분을 통해서 하나님의 사역이 더 깊이 발전되기를 원하는 '사역자의 역사의식' 을 갖고 일하고 싶었습니다.

제가 제 부서에서 마련하는 서류철은 다음과 같습니다. 주보철, 일지, 학생들의 신상명세서철, 회계장부, 각종교육문서 모음(월례회 자료, 프로그램 자료들 모두), 부서의 사진 앨범(또는 CD로) 등입니다. 6개의 문서자료를 보면 제 부서의 모든 일들과 사역을 다 파악할 수 있습니다. 주보철과 일지를 통해서는 예배에 대한 것과 어린이들의 상황을 알 수 있고, 교육문서 파일에는 프로그램에 대한 모든 것들이 담겨 있습니다. 각종 교사회의와 교사교육 자료들, 프로그램의 모든 복사자료, 교사용 설명자료, 진행에 필요한 자료들, 각종 평가회 기록과 가정통신문 등 일 년 사역의 모든 내용을 문서 파일철에 보관해 둡니다.

② 교회학교 학생들의 교적부가 합니다

요즘은 교회마다 컴퓨터 프로그램으로 교인 관리를 많이 합니다. 그래서 아주 작은 규모의 교회가 아니고 어느 정도의 교회라면 교회 컴퓨터로 교인에 대한 기본적인 항목들을 검색할 수 있습니다. 그런데 저는 아직까지는 교회학교 학생들까지도 교회 컴퓨터에 자세히 수록된 경우를 보지 못했습니다. 교인의 자녀로 이름이 올라간 것 외에 그 학생 단독으로 그 학생에 대한 모든 것들이 기록된, 교회학교 학생 교적부는 찾아보기 어려웠습니다. 컴퓨터 검색은 대단히 편리하기도 하지만 회의 시간에 여러 명이 함께 돌려봐야 할 경우나 서로 공유하면서 계속 보완해야 할 문서의 경우에는 불편함도 많이 있습니다. 그래서 컴퓨터에 수록한 자료와 문서화된 종이자료는 함께 사용하는 것이 더 낫기도 합니다.

현재 시중에 나와 있는 교회학교 학생 신상카드는 연초에는 많이 구입해서 적기도 하고 활용하는 것 같습니다. 그런데 몇 달 후에는 교사 손에 있다가 어디로 없어지든가 부서 캐비닛에 있다가 연말이면 물품 정리에 휘말려 없어지고 말지요? 새해가 되면 다시 구입해서 몇 개 항목 쓰고는 다시 없어지고 그런 순환이 계속되지요? 신상카드가 다음 해로 인계되거나 계속 잘 사용되는 경우를 보기 어려웠습니다. 사용 연한이 1년짜리이기 때문입니다. 물론 지속적인 관리가 없었다는 것도 이유가 되겠지요.

저는 이 신상카드의 부족한 점을 보완하기 위해서 학생들의 교회학교 교적부를 만들고 사용해 보았습니다. A3 용지 크기에 양면에 문서

서식으로 디자인된 학생 교적부는 이 학생이 유아부에서부터 고등부까지 지속적으로 사용할 수 있게 되어 있습니다. 이것은 반으로 접어서 한 명당 비닐 커버에 넣어서 부서나 반별로 파일철에 묶는 식으로 관리를 했습니다. 매년마다 학생의 상황(활동, 훈련, 출석상황, 친구관계, 전도나 시상, 특기)을 간단하게나마 적게 되어 있고 매년 담임교사의 이름과 부서 전도사의 이름이 들어갑니다. 해당 부서마다 사진을 올리게 되어 있어서 변해 가는 얼굴 모습도 남길 수 있구요.

가족 관계나 주소 변경, 전화번호 변경도 지속적으로 매년 기록하기 때문에 변동사항을 한 눈에 파악할 수 있습니다. 새로 나온 친구는 그해부터 기록을 시작하고, 출석률 저조나 여러 가지 사유로 제적된 학생은 그 교적부만 따로 보관했다가 다시 출석하게 되면 새로 만들지 않고 다시 나온 그 시점부터 계속 이어서 기록하기 때문에 학생들의 교회학교 생활을 한 눈에 볼 수가 있습니다.

1년에 1-2회 기간을 두고 전체 부서에서 이 교적부 기록을 점검하게 합니다. 꼭 동사무소에서 주민등록 일제 정리하는 느낌이라고 하더군요. 미비한 사항을 기록하여 보완하고 사진이 누락된 학생들은 사진도 찍구요. 매 연말마다 담임교사가 다시 한 번 기록을 정리하여 부서에 보관하다가 새 학기에는 다시 새 담임교사가 인계받습니다. 상급 부서로 진급된 경우에는 교적부가 그 부서로 인계되어 계속 기록을 이어가며 교적관리를 하게 됩니다. 이는 학생 관리를 꾸준하게 이어갈 수 있도록 하는 데에 유익합니다.

③ 교육부 안의 모든 문서와 서식 관리의 일원화가 필요합니다

각 부서의 주보철, 서류 모음화일, 교육자료, 회계장부, 일지 등은 1

년이 지나면 어디로 갔는지 아무로 모르게 행방불명되는 경우도 많습니다. 부서의 전도사나 부장, 총무나 서기의 의식에 따라 행정문서들은 있어졌다가 없어졌다가 하는 것이 교회학교 행정의 현주소일 것입니다. 해당 부서의 3-4년 전 주보나 교육 자료들이, 행사사진과 앨범들이 얼마나 잘 보관되고 있는지 교회에서 확인해 보면 금방 파악이 되실 것입니다.

이런 점을 보완하기 위해서는 연말이나 연초에 교육부에서는 각 부서의 일 년 자료와 문서들을 수집하여 연도별로 부서별로 정리하여 보관해 두었으면 합니다. 실제로 그렇게 하는 교회를 제가 보았는데 참 보기 좋았습니다. 최근 몇 년 동안 성경학교를 어떻게 진행하고 어떤 프로그램을 했는지 다 검토해 볼 수 있었습니다. 어느 교역자나 교사가 열람이 필요하다면 교육부장이나 총무의 허락을 받고 문서 보관 서류장을 열람할 수 있었습니다. 교사 기록이 충실하게 정리된 어느 교회에서는 해당 교사의 신앙생활, 교사 경력, 교사대학과 외부 훈련 참가, 시상, 특기, 활동, 임원 역임 경력, 부서 담임반 연혁 등을 한 눈에 확인할 수 있습니다. 반면 어느 교회의 경우는 교육전도사의 사역 기록조차도 없었습니다. 어느 교역자가 언제 와서 몇 년간 어느 부서를 담당하고 있었는지를 사람의 기억에 의존해야 했지요.

교회학교가 일반 공교육 학교와 같은 개념은 절대로 아닙니다. 그럼에도 불구하고 교육행정은 필요하고 문서 관리와 기록 관리는 필요합니다. 학생들을 잘 돌보고, 부서의 활동을 잘 지원하기 위해서, 교회 교육의 미래를 바라보고 더 깊은 성숙과 발전을 도모하기 위해서 문서와 기록 관리는 유용한 점이 많을 것입니다.

④ 교육부서 운영을 위한 규칙과 기준이 필요합니다

규칙과 기준은 모두에게 공평성을 부여하기 때문에 소모적인 불평과 원망을 줄일 수 있습니다. 이 규칙들이 합의에 의해서 만들어진 것이라면 모두가 수용하고 지켜감으로써 공동체의 질서를 유지할 수 있습니다. 교회학교에서 교육관이나 지정 장소가 부족한 경우에 장소 중복 사용문제, 제한된 교회 차량의 부서 이용 문제, 기자재 사용 문제 등, 조금씩 신경이 예민해지고 불편해지는 경우가 가끔은 생깁니다. 이럴 때 정해진 규칙은 모두에게 편안함을 줄 수가 있지요. 교육부 부서와 부서 간에, 교회와 교회학교 간에 교통정리를 잘하기 위해서 발생될 사안들에 대한 대비책과 해결할 기준과 원칙이 마련되어 있으면 좋습니다. 일이 생길 때마다 설득하고 설명하고 양보해야 하고 복잡한 입씨름을 할 필요가 없으니까요.

기준이 없음으로 인해 복잡해진 한 가지 예를 들어 볼까요? 어느 교회에서 5월에 있었던 사연입니다. 교사 주일을 지키기 위해서 교사들 시상을 하기로 했는데 시상 항목이 근속교사, 개근교사, 모범교사 부분이었지요. 이 때문에 뒷말과 소란스러운 말들이 많이 생겼습니다. 즉 개념의 명확한 정리가 되지 않아서 부서마다 부장마다 유권해석이 달랐던 것입니다. 근속교사를 해당부서에서 몇 년 이상으로 할 것인가, 그 교회에서의 교사 경력 전부를 합산한 것으로 할 것인가? 개근교사의 경우, 개근의 체크 시간을 아침 경건회 시간으로 할 것인가, 부서 예배 시간으로 할 것인가? 더 애매한 것은 모범교사의 선정 기준이 부서마다 달랐다는 것이지요. 모범교사를 교사들의 인기투표로 결정하는 경우도 있었고, 교사 1년차여도 열심히 한다고 예쁘다고 선정한 부서, 아직 아무 상도 못 받은 교사를 격려 차원에서 선정하는 부서도 있었구요.

문제의 원인은 시상 분야에 대한 명확한 개념 정리와 시상 기준에 대한 명확한 기준이 없었다는 것입니다. 이것을 개선하기 위해서는 교육부 내에서 기준과 규칙을 선정하는 것이 필요합니다. 이 규칙은 교육부 회의에서 합의를 거쳐 개정하고 공표되어야 합니다. 어떤 기준에 맞아야만 그 부분의 시상자가 선정될 수 있게 정해 주면 됩니다. 한 교사가 한 부문에서 연속 시상하게 되는 경우, 한 교사가 여러 부분의 중복 시상자가 되었을 경우, 해당자가 없을 경우에 어떻게 차선책을 사용할 것인지 정해 놓으면 말 많은 잡음이 생길 리 없습니다.

모든 문서와 기준은 교육 공동체 안에서 화목을 위한 도구 입니다. 또한 부흥과 성장을 위한 보이지 않는 기초석이 됩니다.

3. 인사 행정 부재중!!

'세상일은 인사(人事)가 만사(萬事)' 란 말이 있지요. 교회의 머리와 주인은 예수 그리스도이시지만 교회 일도 역시 인사가 만사라는 말이 맞는 것 같습니다. 유형 교회(有形교회, 보이는 교회)로서의 교회의 모습은, 담임 목사로부터 이제 막 들어온 새신자까지, 노인부에서 교회학교 영아 유치부에 이르기까지, 사람들만 먼저 보입니다. 교회 안의 사람들 일은 역시 '인사' 가 다스려 갑니다.

교회 직분과 일들을 어떤 사람이 하느냐에 따라 방향이나 내용이 많이 달라지게 됩니다. 사람에 따라 사역이 활성화될 수도, 지지부진할 수도 있습니다. 신앙심이 깊고, 신실하게 하나님을 사랑하는 사람, 사람을 깊이 사랑하여 화목과 평안을 유지하는 인간성을 가진 사람, 능률과 합리성을 가지고 일을 처리하는 능력을 가진 사람, 이런 것들을 골고루 갖춘 평신도나 교역자들이 많이 필요합니다.

그런데 그런 좋은 사람이 하루아침에 혜성처럼 등장하는 것이 아니지요? 우리는 끊임없이 양육하고 돌보면서 훈련을 통해, 본보기를 통해 사람을 길러내고 키워 내야 합니다. 또한 잘 준비된 사람을 발굴하고 적재적소에 배치하여 그 사람의 능력을 마음껏 발휘하게 해 주고, 그가 하나님 사역에 드려지는 기쁨과 교회를 위한 수고의 기쁨을 마음껏 누리게 해 주는 것도 중요합니다. 교육 행정에서 사람에 관련된 인사 정책으로 네 가지를 말씀드리겠습니다.

① 교육지원부(부서나 사람)를 신설해 보십시오

제가 앞에서 말씀드린 대로, 교육 정책의 수립과 일관성 있는 유지와 연속성 있는 시행을 위해서, 교육 문서 관리의 지속성 등을 위해서는 이 분야를 전담할 사람이 필요합니다. 경험 많은 사람들이 교육부서 전체를 지원하고 조율하는 일을 담당하는 것이 좋습니다. 그분들이 책임과 역할과 권위를 가지고 섬길 때에 교육부서 전체는 한층 더 안정적으로 사역에 임할 수 있습니다.

제가 사역했던 교회 중에 두 교회에는 교육지원부 조직이 있었습니다. 교육부 안에 소속된 각 부서들이 있고, 그 부서들 옆에 지원부라는 별도 조직으로 존재합니다. 그리고 교육위원회와는 별도의 역할과 권위가 주어져 있습니다. 저는 이 교육지원부(지원팀)에서 많은 장점과 유익을 발견했습니다. 교육지원부는 다년 간의 교사나 부장 경험이 있는 평신도들이 지원부장과 총무 역할로, 또는 분야별로 몇 개의 담당 임무를 맡고 있습니다.

지원부에서는 매주일 각 부서의 인원 통계와 헌금 관리, 각 부서 예산 집행을 하고 있습니다. 교회 재정과는 별도로 교육부 예산집행을 교육지원부가 하는 것입니다. 또한 모든 자료와 통계를 관리합니다. 교사 봉사 기록부, 학생 기록부와 각 부서 문서의 통일화, 교육부 회의자료,

행사자료, 자료 수집 등 교육부서에 관련된 자료나 통계, 과거를 알고 싶으면 교육지원부에서 열람을 요청할 수 있습니다. 그리고 교육부 안의 연합 행사, 즉 교사대학, 교사 체육대회, 부서 연합 예배, 절기 연합 예배, 여름행사 때의 효율적인 지원 등 모든 연합 행사에서 조정과 지원을 담당합니다. 교육위원회에서 결정된 사항을 각 부서에서 시행하도록 관리하고, 교육부서의 발전을 위한 장단기 계획을 수립하고, 각종 규칙과 기준을 정하고 그대로 시행하도록 유도하는 임무도 맡고 있습니다.

② 전문 인력을 꾸준히 양성하는 것이 필요합니다

당회나 교육부에서는 인재 양성을 위해 예비자 명단을 잘 관리할 필요가 있습니다. 지금의 시대가 요구하는 '전문화, 전문가'에 발맞추어 교육부에서도 평신도를 전문가로 양성해야 합니다. 교육 분야에 애정을 갖고 있고 오래 익숙하고 잘 훈련되어진 사람이나 장기근속 교사들을 양성하도록 해야 합니다. 이들이 리더십과 관리 능력이 있으면 총무로, 부장으로 양성되도록 지원해야 합니다.

이 전문 인력 양성에는 두 가지 분야의 인재 양성이 필요합니다. 한 분야는 교육임원으로서의 전문가 양성입니다. 총무, 부장, 교육지원팀 등으로서 교육 행정과 관리에 능숙한 사람을 길러내는 코스입니다. 또 한 분야는 재능교사 인재 양성입니다. 교사 중에 특별한 능력과 자질이 있으면 외부 기관에 교육을 의뢰하여 계속 교육을 받도록 해서 특기에 능한 전문가로 길러 내는 것입니다. 이러한 재능교사는 교회 내에서 또 다른 교사들을 자체적으로 양육하고 훈련시킬 수 있습니다. 특기별로 팀을 구성하여 교육부뿐만 아니라 교회 내의 여러 행사나 기관에 큰 도움을 줄 수 있습니다.

이러한 인재 양성 과정에도 어느 정도의 틀을 마련하는 것이 좋을 듯합니다. 다른 교회에서 근속교사들을 선정하여 지도자 과정을 진행하는 것을 보았습니다. 일 년도 되지 않아 흐지부지되고 마는 것을 보았습니다. 그것은 개인의 능력과 기호를 고려하지 않고 무조건 근속 연수에 해당하는 교사들을 일방적으로 대상에 넣었기 때문입니다. 그들은 지루한 특강과 세미나를 마치고 난 다음에 그냥 평신도 교사가 좋다고 주저앉아 버렸습니다. 선정 과정도, 일방적인 단기간의 교육 과정도 목적이나 효율과는 거리가 먼 것이 되어 버렸지요.

몇 년 근속이 중요한 것이 아니라 그 교사가 평신도 지도자가 되었을 때 부서(소그룹)를 인도할 만한 적극적인 성품과 리더십을 발휘할 수 있는가? 행정적인 일이나 업무 관계도 잘 챙길 만한 차분하고 조직적인 성품인가? 위아래를 살피면서 조율이나 설득이나 양보를 잘 하는 유연한 성품과 기질인가를 고려해야 만 합니다. 교육부 임원이 될 사람을 키우려면 임무와 위치에 맞는 능력을 발휘할 수 있는 은사와 사람들과의 관계를 잘 유지할 수 있는 성품과 기질을 고려하는 것이 좋습니다.

이런 사람을 선정하는 것은 자칫하면 주관성에 매일 염려가 있기 때문에 몇 사람의 추천인이나 심사를 거쳐서 선정하는 것이 좋겠지요. 선정된 그들은 예비 임원 교육과정을 거치면서 다른 단체에서 특강이나 세미나도 받아보고 타 교회도 탐방하고 연구도서도 읽게 하면서 지도자로서 필요한 것을 습득하게 하면 됩니다. 경험과 소질과 리더십의 능력 있는 교사는 이러한 교육을 받고 총무로, 부장으로 한 부서에 연임하게 해도 좋고 타부서 총무에서 부장으로 승급 이동을 해도 좋을 것입니다.

③ 직무교육이 필요합니다

교회학교의 부서 임원이라 하면 서기, 회계, 총무, 부장이나 부감 정도의 소수입니다. 제가 알기에 대부분의 교회들이 부장이나 부감 정도를 임명하고 나머지 총무, 회계, 서기는 교사회 자체적으로 선출합니다. 이런 부서 임원에 대한 교육이 시도되고 있는 교회들이 한국 교회에 얼마나 될까요? 교회 재정부에서 각 부서 회계를 모아서 회계장부 기록법을 가르치고 회계장부 검사를 일일이 대면해서 하는 경우를 몇 교회에서 보았습니다. 그러나 교회학교 부장이나 총무 직무교육을 하는 교회를 저는 아직 잘 모릅니다. 제 경험과 정보가 빈약해서 일지도 모르지요. 또한 교육부 임원들의 직무에 대한 상세한 매뉴얼이나 지침 같은 것이 마련된 교회 이야기를 아직 듣지 못했습니다. 그런 교회가 있다면 얼마나 좋을까요?

많은 교육전도사님들, 그들이 제일 곤란하고 부담스러워하는 부분이 무엇일까요? 교육전도사님들은 교사들 문제보다도, 학생들의 관리나 부흥에 대한 압박감보다도, 부장이나 총무와의 호흡 조절이 더 힘들다고 합니다. 그 갈등의 상황은 교회마다 사람마다 다르게 나타나지요. 사람의 기질의 차이도 있지만 어쩌면 업무간의 조율, 분담의 애매함 때문에 생기는 갈등이라고 볼 수도 있습니다.

저 역시도 오랫동안 사역하면서 제일 힘든 부분이 부장과의 친목, 영적인 일치, 사역 방향에 대한 공감대 같은 것들이었습니다. 부장과 호흡이 잘 맞을 땐 사역이 즐겁고 신났습니다. 어떤 문제든지 함께 의논할 수 있었고 기도하면서 신뢰할 수 있었지요. 그러나 부서 일에 무관심하고 명목만 부장인 부장, 전도사의 영역까지 침범하면서 한 부서에 선장이 두 사람인 격이 되어 버리거나 전도사가 할 일을 다 좁혀 놓고 이름만 전도사로 있기를 원하는 부장을 만나면 사역은 가시밭길이 되어 버립니다. 이렇게 엉킨 실타래처럼 헝클어진 인간관계나 업무 분담을 풀어가려면 그 자체에 에너지가 소비되어 버리지요.

한 부서나 한 개인의 문제가 아니라 교육부 전체로 보아서도 부장과 전도사의 업무 구분과 분담 문제는 필요하다고 생각합니다. 어느 부서는 부장이 모든 일을 다 알아서 처리하고 전도사는 조용히 앉아서 구경만 하다가 설교만 하고, 반대로 어느 부서는 부장이 얼굴마담이고 전도사가 모든 결정과 진행, 행정까지 다 하는가 하면, 어느 부서는 총무가 1인자 실권자가 되어서 부장이나 전도사를 능가하는 적극적 일꾼이 되기도 하고. 한 교회 교육부 안에도 이런 불균형이 다반사입니다.

이것을 어떻게 해야 할까요? 사람 일이라는 건 딱 떨어지는 해답이 없습니다. 사람은 기계가 아니고 수시로 변화하는 존재, 성숙해 가는 존재거든요. 더욱이 기독교의 복음 안에서 우리가 사람을 바라보는 관점은 '주 안에서 끊임없이 하나님이 만지시고 다듬어서 늘 새롭게 변화시키는 존재'로 보기 때문입니다. 그럼에도 불구하고 작은 노력을 해 볼 수 있다면 그것은 직무 교육이라는 방법이 될 수 있을 것입니다.

직무 교육에 앞서서 먼저 각 임원별 고유한 역할 분담이 되어 있다면 좋겠습니다. 유기적인 협력을 위해서는 먼저 질서가 선행되어야 합니다. 질서를 위해서 분담이 필요합니다. 임원 직분의 맡겨진 고유의 업무와 책임 한계까지 그 역할에 대한 안내가 있었으면 좋겠습니다. 그러면 새 사람이 임명되어도 해당 직무를 빨리 이해하고 적응할 수 있고 그 부서의 과도기를 줄일 수 있을 것 같습니다. 직무교육과 직능별 모임을 자주 가져서 수시로 생기는 현안들에 대해서 서로 의논하고 신속히 대처한다면 정말 좋을 것 같지 않으세요?

직무교육은 역할별 임무와 업무들, 업무에 필요한 자료들과 기능들을 다루면 좋지요. 직무 교육은 서기나 총무는 교육지원부나 교육부 총무가 담당하구요. 회계는 교육부 회계가 담당하구요. 부장은 교육의 교육목사가 직접 영적인 면과 행정적인 면, 인격적인 면까지 함께 가르치고 조정해 주는 것이 좋을 것입니다.

교육목사는 직무 교육과 업무 분담에서 좋은 조정자, 합리적인 문제해결자가 되어야 하겠습니다. 부서 안팎에서, 교역자와 임원들(부장, 총무)들 사이에서, 각 부서 부장들 사이에서 작은 마찰이나 갈등은 얼마든지 생길 수 있습니다. 이때 교육부장이나 교육목사는 문제나 갈등의 원인을 빨리 찾아서 정리해 주어야 합니다. 역할이나 업무 분담이 잘되지 않아서 생기는 문제인지, 개인적인 성격과 기질적인 문제인지, 신앙적인 노선의 문제인지를 잘 헤아려야 할 것입니다.

무슨 문제든지 무조건 성격이나 기질 탓으로 돌려서 사람을 인신공격이나 인격적으로 매도하는 일은 없어져야 합니다. 일 때문에, 잘못된 역할 이해 때문에 생기는 문제도 교회 안에는 많습니다. 업무 때문에 생긴 문제는 업무의 기준대로 처리해 주면 됩니다. 부서의 경계 때문에 생기는 문제는 경계의 원칙대로 처리해 주면 문제는 간단하게 해결될 수 있습니다. 원인을 찾아서 해결해 주지 않고 계속 사람과 인격 탓으로 돌리면 사람들은 잘못된 평가나 비판과 상처를 두려워해서 숨거나 회피해 버립니다. 해결해야 할 문제를 직면하지 않고 외면합니다. 그리고 그런 문제들은 다른 사람들에게서 계속 나타나게 됩니다.

④ 사람과 제도에 대한 유연성 있는 대처가 필요합니다

교회학교 임원 임명에 대해서 생각해 볼까요? 여러분의 교회는 어떤 형편이신가요? 담임목사님들은 어떤 일꾼을 발탁하여 훈련시키고 싶으시면 그런 사람을 교육부서 부장으로 임명하곤 합니다. 교육부서와는 관계없이 성가대나 소속 기관에서 봉사하시던 분을 낙하산 인사 식으로 교육부서 안에 지도자로 임명하기도 합니다. 저는 그런 임명 방법을 반대합니다. 차라리 교육부서에서 계속 봉사하고 훈련된 교사들을 추천하고, 추천자 중에서 담임목사님이 선택하시는 것이 좋다고 생각합니다. 교육부장 임명도 마찬가지로 1차 추천, 2차 선택하시는 것이 좋을 것 같습니다.

교육부서의 부장 임기제는 장단점이 다 있습니다. 어떤 장점을 선택할 것인지, 어떤 단점 때문에 고려할 것인지는 교회의 형편에 달려 있습니다. 저는 임기제라는 틀 속에서 유연성도 함께 있었으면 좋겠다고 생각합니다. 임기제이기 때문에 그 부서에 있기 싫어도, 그 부서의 특성에 맞지 않아도, 체면 유지 때문에 할 수 없이 부장직을 고수하시는 분도 있을 수 있습니다. 그렇다면 매년마다 직무 여부를 계속 확인해서 자연스럽게 사임하거나 이동할 수 있도록 임기제와 유연성을 함께 겸비하는 것이 좋지 않을까 합니다.

그보다 더 중요한 것은 어떤 직분이든지 임원이든지 몇 년 단임제, 임기제에 묶이지 않는 것입니다. 뛰어난 은사와 능력을 갖춘 사람이 계속적으로 한 분야에서 일할 수 있도록 당회 차원의 의지와 배려가 필요합니다. 담임목사님들에게 왜 이런 것을 시행 못 하시는지 여쭈어 봤습니다. 대답은 이랬습니다. "교회 일은 여러 명이 돌아가면서 협력하고 인화하는 것이 중요하다. 한 사람을 한 분야에 오래 두면 고집과 주장이 생긴다. 다른 사람들이 편애한다고 불평한다. 그런 불평과 불만을 없애려면 은사나 능력 위주보다는 일이 잘 안 되어도, 그 사람이 일을 잘 못해도 골고루 한 번씩 해 보게 하면 된다."고 하셨습니다.

21세기는 한 가지 좁은 미세 분야를 집중적으로 파고들어 몰입하는 미세분야 전문가 시대입니다. 병원을 봐도 예전에 내과 한 가지였던 것이 이제는 내과도 여러 분야로 세분화되어 있지 않습니까? 직업도 마찬가지입니다. 예전엔 금속 공예라고 하면 모든 것을 다 포함했지만 요즘은 그 분야도 설치 환경에 따라, 재질에 따라, 순수예술인지, 생활예술인지에 따라 너무나 자세히 세분되어 있습니다. 교회에도 평신도 지도자의 개념에서 한 걸음 더 나아가서 평신도 사역 전문가의 시대적 요청을 받아들여야 합니다. 교회교육에 열정과 능력을 갖추고 있고 준비된 평신도 사역자들이 계속 꾸준히 교육부에서 일할 수 있도록 당회에서 권위와 힘을 실어 주는 것이 필요합니다.

제10장
바꿔줘요! 바꾸세요! 공간 인테리어

　　1960~70년대 교회를 다니셨던 연세 많으신 분들은 요즘의 교회 내부 인테리어를 보시면 격세지감을 많이 느끼실 것입니다. 1980년대만 해도 교회 본당 내부 커튼은 진한 자주색 빌로드 커튼이었고, 강단 뒤편에는 묵직한 십자가만 걸려 있었구요. 강단의 강대상은 자체에서 위엄이 느껴질 만큼 크고 우람했지요. 교회 복도와 로비에는 예수님 사진과 성화 외에는 다른 것을 게시한다는 것은 상상하기 어려웠습니다.

　　그런데 요즘은 교회 내부가 얼마나 밝고 산뜻해졌나요? 무척 많이 달라졌지요? 그 육중하고 장중한 자주색 빌로드 커튼도 없어지고, 강단의 설교대도 요즘은 아주 가벼운 소재인 아크릴로 변모하고 있고 크기도 많이 작아지고 심플해졌지요? 예전에는 앉아 있기 불편하던 긴 장의자들도 다용도 접이 의자로, 마루 시스템으로 변화되고 있지요? 내부 조명도 예전에 비하여 많이 밝아졌구요.

　　요즘 시대는 교회 인테리어의 개념이 점점 달라지고 있고, 실제적으로 교회는 내부적으로나 외부적으로 많은 변화를 시도하고 있습니다. 밝고 따뜻하고 편안한 공간으로서의 공간 활용과 이미지와 실용성을 많이 고려하고 있는 형편입니다. 교회에서 이제는 검은색, 자주색 등 무거운 분위기의 색감이 점점 사라지고 있습니다.

이렇게 교회의 내부 환경은 변화하고 있습니다. 그런데 교회의 본당과 시설 변화의 속도에 비하면 교회학교의 교육 환경은 느릿느릿 변모하고 있는 것 같습니다. 아직도 어른들과 함께 본당을 사용하거나, 교육관 같지 않은 허술한 다른 공간에서 교육부서가 운영되고 있는 경우도 많습니다. 예전에 비하여 교회학교에 대한 관심과 교육 환경에 대한 배려가 많이 향상되고 있고 노력하고 있는 것은 사실입니다. 거창한 규모의 대공사나 시설 개선을 통하여 할 수 있는 것보다 소규모로 개선을 시도할 수 있는 것들이나 작은 부분에서 어떻게 교육 공간을 활용할 수 있을지 지혜를 모으는 작은 노력이 필요합니다.

1. 우리들의 노래 "너무 불편해요!"

어린이들은 가끔 이런 질문을 하곤 합니다. "왜 교회의 의자 모양이 그래요? 앉기가 불편해요! 책상도 불편해요!" 어린이들이 늘 생활 속에서 대하는 의자들, 가정과 학교와 학원의 의자들과는 비교가 많이 되는 모양입니다. 교회에서는 뭐든지 불편하다고 합니다. 어린이들의 이런 짜증을 들으면 우리 교사들은 괜히 미안한 마음이 들기도 합니다. 시대보다 뒤떨어진 낙후된 의자들, 책상들, 교육기자재들을 보면 왜 미안한 마음이 안 들겠어요?

제가 사역했던 여러 교회들이나 강의를 하러 다니면서 본 여러 교회들도 사정은 크게 차이나지 않았습니다. 제가 본 수많은 교회들, 교육공간의 현황은 대충 이랬습니다. 정말 시설도 환경도 낙후해서 아무리 깨끗이 다듬고 정리정돈 해도 지저분하고 더러워만 보이는 교회들도 있었습니다. 또한 몇몇 교회들은 신축한 건물에 넓은 공간은 이미 확보했지만 여기저기 널린 물건에, 정리정돈 안 된 무질서에, 인테리어 개념 없이 효용성 없는 공간을 가진 교회들도 있었습니다. 또한 내부에는 최신식 영상 기자재 등 시설을 갖추고도 의자나 책상과 강단은 1970년대 고

전적인 물건을 그대로 물려받아 사용하고 있는 교회들도 있었습니다. 여러분의 교회 교육 공간은 어떤 환경이신지요?

제가 한 번은 소위 대형 교회라고 하는 큰 교회에 강의를 하러 갔습니다. 부서의 방들과 시설을 둘러보고는 놀라움을 금치 못했습니다. 부서의 방마다 빔프로젝트 시설이 되어 있기는 했지만 방의 시설은 완전 복고풍 박물관 수준이었던 것입니다. 우중충한 색깔의 긴 장의자가 어린이 예배실 의자로 사용되고 있었는데 이건 몇 십 년 된 고물 같은, 교회 박물관에나 진열되어야 할 수준이었습니다. 책상도 마찬가지였습니다. 어린이들이 사용하는 책상은 학교 박물관에나 있을 법할 오래된 작은 목재 책상들이었고, 작고 불편하고 망가진 책상들을 놓고 분반공부를 하는 것 같더군요. 교사실에는 일그러진 오래된 철제 캐비넷과 철제 회의용 테이블이 놓여 있더군요. 거기서 교사들이 회의를 하고 주일 교육을 준비하기에는 많이 불편하고 지저분하게 보였습니다.

과연 이런 공간에서 그 교회 어린이들은 무엇을 느끼며 지낼까요? 교회는 고풍스런 박물관, 세상 어디에서도 보기 어려운 고물 박물관, 이런 이미지를 가져야 할까요? 성도가 많은 대형 교회의 교육부서 공간 활용이 이럴진대 다른 교회는 전혀 그렇지 않다고 말하기 어려울 것입니다. 역사가 깊다고 자랑하는 교회들은 한 번 생각해 보시기 바랍니다. 버릴 수 없고, 애정 깃든 옛 물건, 역사적 물건들 보관을 위해 교육부서 공간에 두신 것은 아니신지요? 그런 물건들과 함께 창고 같은 공간에서 공부하고 예배드릴 어린이들을 생각해 보셨는지요?

어떤 경우에는 교회들이 본당에서 사용하고 수명이 다한 본당 물품을 교체할 때 교육부실로 넘긴다는 말을 들었습니다. 대표적인 것이 장의자였고, 강대상, 앰프, 강단 십자가 등이었습니다. 제가 사역하던 교회에서도 항상 형님에게서 동생이 옷이나 책을 물려 받듯이 그렇게 물려받은 물품이 교회학교 부서에 남아 있었습니다. 교회 재정 형편이나 규모를 생각하면 이해가 갈 만한 상황입니다. 교회에서 알뜰하게 재정을 관리하는 것이 청지기적인 삶이라고 본다면 전혀 나쁘지 않지요. 그리고 물려받은 것이 다 나쁘고, 무조건 본당의 물건은 교체할 때 다 내어버리고, 교육부서에는 뭐든지 새로 사 주어야 한다는 말은 절대 아니지요. 다만 교육부서에 물려 줄 때의 사고방식이 섭섭한 것입니다. 버리기 아까우니 갖다가 쓰라는 마음가짐, 돈 자꾸 들이지 말고 헌 것이라도 대충 쓰라는 마음가짐, 성인들을 우선 고려하고 교육부서는 나중이라는 마음가짐이 서운한 것입니다. 활용도가 너무나 시대에 뒤떨어지고 고장이 잦은 앰프, 아이들이 사용하기에 불편한 장의자 등은 고려의 대상이 되어야 합니다.

1970-80년대에 본당 강단에 놓여 있던 목사님의 의자, 생각나세요? 지금은 고물이나 유물처럼 되어서 보기가 어려워진 의자입니다. 제가 사역하던 교회에는 제 부서와 다른 부서에도 이 의자가 몇 개 있었습니다. 교육부서에 물려주기 전에 아마 본당에 그런 의자가 있었나 봅니다. 의자 등받이가 엄청 높고 목재로 장식이 붙어 있는, 굴곡진 선이 아름다운 의자, 이 의자를 저는 '옥황상제 의자'라고 부릅니다.

이 명칭은, 중국 무협지를 즐겨 보던 한 아이가 그렇게 부르는 것을 보고 저도 그렇게 부르기 시작했습니다. 무협지 삽화 속에 그렇게 생긴 의자가 있었나 봅니다. 그 아이는 "왜 교회 목사님들은 옥황상제 의자에 앉고 우리들은 이런 의자에 앉는 거예요?"라고 물었습니다. 교사 모임에서 제가 그 의자 이름을 말하니까 교사 한 명이 자기도 '옥황상제 의자' 같다고 생각했다고 해서 박장대소를 했던 기억이 납니다. 지금은 다 박물관에 가 있어야 할 그 높은 의자들을 아무렇지 않게 물려주던 교회들도 이제는 생각들이 많이 변화되었겠지요? 그래도 혹시 모르지요. 지금은 많이 없어진, 그 등받이가 높은 '옥황상제 의자' 들을 지금도 물려받아 사용하는 교회가 혹시 있을지도 모릅니다.

아동부 전도사인 제 입장에서는 물려받아 사용하던 강대상도 불편했습니다. 저는 대부분 실물이나 시청각 자료를 가지고 설교를 합니다. 그런데 강단 앞부분이 굴곡져 있기 때문에, 강단 중앙에 성경 보면대가 고정되어 있기 때문에, 그림을 움직이거나 세워 놓을 수 없었습니다. 그림을 이동시키거나 변화를 주기도 불편했구요. 테이프나 CD를 틀어야 할 경우 좁은 강단에 올려놓을 수 없어서 강단 옆에서 틀거나 이동을 해야 하는 불편이 있었습니다. 본당에서 사용했던 옛날 강대상은 목사님들이 성경책이나 원고를 펼쳐 놓고 옆에 고정된 마이크를 세우고 설교하는 것으로는 안성마춤이었겠지요. 그렇지만 다양한 자료를 사용하여 설교하는 제 입장으로는 불편하기 그지없었습니다.

교육부서의 방에 프로젝트 시설을 해 주었다고, 화면 설치하고 컴퓨터를 사용할 수 있게 해 준 것으로 시설의 현대화를 자랑할 수 있을까요? 시설의 현대화 못지않게 중요한 것은 예배실(부서실) 분위기의 문제입니다. 의자나 책상, 강대상, 강단의 편리함과 편안한 분위기를 고려해 주는 것이 더 절실하게 필요합니다. 어린이들도 편안한 분위기, 편안한 환경이 준비되었을 때에 교회에 더 오고 싶고 더 편안한 마음이 생기지 않을까요? 지금 이 시대를 살아가는 아이들이 먼지 나는 박물관 같은 환경과 지저분하고 헝클어진 분위기를 좋아할까요? 저는 어린이들이 깨끗하고 편리한 시설과 분위기를 좋아한다고 믿습니다.

저는 교육 환경이 이렇게 되었으면 좋겠습니다. 어린이들(학생들)이 예배실 안에 들어오면 환하고 부드럽고 아늑한 분위기의 조명이 비추었으면 좋겠습니다. 단색은 아니지만 부드러운 음영의 무늬나 잔잔한 무늬가 있는 벽지(페인트), 모든 비품이 잘 정리 정돈된 깔끔한 환경, 정중하면서도 편안하게 느껴지는 실내 인테리어로 단장되어 있으면 좋겠습니다. 또한 부드러운 색의 목재로 공간을 잘 활용하여 쓸모 있게 붙박이장을 짜 넣어서 효용성과 안정감 있는 분위기를 연출하면 얼마나 좋을까요? 지나치게 썰렁하거나 행정관서처럼 딱딱한 분위기의 인테리어가 아니었으면 좋겠습니다. 반대로 너무나 많은 공간 구성과 게시물로 요란스럽고 혼란스러운 것도 조금은 절제가 필요하겠지요? 유아부나 유치부서의 방이라면 어린이집이나 유치원처럼 화려하고 원색적으로 온갖 장식들을 내걸어도 괜찮겠지요. 그러나 다른 부서의 경우라면 깔끔한 공간 구성과 활용, 정중하면서도 정제된 느낌이 좋을 것 같습니다.

2. 안녕하세요? 교육 공학!

막대한 예산을 들여서 교회학교 전체의 실내 공간을 효율성 있게, 편안하게 만들기란 쉽지 않습니다. 그렇게 대규모 공사를 통한 시설의 현대화를 하게 된다면 얼마나 좋겠어요? 그럴 형편이 못 되더라도 제한된 환경을 개선하기 위한 노력을 해야겠지요. 조금이라도 더 편안할 수 있는, 불편해 하지 않을 교육 공간을 만들기 위해서 조금 더 신경 쓰고 돌아보는 노력이 필요합니다.

저는 사역하는 교회마다 교육 환경을 정리정돈 하는데 조금은 노력을 합니다. 큰 비용을 교회 제직회에 예비비로 청구하는 것은 조금 마음이 불편할 수 있구요. 부서 예산을 소비하는 것도 교사들과 어린이들에게 미안하지요. 그래서 비용이 조금 들어가야 할 사항들은 사전에 여러 사람들을 설득하면서 기다렸다가 연말쯤이면 예산에 반영되도록 합니다. 문이나 벽 페인트 작업이라든가 창문 도색이나 교체, 강대상 교체, 스피커나 앰프 교환, 이런 것들은 큰 비용이 소모될 수 있으니까요.

저는 돈이 크게 들지 않는 범위 안에서 조금씩 변화를 유도합니다. 제가 여성 사역자여서 그랬는지는 모르지만 교회 인테리어가 살벌하고 삭막한 것이 싫었답니다. 그래서 우선 가볍게 시도하는 것은 창문에 커튼 달기, 반별 공간 확보해 주기, 교사실 환경 미화 정도입니다. 저는 주일에 예배실이 정리정돈이 안 되어 어수선한 것을 싫어합니다. 제가 왜 그렇게 정리정돈 된 환경, 질서 있는 환경을 원하는 것일까요? 그건 사람은 정리정돈 잘 된 환경 속에 있으면 마음도 같이 정돈되고 차분해진다는 신념 때문입니다. 여기저기 물건이 널려 있고, 색깔이 복잡하고, 뭔가 준비가 덜 되어 예배 중간에 허둥지둥 우왕좌왕 하는 이런 분위기 속에서 예배를 드린다면 여러분은 그런 분위기 속에서 어린이들이 깨끗하고 정결한 예배를 드리게 될 수 있다고 생각하세요?

교회에서는 교육부서의 교육 환경이나 공간의 변화에서 첫 번째 문제가 예산 문제라고 말합니다. 그런데 저는 돈 문제보다도 더 깊은 문제는 실천 의지의 문제가 아닐까 하는 생각도 듭니다. 정말로 교육 공간을 개선해야겠다는 의지가 강렬하면 어떻게든지 그 방법을 모색할 것이라고 생각합니다. 예산 문제라면 교회 재정에서 지출하는 방법 외에도 얼마든지 지혜를 구하고 노력하면 해결할 수 있는 방법은 나오지 않을까요? 해결하고 싶은 의지를 가지고 지혜를 모으고 강력하게 실천하려는 노력이 부족하기 때문은 아닐까요?

예산 문제가 해결된다면 두 번째로 해결해야 할 문제는 교육공학적인 배려의 문제입니다. 즉 돈을 쓰되 쓸모 있고 효율성 있게 돈을 쓰는지, 이용할 학생들에게 편안하고 무리 없는 시설과 비품인지를 고려해 보아야 할 필요가 있습니다. 덮어 놓고 공사만 한다고 다 쓸모 있는 것이 아니더군요. 돈이 없거나 부족한 교회들은 아예 시작을 안 하지만 맘 먹고 큰돈을 들여 환경 개선 공사를 하는 교회도 있지요. 업체들에게 공사를 맡겨서 시설과 장비를 설치하기도 하고 페인트와 조명을 바꾸는 교회도 있습니다. 그런데 이때마다 제가 아쉽게 생각하는 것은 인테리어 개념과 교육 공학적인 배려가 없다는 점입니다. 공사를 맡기는 교회 측에서도 교육 공학에 대한 배려 없이 그냥 공사를 맡깁니다. 공사를 담당하는 시공업체나 업자들은 교회 교육 공간에 대하여 세밀한 이해와 배려 없이 마구잡이로 그냥 공사를 해 버립니다.

제가 사역하던 한 교회에서는 교육부서 부서마다 조명을 밝게 하고, 페인트를 칠하는 공사를 대대적으로 했습니다. 일주일 후에 가서 보았더니 천장에는 기다란 형광등들이 주루룩 붙어 있고, 벽과 문에는 온통 회색으로 칠해져 있었습니다. 벽의 밑바닥 하단부는 진한 곤색으로 칠해졌고, 강대상은 검은 색 페인트로 칠해져 있었습니다. 그날 교육부서의 교사들의 반응은 이랬습니다. "여기가 뭔 회사야? 공장이야? 구치소 아니야? 분위기 한 번 썰렁하다. 조명은 저게 뭐고? 기막히다. 기막혀!"

그날 열린 교육부 회의에서 부장님들과 전도사님들이 항의했지요. 담당 장로님은 그 시공업자에게 교회니까, 교회학교 어린이들이 쓸 거니까 알아서 해 달라고 일임했다고 합니다. 그 업자는 '여기는 일반 가정집이 아니니까' 라는 생각으로 관공서처럼 페인트 색을 칠했던 것입니다. 조명도 가정집이라면 멋있는 조명등을 달겠지만 일반 회사처럼 그런 형광등을 줄줄이 달았구요. 요즘 관공서에서는 강당의 무대를 검은 색으로 칠하는 것을 보았기 때문에 강대상을 검게 칠한 것이라고 했답니다. 교회는 교회 인테리어의 요즘 추세를 모르는, 인테리어의 개념이 부족한, 일개 페인트 업자에게 공사를 맡겨 버린 것이었습니다.

이제 말씀드릴 한 가지 실제 예는 역시 교육공학에 대한 이해 없이 일을 처리한 어느 분의 이야기입니다. 저는 이런 실제 예를 통해서 교회학교의 환경 개선을 계획하시는 분들에게 간곡히 부탁합니다. 교회학교 시설이나 공간을 바꾸려고 한다면 교육 공학적으로 신중하게 검토하고 연구해 보시기를 부탁합니다. 장소와 설치물의 규격, 이용하는 대상들의 특성과 다양한 활용도까지 고려해 주었으면 좋겠습니다.

제가 사역했던 한 교회에서 어느 날, 부서장들과 회식하는 자리였습니다. 건설적인 좋은 이야기들이 오고가는 자리였습니다. 제가 이런 말을 했지요.

"지금 실행 중인 교회 리모델링 공사가 끝나고 어느 정도 빚을 갚으면 그 다음에는 바로 추진해 달라고 부탁할 일이 있습니다. 교회학교 부서 교실의 리모델링과 현대적 시설을 설치하는 계획을 세워 주셨으면 하는 것입니다. 본당 건물이 새로운 시설로 바뀌는데 이제는 교육관도 바뀔 필요가 있지 않나요? 제가 생각하기에는 제일 먼저 아동부실의 장의자를 치워 주셨으면 합니다. 아이들이 장의자를 불편해 하고 프로그램에 맞게 다용도로 쓰기가 어렵습니다. 교육 시설과 환경을 바꿀 때는 학생들에게 맞게, 다용도로 쓸 수 있도록 연구하시고 고민해 보셨으면 합니다."

그리고 한 달이 채 되기 전에 경제적 형편이 여유로운 중등부 부장님이 일을 저질렀습니다. 어느 토요일 오후, 사전에 의논 한 마디 없이 트럭에 테이블과 의자를 잔뜩 싣고 나타나서 저를 경악하게 만들었습니다. 그분은 주일이면 아동부가 사용한 후에 이어 바로 중고등부가 사용하는 교회학교 예배실을 위하여 큰 맘 먹고 큰돈을 과감하게 헌금했던 것입니다. 문제는 의사소통의 부족, 아니 결핍이었습니다. 그분은 담임목사님에게만 교회학교 예배실 의자 교체를 자원하겠다는 일방적인 통고를 했으며 목사님은 수락을 하셨답니다. 그분은 부서 전도사들과 교사들의 의견을 사전에 수렴하는 일을 생략하고 혼자서 일방적으로 결단하고 가구 회사에 대량주문을 해 버렸습니다.

가구회사 직원들과 함께 나타난 그 부장님, 대형 트럭에서 끝없이 나오는 테이블과 의자들을 보면서 저는 아연실색했습니다. 그분이 주문한 테이블은 접이식도 아닌 고정식 4인용 큰 테이블이었구요. 1인용 의자는 최고급 듀오 의자였습니다. 커다란 고정식 테이블은 앞뒤로 두 명씩 앉거나 옆으로 세 명씩 앉아도 되는 4-6인용 테이블이었습니다. 교회에서는 예배드릴 때에 앞뒤로 앉아 있을 수는 없지 않습니까? 예배실 강단 전면을 보고 앉아야 하는데 어찌 뒤돌아 앉아서 예배를 드린다는 말입니까? 테이블은 고급이었고 어린이들이 들기에는 엄청 무거웠습니다.

가구 회사에서 제일 비쌌다는 최고급 듀오 의자는 고급 등받이가 두 개가 달린 최신형이었고, 바퀴가 달려서 회전식으로 어디든지 이동할 수 있었지요. 그런데 장의자 시스템보다 듀오 의자는 크기가 컸지요. 테이블도 그렇고, 듀오 의자도 크기가 크다 보니 문제가 발생했습니다. 기존의 장의자 시스템에서는 100명도 앉아서 예배드릴 수 있던 그 예배실에 4인용 테이블과 듀오 의자를 놓으니 80명도 앉을 수가 없게 되어 버린 것입니다. 예배 시간에는 쓸모없이 공간만 많이 차지하는 테이블, 아이들은 회전 가능한 듀오 의자에 앉아서 장난치고 움직이고 돌아다니고 그래서 예배 시간의 차분했던 분위기를 유지하기 어려웠습니다. 분반 공부 시간에도 프로그램시간에도 찬양 시간에도 그 테이블과 듀오 의자는 일어섰다 앉았다 하기도 이동도 불편했답니다.

그렇지만 담임 목사님께서는 장의자 시스템보다 더 불편하더라도 그분의 마음을 존중하라고 하셨습니다. 그래서 순종하느라고 계속 그 테이블과 듀오 의자를 사용하면서 불편함을 견뎌내야 했습니다. 예배실에 아이들도 다 들어갈 수 없었고, 늦게 온 아이들은 듀오 의자 틈으로 들어갈 수 없어서 중간에 자기 자리로 갈 수도 없었구요.

그분이 기왕 그렇게 큰돈을 들일 것이었으면 교육부서 안에서 의견을 수렴하는 절차를 밟거나 교육전도사들의 의견을 들어보고 조언을 구하고 차근차근 진행했더라면 얼마나 좋았겠습니까? 크기도 적당하고, 무게도 적당하고, 수시로 다용도로 사용할 수 있는 가변성이 많은 책상과 의자를 샀더라면 얼마나 좋았겠습니까? 모두가 유익하고 반가워하고 서로 감사하면서 화목하고 좋았을 텐데요. 그분이 충분한 의사소통 없이, 교육 공학적인 배려 없이, 속전속결로 일주일 만에 해치워 버린 일방적인 헌물이 그분에게는 감동스런 헌물이었을지 모릅니다. 그러나 교사들이나 학생들은 무겁고 불편한 그 테이블과 의자에 불만이 많았습니다. 찬양이나 율동은 물론 만들기 활동이나 성경공부 시간에도 이동하고 움직이기에는 너무나 무겁고 어려웠던 것입니다. 차라리 그전 장의자가 훨씬 낫다고 말할 만큼 애물단지가 되어 버렸지요.

이와 같은 일은 비단 그 집사님만의 사례로 끝나는 한 가지 에피소드가 아닐 수 있습니다. 이것은 교회학교 시설을 바꾸고자 할 때에 많이 발생하는 일방통행적 커뮤니케이션의 사례가 될 것입니다. 교회학교에 시설이나 비품을 기증하고자 하는 학부모님들과 교회 제직들에게서도 이러한 일방통행적 의사소통의 예는 가끔 발생합니다. 교회학교에는 어울리지 않는 비품들을 일방적으로 기증해 주시기도 하고, 현실에 맞지 않는 엉뚱한 물품을 본인 고집대로 기증, 헌금으로 헌물 하실 때는 부서에서는 난처할 수밖에 없습니다.

교회학교는 예배와 찬양은 물론 기도도 해야 하고, 함께 하는 프로그램, 소그룹 활동도 한 공간에서 이루어져야 합니다. 앉기도 하고 서기도 하고 움직이기도 합니다. 그렇기 때문에 모든 시설이나 비품을 설치하거나 구입할 때는 쉽게 간편하게 이동할 수 있는 점이 고려되어야 합니다. 너무 무겁고 커서도 안 되구요. 프로그램에 따라 다용도로 쓸 수 있고, 공간을 다양하게 활용할 수 있으면 정말 좋지요. 교육의 효과를 극대화할 수 있고, 아이들(학생들) 체격에도 맞는지를 고려할 필요가 있습니다.

즉 한 마디로 요약하면 교육공학의 개념과 실제를 도입해야 한다는 결론입니다. 업자들이 다 알아서 하겠거니 하면서 덮어놓고 맡기거나 그 말만 따라서도 안 됩니다. 교회 어른들도 교육대상인 학생들의 눈높이와 교육 공학적인 편리함과 적합성과 실용성을 신중하게 검토할 필요가 있습니다. 무조건 새 것을 사 주거나 아무렇게나 대충 설치하는 일보다는 좋은 공간 활용을 위한 인테리어 개념이 필요합니다. 또한 학생들에게 맞고, 교회의 공간에 맞는 비품들을 구입하기 위해서 교육 공학의 개념을 염두에 두셨으면 좋겠습니다.

3. 요모조모 알뜰살뜰

제가 지금 교육 공간 활용에 대해서 말하고 있지만 저는 전혀 인테리어를 배운 적도 없는 문외한입니다. 또한 교육공학도 깊이 있게 공부한 사람이 아닙니다. 다만 교육현장에서 어떻게 하면 더 좋을까를 생각하며 사역해 온 것뿐입니다. 그래서 혹시 전문가가 이 부분을 읽으신다면 제 단순무식함이 여과 없이 드러나서 한없이 부끄러울 것입니다. 여러분들 중에는 저보다 나은 분도 훨씬 많이 계실 것입니다. 그런 부족함과 부끄러움에도 불구하고 제 나름대로 생각해 보고 실천해 본 과정을 여러분들에게 보여 드립니다. 이것은 교육 공간과 환경 개선을 위해 생각하고 고민하고 나름대로 노력해 본 것을 여러분들과 함께 나누고 싶었기 때문입니다. 그러면 교육 환경, 교육 공간 활용과 개선에는 어떠한 것들이 있을까요?

① 예배실
대부분의 예배실은 주로 사각형 모양이 많습니다. 저는 앞으로는 예배실 형태도 조금 변형되면 좋겠다고 생각합니다. 십자가와 강단을 중심으로, 펼친 부채꼴 모양의 방이 예배실이 된다면 어떨까요? 예배에 집중하기가 더 좋은 환경일 것 같지 않으세요? 원래의 사각형 공간에서 펼친 부채꼴 모양으로 예배실을 설계하고 공간을 만들고 나면 양쪽으로 남는 공간이 생기지요? 펼친 부채꼴 모양의 방 양 옆으로 긴 삼각형 모양의 공간은 이렇게 활용하면 어떨까요? 삼각형 방이 두 개가 나오는데 그 재미있는 방을 학생들의 카페 공간으로 또는 자료실과 교사 회의실로 활용하면 되지요. 필요에 따라 상담실로, 소그룹실, 기자재 보관창고로도 활용할 수 있을 것 같습니다.

강단의 공간 구성을 효율적으로 해 보면 좋을 것입니다. 강단을 접이식(은혜식) 이동식으로 만들어 두면 유용하지 않을까요? 필요시에는 강단이 학생들 앉아 있는 공간까지 더 돌출이 될 수 있도록 설계와 시공을 해 보십시오. 큰 행사나 집회 시, 공연이 필요할 때는 현재 강단 밑에 잠복된 숨은 강단을 끌어내어 설치하면 강단 공간이 훨씬 더 넓어지겠지요. 부엌의 식탁을 필요시에는 숨은 상판을 끌어내어 더 길게 더 넓게 만들 듯이 말입니다.

또한 강대상도 설교자의 필요에 따라 몇 가지 옵션이 따라오는 그러한 강대상이었으면 좋겠습니다. 마이크 설치를 여러 곳에 할 수 있거나 자체 전원이 포함되어 있어서 노트북을 자유롭게 설교단에서 이용할 수 있도록 하는 것도 좋지요. 강단의 크기와 높이도 필요에 따라서 조절이 가능한 강대상이었으면 좋겠습니다. 평상시에는 접혀진 채 있어서 눈에 뜨지 않다가 실물 자료나 몇 가지 장치가 필요한 시각자료를 놓아야 할 때는 보조 상판을 끌어내어 접거나 펼 수 있으면 시청각 설교가 한결 편안해질 것 같습니다.

예배실 바닥은 시멘트나 대리석보다는 마루 온돌이나 장판 바닥이 좋을 것입니다. 서로 간의 관계 증진을 위하여 때로는 편안하게 쉬거나 편안하게 앉아서 대화를 나눌 수도 있습니다. 레크레이션이나 무용이나 연극, 워십 댄스를 준비하려면 거칠 것이 없는 넓은 공간이 필요하지요. 교회가 이런 공간을 별도로 구비한다는 것은 너무나 어려운 현실입니다. 장의자 시스템일 경우에는 일이 생길 때마다 장의자를 치우고 예배실이나 소그룹실을 치우고 넓은 바닥 공간을 확보하느라 고생하지요. 이런 경우에는 바닥이 온돌 장판이나 마루 형태이면 아주 편안하게 사용할 수 있지요.

② 분반공부 교실

교육이나 소그룹 운영에 관심을 가진 교회들은 작은 방들을 여러 개 만들어 놓지요. 그런 소그룹 방은 많으면 많을수록 좋습니다. 그런데 저는 앞으로 미래에는 교회학교 수업의 형태가 다변화할 것이라는 전제 아래 무조건 작은 방이 많아야만 좋다고 생각하지 않습니다. 오히려 작은 방 여러 개와 큰 방을 필요에 따라서 다양하게 사용할 수 있는 형태가 나을 것 같습니다. 평상시에는 폐쇄형으로 사용하다가 필요시에는 오픈형으로 개방할 수 있는 방이 좋을 것 같지 않으세요? 큰 방을 작은 방으로 2-3개로 만들 수 있는 가변형 교실이 몇 개 있는 것도 좋을 것 같다고 생각합니다. 큰 방 하나를 필요에 따라서 삼각형이나 마름모꼴 모양으로 만들어서 중앙에서 연극이나 공연을 할 수도 있고, 모서리 각진 부분에 영상이나 장비를 설치해서 그 영상이나 장비를 활용할 수 있는 교육을 시도할 수 있지 않을까요?

삼각형과 마름모꼴 방으로, 또는 중앙에 공간을 두고 방사형으로 만들려고 할 때는 이동 동선과 효율성을 고려한 인테리어 공학과 교육공학을 고려하여 설계하면 좋을 것 같습니다. 물론 대그룹이 한꺼번에 학습할 때는 전체를 터놓고, 중그룹, 소그룹 형태에 따라 가변형으로 쓸 수 있게 미리 설계를 하면 좋을 것입니다. 이동 벽면체로 사용할 수 있는 것은 흔히들 블라인드나 커튼을 생각하지만 석고 보드판을 이용한 이동벽체로 접이식 여닫이식이나 미닫이식으로 해도 좋구요. 즉 교실은 다용도를 고려한 다변화 교실을 위해 가변형 설계가 가장 좋을 것이라고 생각합니다.

③ 의자와 테이블

여러 명이 앉아서 차분하게 예배드려야 하는 예배시간에는 공간을 적게 차지하는 장의자 시스템이 여러 면에서는 편하고 좋습니다. 그러나 성인 성도와 달리 교회학교 학생들은 예배실에서 분반공부나 프로그램, 움직임이 많은 찬양 율동을 하게 되는 경우가 많지요? 그럴 때는 장의자 시스템보다는 이동이 가능한 접이식 의자가 훨씬 편하기도 합니다. 예배 후에 바로 의자를 접어 한쪽으로 몰아놓고 넓은 홀로 사용하거나 테이블을 늘어놓고 바로 분반공부를 할 수도 있으니까요.

장의자를 사용하지 않고 의자를 사용한다면 보통은 접이의자나 그냥 의자로 1인용인데요. 아주 작은 생각이지만, 그냥 스쳐가는 생각이지만 이런 생각이 들기도 합니다. "그렇지 않아도 세상은 개인주의를 부추기고 있는데 교회 와서까지도 1인용 의자에 앉아서 예배드리고 가야 할까, 이것만이라도 복고풍으로 장의자 시스템이 좋지 않을까, 의자라도 길게 함께 앉아보면서 신앙 공동체적인 의식이라도 가져 보면 좋지 않을까…"

예배실에서 장의자를 놓고 폭이 좁고 길이가 긴 접이식 테이블(다리를 접을 수 있는 테이블)을 사용하는 교회학교도 많이 보았습니다. 이 경우에는 의자는 불편하더라도 테이블을 무난하게 사용할 수 있습니다. 그러나 반별 분반 공부나 그룹별 모임이나 활동을 할 때는 장의차 시스템이 조금은 불편합니다. 움직이기도 어렵고 다양한 형태의 모양을 만들기도 어렵지요. 그럴 경우 이 접이식 테이블은 고정된 형태가 아니기 때문에 유용합니다. 접어놓았다가 여러 개를 펼쳐서 붙여서 사용할 수가 있거든요.

저는 접이식 테이블보다도 더 즐겨 사용하고 좋아하는 것이 있습니다. 분반 공부 테이블로는 유치원에서 많이 쓰는 가변형 테이블을 선호합니다. 직사각형, 반원형 테이블 형태를 여러 가지로 변형해서 여러 가지 용도로 사용하기에 가장 편리하였습니다. 크기도 아주 크지 않는 형태라서 공간을 많이 차지하지도 않구요. 무게도 아주 가볍기 때문에 쉽게 옮기고 이동하기가 용이하지요. 공간에 맞게 원형으로, 타원형으로, 넓은 사각형 형태로 얼마든지 변형할 수 있습니다. 인원에 따라서 조절할 수도 있고 사용 공간에 따라서 조절할 수도 있지요. 만들기나 작업 중심의 활동을 할 때도, 친교 중심의 프로그램을 하기에도 테이블이 넓어서 사용이 아주 편했습니다. 그래서 여러분들에게도 교회학교 소그룹실 방에는 이런 가변형 테이블을 추천하고 있습니다.

현재 시중에 나와 있는 유치원 교구는 작은 사이즈이기 때문에 아동부나 중고등부에서는 연령에 맞게 사이즈를 주문 제작하셔야 합니다. 일반 목공소에서 가벼운 목재로 주문 제작하셔도 되고, 색깔도 유치원 교구와는 다르게 편안하고 부드러운 색깔로 칠하실 수 있습니다. 제작할 때에는 필요시에는 책상 다리를 빼거나 접어서 보관할 수 있도록 만드시면 한쪽에 쌓아 두기도 쉽습니다. 여러 가지 형태로 변형시킬 수 있도록 몇 가지 형태를 잘 선택하여 제작하시면 아주 유용하게 사용할 수 있습니다.

④ 자료실

교사들 중에는 그림이나 꾸미기, 만들기를 잘하는 은사를 가진 교사들도 있습니다. 또한 학생들을 위한 진지한 열정으로 교육 자료를 구입하거나 만들어서 가르치려는 열성파 교사들도 있습니다. 이런 교사들의 자료를 한 군데 모아 두고, 다음에 그 공과나 말씀에 관련되는 자료로 다시 활용할 수 있도록 자료실을 만들어 두십시오. 이것은 한 부서에만 국한하지 말고 전 부서가 협조할 수 있도록 교회학교(교육부) 전체적인 시스템으로, 한 공간을 확보하여 사용하면 좋을 것 같습니다.

이 교육 자료실에 각 부서 교사들이 분반공부나 성경학교 때에 사용한 여러 가지 자료들을 모아 두십시오. 그림 자료뿐만 아니라 영상 자료도 모아 두십시오. 여러 가지 행사 때 찍은 비디오, 아이들에 보여 주기 위한 CD 자료, 영화 자료 등, 짧은 영상물이라도 한 번 사용한 것을 지우지 마시고 자료로 보관해 두십시오. 또한 여름성경학교 때나 절기 행사에 사용한 연극 의상이나 특이한 옷감, 분장 소품들도 버리지 말고 다 모으시기 바랍니다. 서류장이든 캐비닛이든 옷장이든 한 군데에 종류별로 모아 두십시오. 모을 수 있는 것은 최대한 모아서 자료실을 만들어 보관하십시오. 보관은 비닐 봉투나 종이봉투에 하시되, 일반도서처럼 약간의 분류 체계와 배열이 순서대로 되어 있으면 편안하겠지요.

교사들이 참고로 할 수 있는 교육용 도서들도 구입하여 도서실로도 사용하실 수 있습니다. 책과 시청각 자료들, 영상 자료들을 모아 둔 교육 자료실의 기능을 할 수 있습니다. 그리고 교회학교 행사 사진과 부서별 각종 행정 문서(주보, 일지, 회의록, 행사 기록, 진행 자료와 프린트물, 공과책 등)를 모은 교회학교 행정자료실의 기능도 할 수 있습니다. 즉 이 방은 교육부 도서실과 교육 자료실과 교육행정 자료실의 기능을 다 함께 할 수 있습니다. 특히 교육 자료실 기능부터 먼저 시작해 보십시오. 자료가 필요한 사람은 언제든지 열람할 수 있고, 빌려가서 사용할 교사들은 반드시 대출 절차를 밟도록 내규 지침을 정해 놓고 담당자와 열쇠를 마련하시면 됩니다.

한 교사가 시청각 자료를 열심히 만들었다가 한 번 사용하고 그냥 내버리면 너무나 아쉽지 않습니까? 그 교사의 개인소장 자료로만 국한되면 너무 아쉽지 않습니까? 교사들의 애정이 깃든 자료와 교사들이 만들고 모아 온 다양한 자료를 공유하고 빌려 쓸 수 있게 하면 모두에게 유익할 것입니다. 해가 갈수록 모아지는 자료는 더욱 풍부해질 것입니다. 더 많은 교사들이 시청각 자료에 대한 부담을 덜고 편안하게 이용하게 될 것입니다. 이런 교육 자료실은 아주 유용할 것이라고 확신합니다.

⑤ 교사들의 방-교사실

어느 교회에서나 교사실 분위기는 거의 십중팔구는 비슷했습니다. 어수선함, 지저분함, 살벌함. 여기저기 마구 널려 있는 정리 안 된 비품과 물건들, 회사나 기업 같은 사무용 테이블과 의자들, 커튼이나 장식 등이 거의 없이 황량한 분위기, 저는 이런 분위기라면 교사들도 오래 머물고 싶지 않을 것 같다는 생각이 들었습니다. 그래서 교사실을 가정 응접실처럼, 카페처럼 꾸며 놓고 싶었습니다.

저는 교사실도 아늑하고 부드럽고 깨끗하고 단정한 분위기가 되어야 한다고 생각합니다. 왜 교회의 공간들, 방들이 가정 같지 않고, 살벌하고 황량하고 어설프고 어정쩡한 분위기가 되어야 하는지 모르겠습니다. 저는 교회 공간, 특히 교사실은 더 부드럽고 살뜰한 정을 나눌 수 있는 공간이 되길 바랐습니다. 교사들과 잠깐 회의하는 장소만이 아니라 함께 차도 마시고 대화도 나누면서 자주 머물고 싶은, 아주 편안한 공간이 되길 원했습니다. 제가 사역하던 교회에서 교사실을 카페처럼 정감 있게 아늑하게 꾸미는 것이 일종의 제 취미이기도 했습니다. 그런 교사실을 보고 다른 교역자들은 부러워하고 욕심을 내면서도 쉽게 모방을 하지는 못하더군요.

카페 같은 교사실. 저는 깔끔하고 단정한 분위기 조성을 위해 제일 먼저 이렇게 했습니다. 우선 지저분한 것들을 정리하기 위해서 물품장이나 캐비닛을 잘 정리해 두었습니다. 모든 물건을 종류별로 작은 바구니나 상자에 넣어서 차곡차곡 수납하지요. 겉에는 찾기 쉽게 스티커로 표시해 두고요. 또한 살벌한 벽에는 작은 게시판을 몇 개 더 만듭니다. 이건 큰 돈 들지 않습니다. 색깔 우드락을 잘라서 예쁜 리본 테이프로 가장자리만 접착해서 붙여 주면 예쁜 액자로 탄생합니다. 이런 작은 액자에는 1년 행사 안내, 예배위원 안내나 이달의 기도제목, 사진들이 수시로 게시됩니다.

그뿐만 아니라 예쁘고 작은 미니 액자들과 중형 액자로 인테리어 감각을 살려서 벽을 장식하구요. 예전에는 '교회'라고 하면 벽이나 로비에 커다란 게시판이 붙어 있고, 온갖 행사 광고들이 누덕누덕 붙어 있는 것이 연상되었지요. 벽에 걸린 큰 게시판의 장식을 좀 더 세련되게 하든가, 게시판 안에 코너별로 깔끔하게 꾸미든가 하는 미적 센스도 필요할 것입니다. 저는 교사실 한 쪽 벽에, 공간의 미와 여백의 미를 깔끔하게 살릴 수 있도록 예쁘고 작은 액자 몇 개로 포인트를 주어서 벽을 잘 정돈하였지요. 그래서 황량한 분위기가 아닌 카페 같은 분위기를 연출했지요.

그리고 교사실의 커다란 회의용 테이블에 패브릭으로 예쁜 천을 덮었습니다. 유리판을 덮어서 고운 빛깔, 고운 무늬의 탁자보를 잘 보호하도록 했구요. 작은 사이드 테이블을 벽 공간에 붙여 놓고 티 테이블(Tea Table)로 활용했습니다. 거기에는 각종 차와 과자류, 커피 포트와 스푼과 찻잔과 접시들을 놓아 두었구요. 언제든지 좋아하는 차를 마시면서 대화를 나눌 수 있도록 준비해 두었구요. 교사실에 창문이 있든 없든, 크든 작든 예쁜 무늬 천을 가져다가 장식 커튼을 달았습니다. 다른 공간에는 장식장을 놓거나 장식 선반을 걸어서 꽃병이나 장식품들을 놓아서 예쁜 코지 코너를 만들어 놓았습니다. 그렇게 하면 아주 아늑한 카페 같은 공간이 됩니다.

저는 교사실을 이런 공간으로 꾸밀 때 큰돈을 들이지 않았습니다. 교사들에게서 자기 집의 헌 물건(액자, 꽃병, 장식품, 테이블보, 찻잔과 접시, 포트 등)을 기증 받았구요. 바느질이나 손길이 필요한 것은 교사들이 직접 만들고 박아 오고 손수 했답니다. 돈을 절약하는 제일 좋은 방법은 재활용품 활용입니다. 아파트 사시는 선생님들이 한 달여 재활용품 수거장에서 찾아온 재활용품에는 예쁜 액자도, 예쁜 탁자보도, 커튼도, 장식품도, 작은 원탁도 다 있었거든요. 교사실 벽을 페인트칠 하는 것은 작은 페인트 통 하나면 거뜬히 해결되었구요.

한 교회에는 교사실 공간이 조금 넓은 편이었어요. 그래서 회의용 긴 탁자를 조금 더 벽 쪽으로 밀어붙였습니다. 그 여유 있는 한쪽 구석에 작은 카펫을 깔고 거기에 좌식 원형 테이블을 놓았어요. 선생님들은 회의시간이 아닐 때는 좌식 원형 테이블에 앉아서 수다 떨면서, 일을 같이하면서 편안하고 즐거워했습니다. 여집사님들이 매우 좋아했던 좌식 공간이었습니다.

한 교회에서는 목공을 하시는, 인테리어 감각과 알뜰살뜰한 공간 활용 감각이 뛰어난 집사님이 계셨습니다. 이 분은 교사실 한쪽 구석진 모서리 사각지대에 천장까지 삼각선반을 칸칸으로 설치해 주셨습니다. 이 삼각형 선반의 활용도가 아주 좋더군요. 칸칸마다 커피포트, 종이컵, 접시와 쟁반, 각종 차류와 다과류 등을 높이에 맞게 종류별로 놓을 수 있었구요. 장식용 꽃병까지도 근사하게 올려놓고 지낼 수 있었지요.

그분은 또 한쪽 벽면에만 허리 높이만큼의 높이에 턱 선반(싱크대 위에 설치하는 좁은 선반)을 조금 폭이 넓게 설치해 주었습니다. 주일에 교사들은 그곳에 출석부와 사무용품, 필기도구들을 올려놓기도 하고, 프로그램 준비물들이나 자기 가방도 잠깐씩 거기에 올려놓을 수 있어서 아주 유용하게 사용되었습니다. 오후에 모든 시간이 끝나면 서무 보조 교사가 턱 선반에 놓인 물품들(출석부, 사무용품, 프로그램 종이류, 보조 물품들)을 차근차근 정리하여 보관장 안에 넣을 수 있어서 좋았습니다.

그리고 교사실 안에 많이 놓인 철제 캐비닛에 대한 것인데요. 교회 형편이 가능하다면 목제 붙박이장으로 설계하여 제작하였으면 합니다. 캐비닛 공간은 교회학교 물품 넣기에 효율적이지 못하고, 남는 윗부분 공간도 박스를 잔뜩 올려놓을 수밖에 없구요. 그런 캐비닛은 수납과 공간 활용에 효율적이지 못합니다. 보관용품 크기나 부피에 따라서 선반을 조절할 수 있도록 붙박이장을 설계하여 천장높이까지의 공간을 활용하시기 바랍니다.

저는 사역지에서 가능한 대로 교사실 환경을 가정처럼, 카페처럼 꾸믿니다. 그래서 편안하게 대화를 나누고 수다를 떨 수 있도록 아늑한 분위기를 만듭니다. 어느 한 교회에서는 봄마다 환경미화 대회를 했는데 저희 부서가 2등을 차지해서 금일봉으로 교사 회식을 했답니다. 1등한 부서는 새가족부였는데 저희 부서 방보다 훨씬 더 세련된 완전 카페식 분위기였구요. 제 부서는 1등보다는 조금 솜씨는 떨어지지만 알뜰살뜰 꾸민 공로를 인정받아서 2등상을 받은 거랍니다.

이제 이 책을 통하여 저와 여러분들이 만났던 긴 시간, 긴 여행은 여기서 마치게 됩니다. 제가 여러 가지 내용을 이야기하고 강조하고 설명하고 제안해 드렸습니다. 저 역시 현장에 서 있는 사람이기 때문에 부족한 교회학교 운영 시간으로는 이것저것 많은 욕심을 내보지만 현실이 얼마나 어려운지 교사와 전도사님들을 충분히 이해합니다.

그럼에도 불구하고 우리는 살아 있는 하나의 밀알을 뿌리고 물을 주듯이 정성스럽게 가꿀 수밖에 없습니다. 교회학교가 맘껏 날개를 펼 수 없는 열악한 현실, 정말 안타깝지요. 그래도 우리는 황무지를 옥토로 바꾸고, 장미꽃을 피우기 위해 몸부림을 치면서 나아갈 수밖에 없습니다. 우리는 예수 그리스도의 사랑과 구원의 복음의 능력을 믿고, 믿음의 용기와 하나님의 임재와 성령의 도우심을 굳게 믿고 단단한 현실의 벽을 뚫고 나아갈 수 있습니다.

교사 여러분, 세찬 비바람을 맞으면서도 이 아이들을 품고 하나님의 나라를 향하여 전진하십시다. 우리의 자랑이요 면류관은 우리를 바라보면서 우리 앞에서 자라나오는 어린 생명이 아니겠습니까?(빌4:1) "많은 사람을 옳은 데로 돌아오게 한 자는 하늘의 별과 같이 빛나리라"(단

12:3)는 말씀을 기억합시다. 우리가 학생들을 가르친 공로에 대해 이 세상에서는 보상받지 못해도 하늘나라에서는 영광과 기쁨이 준비되어 있습니다. 주님의 보좌 앞에서 우리가 가르친 아이들과 함께 영원토록 감격에 찬 새 노래를 부르게 될 날을 꿈꾸어 보십시오. 그 날의 기쁨과 환희를 생각하면 가슴 벅차지 않으십니까? 그날은 천사들과 우리의 아이들과 교육의 길을 함께 걸었던 수많은 동역자들이 하늘에서 만나 즐거운 잔치를 열게 될 것입니다.

♣ 엔드 라인에서   **"더 많은 열매로"**

주님의 이름으로 부름 받은 사역자의 자세와 마음을 생각하게 해 주는 시가 있습니다. 가볍게 읽다가도 문득 옷깃을 여미게 만드는 짧은 시 한 편을 여러분에게 소개합니다.

가을이 오면

_김용석

나는 꽃이에요.
잎은 나비에게 주고
꿀은 솔방벌에게 주고
향기는 바람에게 보냈어요.
그래도 난
잃은 건 하나도 없어요.
더 많은 열매로 태어날 거예요.
가을이 오면.

이 책을 사이에 두고 여러분과 많은 이야기를 나누었습니다. 이제는 긴 대화를 마칠 시간입니다. 저는 이 시에 나온 '꽃' 처럼 여러분들에게

다 주고 싶은 마음이었습니다. 그동안 사역자로서 가슴에 담고 살았던 기독교교육에 대한 생각들, 부족하고 미숙하지만 고민하고 노력하며 시도한 현장 경험들을 아낌없이 다 나눠드리고 싶었습니다. 다 드리고 싶은 간절함이 이렇게 이 책을 여러분에게 펼쳐 보이는 용기에까지 이르렀던 것입니다.

아직도 가다듬고 무르익어야 할 많은 부분들이지만, 제 글의 너무나 '작은 씨앗' 들이 여러분을 통하여 '더 많은 열매로' 태어나는 것을 꿈꾸는 것은 기쁨입니다. 제 생각과 경험들과 노력들을 여러분들이 디딤돌처럼 징검다리처럼 딛고 전진하여, 더 한층 힘차게 기독교교육의 길을 걸어가기를 기대합니다.

이제 저는 이 시에 등장하는 '꽃' 처럼 다 주고도 잃은 것이 없는 역설의 진리를 안고, 다시 '더 많은 열매로' 의 여정을 시작하렵니다. 십자가의 죽음 후에 부활의 영광을 맞이하듯이, 부활의 아침을 준비하는 자리에 서겠습니다. 교회교육의 성장과 변화에 대한 기쁨과 꿈을 안고 여러분들과 함께 겸손히 나아가겠습니다.

참고 문헌

제1장
1. 신현숙, "신앙공동체 이론에 근거한 간세대 교육 프로그램 연구", 미간행 석사학위 논문, 장로회 신학대학교, 2006년, 1-2쪽 . (본문 23쪽)
2. 신현숙, 동일 논문, 9 쪽. (2001년 말 총회 전도부 "교세변화 추이 분석결과 보고서" 인용) (본문 29쪽)
3. J. H. Westerhoff Ⅲ, 정웅섭 역, 『교회의 신앙교육』, 대한기독교교육협회, 1983, 103쪽. (본문 30쪽)

제2장
4. 헨리 나우엔, 송인설 역, 『영성의 씨앗 』, 그루터기 출판사, 2003년, 25-26쪽. (본문 53쪽)
5. W. 휴 미실다인, 이종범 이석규 공역, 『몸에 밴 어린 시절』, 카톨릭출판사, 1991. (본문 59쪽)
6. 에디스 쉐이퍼, 양은순 역, 『가정이란 무엇인가』, 생명의 말씀사, 2000, 214쪽. (본문 60쪽)

제3장
7. 헨리 나우엔, 『영성의 씨앗』, 34-40쪽. (본문 94쪽)
8. 김만형, 『SS 혁신 보고서』, 규장문화사, 1998, 207쪽. (본문 105쪽)

제4장
9. "Thinking about childhood spirituality : review of research and current directions" (어린이 영성에 대한 생각 : 연구와 현재 방향에 대한 검토 / David Hay, Rebecca Nye and Roger Murphy) / Batson, C. Daniel and W. Larr Ventis, 『The Religious Experience』: A Social-psychological Perspective. New York and Oxford : Oxford Univ. Press, 1982. (본문 127쪽)

제5장
10. 신현숙, 동일 논문, 11쪽. (본문 156쪽)
11. Howard Gardner, 김명희 이경희 역, 『다중지능의 이론과 실제』, 양서원, 2001년, 25-34쪽. (본문 161쪽)

제7장
12. 김성민, "교회교육 현장에서의 교육전도사 제도에 관한 한 연구", 미간행 석사학위 논문, 장로회 신학대학교 신학대학원, 1999, 75쪽. (본문 208쪽)
13. 김성민, 동일 논문, 79쪽. (본문 210쪽)
14. 김성민, 동일 논문, 113쪽. (본문 215쪽)